성공적인 대학생활 II

대학생활 매뉴얼 편

류영주
대구가톨릭대학 인간과영성연구소
지음

홍릉과학출판사

"대학은 원석을 갈고닦아 가장 찬란한 광채를

내뿜을 수 있도록 하는, 최선의 자기를 발견하는 곳이다."

김난도/교수

들어가며

우리 대학은 '사랑과 봉사를 통한 진선미의 인간세계 구현'이라는 교육이념을 바탕으로 인성교육에 성심을 다하고 있다. 지역과 연계된 '사랑나눔봉사단'의 실질적인 봉사활동과 더불어 1996년 전국 대학 최초로 설치된 인성교육 전담부서(인성교육원), '경주 인성수련원' 등의 체계적인 교육프로그램으로 인성교육에 박차를 가하고 있다.

'정직하고 성실한 인성을 갖춘 인재'가 되기 위한 덕목으로 '양심'을 매우 중요시하고 있으며 이를 실현하는 방안으로 20126년 무감독 시험을 도입했다. 또한 표절방지시스템을 구축해 다른 사람의 논문이나 레포트를 베끼지 못하도록 했으며 『학습윤리』, 『사회 및 직업윤리』, 『자원봉사입문』 같은 인성 이론교육도 실시했다. 한해 약 4,000여명의 학생들이 현장체험교육(봉사활동)에 자발적으로 참가해 대구·경북 지역 17개 사회복지시설에서 청소, 말벗되기, 목욕 등의 노력봉사도 하고 있다. 이러한 교육과정을 함께 해 온 필자는 인성교육에 일조하기 위한 생각으로 이 책을 저술했다.

고품격 인성=깊은 생각+바른 행동

21세기 들어 인성 개념은 개인의 내적 품성에 사회적 덕목을 추가하는 경향이 나타나고 있다. 2007년 미 교육부는 "인성이란 존중, 공정성, 보살핌 등의 도덕적·윤리적 가치와 책임감, 신뢰, 시민성 등을 망라하는 개념"이라며 "인성은 이러한 가치들을 행동하고 추론하며, 정서 속에서 증명하는 것을 의미한다"고 했으며 2008년에는 "인성은 개인 또는 집단의 정서적·지적·도덕적 자질은 물론 이러한 자질들이 친사회적 행동으로 발현되는 것을 포함한다"고 했다.

현재 우리나라 초·중·고 학교교육의 근간이 되고 있는 2009 개정교육과정에서는 '인성교육'이라는 단어를 '창의성'과 함께 '창의·인성교육'이라는 단어로 융합하여 미래 사회에서 개인과 국가의 생존과 직결된 핵심개념으로 부각시켰다. 나아가 이 개념을 새로운 가치를 창출하고 타인과 더불어 살 줄 아는 인재를 양성하는 미래 교육의 본질이자 궁극적 목표로 설정했다.

마틴 루터 킹 박사는 "지성만으로는 부족하다"며 "지성에 인격을 더한 것, 그것이 바로 교육의 진정한 목적이다"고 말했다. 그렇다. 지식과 스펙만으로는 더 이상 사회에서 인정받기 어렵다.* 인성과 영성이 필요한 시대가 된 것이다.

본 저서에서는 먼저 인성의 본질과 인성교육의 역사적 과정·현황을 살펴본다. 자세하게 다루려면 끝이 없는 일이므로 주제에 따라 전체를 한눈에 바라볼 수 있도록 일목요연하게 정리하고, 이해하기 쉽게 질문하고 답변하는 형식(Q&A)을 빌린다.

그 다음에는 대학생을 위한 인성교육의 일환으로 학습전략과 학습윤리를 제안한다. 학습윤리의 하나인 『대가대 학문정직성 가이드북』은 정직하고 성실하게 공부해 제대로 실력을 키우는 방안을 모색한 안내서다. 우리 대학은 가톨릭 정신에 바탕을 둔 윤리적 지성인을 육성함으로써 국가와 사회, 그리고 교회가 요구하는 대학의 임무에 충실하고자 한다. 이 가이드북을 준수하는 여러분은 참된 진리와 선한 행동, 아름다운 마음[眞善美]을 갖춘 지성인으로 성장하여 사회 및 국가 발전에 기여할 것이다.

대학은 지상에서 가장 아름다운 것

『성공적인 대학생활 II권』에서는 100년 전통 우리 대학의 변천사와 대학에서 해야 할 일(학업, 폭넓은 인간관계, 교양 습득 및 인격성장, 다양한 취미활동, 이성교제 등)을 살펴볼 것이다. 이러한 고찰을 바탕으로 대학생의 인생설계와 시간관리, 건강관리법을 제안할 것이다. 건강관리는 평소 생활습관에서부터 시작한다. 앞으로 제시할 올바른 식습관과 운동, 규칙적인 수면만 잘 취해도 건강 유지에 큰 도움이 된다. 바른 생활습관을 잘 지키는 학생과 그렇지 못한 학생들 사이에 건강과 학업성취의 차이가 있다. 바른 생활습관을 지키면 신체건강은 물론 정서적으로도 안정이 돼 머리도 잘 돌아간다. 자연히 삶에 의욕을 갖게 되고 도전의식 속에서 열심히 대학생활을 할 것이다.

일찍이 야스퍼스(K. Jaspers)는 "대학은 지상에서 가장 아름다운 것"이라고 예찬했고, 어떤 이는 "대학은 빈집과 같다"고 했다. 대학에 오면 뭔가 좋은 일이 있을 것이라고 생각하는 학생이 많다. 그런 사람은 결혼만 하면 외롭지 않을 것이며, 사랑은 절로 깊어질 것이라고 착각하는 사람과 같다. 대학에는 아무것도 없으며 결혼에도 아무것도 없다. '무엇'인가를 만드는 것은 자기 자신이기 때문이다. 대학은 빈집과 같아 초인종을 아무리 눌러도 안에서 문을 열어주는 사람은 없다. 여러분 스스로가 문을 열고 들어가지 않으면 안 되는 것이다. 성인으로 완성되는 지점에 있는 여러분이 대학교육을 통해 서로 신뢰하고 협동적인 인간관계를 맺으면서 만족스럽고 행복한 삶을 살아가길 바란다.

차례 | Contents

대학생활 매뉴얼(편)

I 대학 ········ 2

1. 100년 전통 큰 집 '대가대' ········ 2
2. 대학은 빈집과 같다 ········ 4
3. 일류 대학이란 없다 ········ 5
4. 성공적인 대학생활 ········ 7
5. 평생의 그림자, 대학성적표 ········ 12
6. 학업수행을 위한 Tip ········ 13

II 글쓰기 ········ 19

1. 글은 힘이 세다 ········ 20
2. 문인들의 문장 수업 ········ 25

III 인생설계 ········ 41

1. 진정 하고 싶은 일 ········ 41
2. 목표를 끊임없이 되새겨라 ········ 42
3. 꿈꾸는 자 이루리라 ········ 43
4. 꿈을 좇을 때 심장은 결코 상처받지 않는다 ········ 45

5. 꿈과 목표는 구체적으로! ········ 48
6. 성공하고 싶다면 '하고 싶은 일'을 하라 ········ 54
7. 인생은 모험이다 ········ 61

탐구마당 – 커리어 디벨로프먼트(career development) ········ 63

IV 시간관리 ········ 117

1. 시간은 존재하는가 ········ 117
2. 시간은 없고, 할 일은 많고-시간 활용법 ········ 125

V 건강관리 ········ 131

1. 건강도 스펙 ········ 132
2. 운동이 총명한 뇌를 만든다 ········ 134
3. 명사들의 특별한 건강비법 ········ 139

VI 수면관리 ········ 147

1. 잠을 줄이면 성적도 준다 ········ 147
2. 뇌는 깨어 있다! ········ 149
3. 암기과목은 렘수면, 체육은 서파수면에서 강화 ········ 150
4. 내 몸에 맞는 생체시계 공부법 ········ 151
5. 삶의 질은 잠의 질 ········ 156
6. 잘 자는 법 ········ 159

탐구마당 – 낮잠, 공부를 위한 에너지 충전 ········ 163

VII 식사관리 ········· 171
1. 아침 거르면 뇌도 '꼬르륵' ········· 171
2. 아침밥이 몸짱 만든다 ········· 173
3. 아침밥, 이렇게 먹자! ········· 175
탐구마당 – 대학생 다이어트, 어떻게 할까? ········· 176

성공적인 대학생활(I권)

들어가며

1장 인성의 본질

1. 인성의 정의와 요소

1) 인성이 실력이다!
2) 인성 판단력요소
3) 인간관계 덕목요소

2. 인성교육 발자취

1) 유교, 참된 선비의 길
2) 도교, 태고의 순수함으로 돌아감
3) 불교, 불성을 자각하고 발현함
4) 그리스도교, 하느님의 말씀을 행하여 영성을 계발함
5) 서양 철학, 영혼의 교육
6) 인성, '덕목중심에서 능력중심으로 재개념화'
7) 인성교육, 초교과적·통합교과적 접근을 요하는 교육

3. 인성의 뇌과학적 기제

1) 전전두엽, 뇌의 CEO
2) 전전두엽, 인성·도덕성 관장
3) 배외측 전전두피질, 지적 활동의 원천
4) 측은지심을 느끼는 복내측 전전두피질
5) 도덕적 판단의 두 가지 뇌 경로
6) 안와전두피질은 사회성과 감정조절을 담당한다

7) 실패를 후회하는 것은 성장에 큰 도움이 된다
탐구마당: 좌절하고 있는 젊은이에게!
8) 사이코패스는 안와전두피질과 편도체가 부실하다
탐구마당: 현대사회 병폐가 '반사회적 인성장애자'를 키운다
9) 편도체, 신용평가의 뇌
탐구마당: 신뢰감을 얻는 법
10) 사람이 사람을 믿는 까닭은 신뢰호르몬 때문?
생각나누기: 옥시토신은 도덕물질인가?
11) 신뢰하는 사회일수록 잘 살고 행복하다
12) 남의 아픔에 반응하는 고통의 뇌
- 뇌는 타인의 고통을 자신의 아픔처럼 느낀다
탐구마당: 착한 마음은 인류 전체에 유전되고 있다
13) 선한 행동하면 뇌가 즐겁다
14) '이타적 행위'에 감응하는 세포

4. 총요약

2장 대학생을 위한 인성교육

1. 학습윤리『대가대 학문정직성 가이드북』
1) 학문정직성
(1) 학문부정직의 시초
(2) 컨닝 없이 정정당당하게
(3) '無감독 시험' - 학생 스스로 존엄과 양심을 지킨다
(4) 정직한 글쓰기
2) 정직한 삶, 아름다운 세상
(1) 선행이 주는 기쁨
(2) 정직한 삶, 건강한 신체

2. 학습전략『대학 4년 똑똑하게 공부하자』

들어가며 - 뇌의 원리를 알면 공부가 즐겁다

도입 - 수학 생각만으로 뇌는 이미 '고통'

1) 공부한다는 건 무엇일까?

(1) 선인들의 평생 공부법

(2) 공부하는 즐거움

(3) 공부하는 뇌 속으로

2) 즐겁게 공부할 수 있는 뇌과학적 방법

(1) 숲(전체 그림)을 보고 나무(세부 사항)를 이해하자

(2) 사색과 토론을 통한 문제 해결 방식

(3) 드라마 보듯 이해하며 공부하자

(4) 뇌는 바삐 추리할 때 재미 느낀다

(5) 명랑한 뇌가 공부도 잘한다

(6) 뇌는 꼬치꼬치 간섭하지 않을 때 가장 잘 움직인다

생각나누기 - 스마트 세상, 우린 더 똑똑해지고 있을까?

나오며

성공적인 대학생활(III권)

성공 리더(편)

성공 원칙 1 • 명확한 목표를 가져라

1) "외로운 시간 속으로 걸어가라"
   - '베스트셀러 작가' 나카타니 아키히로
2) "난 꿈이 있어 쉴 수가 없다"
   - '한국 샐러리맨의 신화' 윤윤수
3) "죽는 한이 있어도 꿈을 버리지 말라"
   - 중국집 뽀이에서 세상에서 제일 큰 중국집 주인된 남상해
4) "20년 동안 쥐어온 가위는 꿈이요 희망이요 보람이요 명예였다"
   - 미용 보조에서 영국 헤어살롱 주인된 세시 박
5) "지독한 가난에도 꿈을 잃지 않았다" - '국민배우' 최진실
6) "구멍가겟집 딸에서 수상으로" - '철의 여인' 마거릿 대처
7) "절망의 와중에도 꿈과 희망의 끈을 놓지 않았다"
   - 가발공장에서 하버드대까지, 서진규

성공 원칙 2 • 낙관적이 되어라

1) "나는 근본적으로 낙관론자다"
   - 남아프리카공화국 대통령 넬슨 만델라
2) "나는 선천적으로 희망에 차 있다"
   - 고아에서 '세계의 영부인'으로, 엘리너 루스벨트
3) "스스로 포기하지 않는 한 희망은 있다"
   - '위기극복 전문가' 샤론 콤로스

   생각나누기: "삶의 이유를 가진 사람은 살아낸다"
   - 긍정의 의미 찾기

4) “삶을 즐기지 않는 자는 하느님께 실례하는 것이다”
   - ‘세계 최고 성공집단’ 유대인
5) “장애이긴 하지만 난 인생이 즐거워요”
   - 『오체불만족』의 오토다케 히로타다
6) “실패도 하고 좌절도 할 수 있는 거죠” - 최진실
7) “불행한 사람은 웃음을 잃은 사람이다” - ‘노르웨이 라면왕’ 이철호

성공 원칙 3 ● 자기 영역에 집요하게 매달려라

1) “내 20대는 원고에 매달린 10년의 세월”
   - ‘일본 최고 작가’ 나카타니 아키히로
2) “오디션 18번 떨어진 내게서 배고픔에서 나온 열정을 봤대요”
   - 월드 스타 비
3) “춤으로 내 안의 신(神) 만날 때 희열”
   - ‘칠순 나이에도 춤추는 자유로운 영혼’ 홍신자
4) “한 줄의 시를 붙잡고 절망하고 분노하여 울부짖고 싶다”
   - 작가 유안진
5) “모드에게 느꼈던 진정한 아름다움을 전하고 싶다”
   - 배우 김혜자
6) “내 영혼의 깊은 모습이 묻어나는 노래를 부르고 싶다”
   - ‘천상의 목소리’ 조수미
7) “연기는 내게 일종의 종교였다” - 배우 마릴린 먼로

성공 원칙 4 ● 실패를 두려워 말라

1) “패전은 역전을 위한 좋은 찬스” - 야구감독 김성근
2) “접시닦이서 CEO로” - 브라이언 트레이시 인터내셔널 대표
3) “공공의 실패작으로 전락하다” - ‘애플 최고경영자’ 스티브 잡스
4) “바닥을 쳐본 처절한 실패경험이 오늘의 나를 만들었다”
   - ‘세계 최고 갑부 작가’ 조앤 캐슬린 롤링

5) "난 시험에서 낙제하고 문제아로 불려진 아이였다"
- '최고 천재' 알버트 아인슈타인

성공 원칙 5 • 포기하지 말고 도전하라

1) "과학에 보탬이 되는 일을 해내고 말리라"
- 신문팔이에서 왕실의 과학자로, 마이클 패러데이
2) "난 약점투성이 모자란 소년이었다" - 찰스 다윈
3) "난 대학성적이 꼴찌였다" - 노벨상수상자 코시바 마사토시
4) "장애를 딛고 인간승리의 주인공이 되다" - 수영선수 김진호
5) "두 손다리 없는 레슬러의 인생 도전기" - 더스틴 카터
6) "포기는 금물" - 20만 번 눈깜박거림으로 자유로운 비상을 꿈꾼 보비

성공 원칙 6 • 역경을 플러스로 만들라

1) "고난이 사람을 키운다" - 김영하
2) 천민 출신에 굴곡진 성장 - 동화작가 한스 크리스티안 안데르센
3) 고통으로 얼룩진 파란만장한 삶 - '만인의 연인' 오드리 헵번
4) "루게릭 병이 나를 학자로 만든 셈이다"
- 세계적인 물리학자 스티븐 호킹
5) 절망의 끝 지점에서 기회를 얻다
- 15년 차 전업주부에서 최고 인기 강사된 최윤희
6) "시련이 키운 '검은 케네디'" - 미대통령 버락 오바마
7) "역경과 고난은 영광을 준비하는 과정이다" - 유대인
8) "소녀의 꿈과 희망만큼은 짓밟진 못했다" - 안네 프랑크
9) "유년시절 나치수용소 경험이 작품 '자양'"
- 노벨상수상자 임레 케르테스
10) "가장 영향력있는 영부인" - 힐러리 로댐 클린턴
11) "내 운명을 감수하면서 더 행복하게 살거야"
- '최고의 모델 장애인' 헤더 밀스

12) "고난을 헤치고 환희로" - 루드비히 반 베토벤
13) "위대한 예술가는 위대한 병자다" - 필립 샌드블롬
14) "만신창이가 된 내 몸을 그린다"
- 서른 다섯 차례나 수술 받은 프리다 칼로

성공 원칙 7 • 끊임없이 노력하라

1) 낮엔 뻥튀기 밤엔 과일장사 - 노점상 소년에서 대통령으로, 이명박
2) "남이 한 번 할 때 20번 했다"
- '중국 모델계의 살아있는 전설' 천쥐안훙
3) "노력을 뛰어넘는 재능은 없다" - 가수 빅뱅
4) "내 유일한 밑천은 끈기" - 필드상수상자 히로나카 헤이스케
5) "하루 15시간씩 공부" - 베이징무도대학 부교수 심숙경
6) "나는 장미 아닌 노력하는 잡초" - '하버드로 간 미스코리아' 금나나
7) "치열한 자신과의 싸움에서 승리하다"
- 초라한 들러리에서 연봉 10억 스타 강사된 유수연
8) "나는 희극의 요술쟁이가 되고 싶었다" - '천재 예술가' 찰리 채플린

성공 원칙 8 • 공헌에 초점을 맞춰라

1) "삶의 소중함을 일깨워준 봉사명령" - 최강타
2) "시각장애 3만2000명에 빛을 선물" - 아이센터 원장 김선태
3) "지구촌 굶주린 아이들 살리자" - 김혜자
4) "부를 현명하게 분배하자" - '강철왕' 앤드류 카네기
5) "'IT 황제'에서 '나눔 큰손'으로"
- 마이크로소프트 설립자 빌 게이츠
6) "행운을 타고난 사람은 불운한 사람을 도와야 한다"
- '할리우드의 겸손한 거인' 폴 뉴먼
7) 기부를 일상화하는 유대인

성공 원칙 9 • 체력을 유지하라

1) 천재들의 신체 단련법
2) 조훈현의 체력 관리법
3) 조수미의 체력 관리법
4) 체력은 나를 하버드로 보낸 일등공신
5) 슈바이처의 건강 비결
6) 칸트의 건강 비결

성공적인 대학생활(IV권)

리더십(편)

성공적인 리더의 길 – 뇌 기반 리더십

연구 의의①

연구 의의②

도입 - 이순신 리더십의 원천 '자신을 존중하는 것'

1. 마음의 소재와 뇌의 분화 기구

1) '본능적 욕구'와 '교양이라는 외투'

2) 뇌는 본능을 이기지 못한다

2. 부하의 마음을 사로잡으려면

1) 위신과 자존심을 지켜주라

2) 팀웍은 어떻게 만들어지나

3) 팀웍의 핵심은 신뢰

4) 부하의 전두엽을 좋은 방향으로 이끌라

5) 사람을 크게 키워주려면 의욕심을 갖도록 하라

3. 사람 싫어해서 좋을 것 하나 없다

1) 원활한 커뮤니케이션 비법

2) 다이내믹코어센터를 방해하는 뇌의 성향

3) 반론에 벌컥 화부터 내지 마라

4) 사람 싫어해서 좋을 것 하나 없다

5) 칭찬해 주면 의욕이 생긴다

6) 꾸짖는 것과 화내는 것은 다르다
7) 꾸지람을 듣는 사람에게 - 꾸지람은 뇌에게 응원메시지
8) 내 기운으로 주변을 이롭게 하자
9) 호연지기, 사내대장부의 정신

4. 리더는 늠름하고 멋있는 존재여야 한다
1) 먼저 자신을 리드하라
2) '저 사람은 틀림없다'는 믿음을 줘라
3) 명장의 얼굴엔 품격이 묻어난다
탐구마당: 구성원들이 리더에게 바라는 것

5. 추종자들이 리더를 따르는 이유
1) 원칙 중심 리더의 특성
2) 영향력을 갖는 3가지 방법
3) 리더가 주의해야 할 점
4) 권력자의 뇌 속엔 '사나운 개'가 산다
5) 덕치(德治) - 억지로 무엇인가를 하지 않았음에도 잘 다스린다
6) 리더십보다는 팔로어십
7) 덕치경영, 지속가능한 경영 전략
8) 인화의 덕 - 같음 보다는 어울림
9) 풍요의 심리
10) 풍요의 심리를 가진 리더의 특성
11) 농장의 원칙을 설정하라

후기

참고문헌

대학생활 매뉴얼

"금실로 짠 옷은 돈 주고 얻을 수 있지만, 청춘은 다시 얻을 수 없다."

- 왕찬/중국 시인

I. 대학

필자는 우리대학 출신이다. 풍부한 학식과 경륜을 가지신 교수님(박도식 신부님, 서인석 신부님, 이성배 신부님, 전헌호 신부님, 제석봉 교수님) 밑에서 공부하면서 다양한 학문 분야에 들어설 수 있었다. 종교학은 물론이고 영성신학과 환경신학, 기호학과 상담심리학, 정신의학과 뇌과학 등을 배울 수 있는 축복을 받았다. 필자가 교수 신부님들께 받은 학문적 가르침과 배려를 후배이자 제자인 여러분에게도 전하고 싶다.

우리 대학에는 총 500분의 교수님들이 계시는데, 그 분들 모두 여러분을 위해 계신다. 앞으로 교수님들과 잘 지내면서 야무지게 대학생활을 하길 바란다.

> "고백하건대, 교수들은 생각보다 수줍다. 학생들에게 먼저 다가가기 어려워한다. 그러니 학생이 먼저 교수를 찾는 수밖에 없다. 찾아가 진솔하게 대화의 창을 열면 교수들이 오히려 반가워할 것이다."
>
> - 김난도/교수

1 100년 전통 큰 집 '대가대'

우리 대학은 2014년 개교 100년을 맞았다. 일제강점기인 1914년 한반도에 들어와 있던 프랑스의 파리 외방선교회가 사제 양성을 목표로 성유

스티노 신학교를 세운 것이 우리 대학의 시작이었다.

당시 학생 정원 50명의 작은 교육기관에서 출범했지만 고등교육기관 중추적 역할을 담당하며 1945년 일제의 강제 폐교까지 5명의 주교를 비롯해 67명의 한국인 사제를 배출했다.

1952년에는 효성여자초급대학으로 새롭게 출발했다. 여성에게 고등교육의 기회가 적었던 당시 분위기 속에서 효성여대는 영남권 여성교육의 선구자로 인식돼 '한강이남 최고의 여대'라는 수식어가 따라다닐 정도였다. 1980년에는 6개의 단과대학을 둔 종합대학으로 승격하면서 여자대학으로서의 비약적인 성장을 거듭했다. 이후 캠퍼스 이전 종합계획에 따라 봉덕동 캠퍼스 시대를 마감하고 새로운 하양캠퍼스 시대를 열었다.[1]

우리 대학은 2014년 개교 100년을 맞았다.

---

1. 한편 천주교 대구대교구는 1945년 폐교됐던 성유스티노 신학교의 정신을 되살려 사제 양성을 목적으로 하는 선목신학대학을 1982년 건립, 세속 고등교육과 성직자 양성교육이라는 고등교육의 두 축을 굳건하게 세웠다.

   우리 대학은 1990년 의과대학, 1995년 공과대학 신설로 명실공히 종합대학의 교육기반을 완성하고 발전을 거듭해 현재 전국 11개 가톨릭계 대학 중 최대 규모로 성장했다. 현재 경산 하양과 대구에 3개 캠퍼스를 두고 있고 14개 단과대학, 10개 학부(21개 전공), 64개 학과에서 1만3000여명의 학생이 재학 중이다. 우리 대학이 지금까지 배출한 졸업생은 8만7000여명, 사제는 599명에 이른다.

2 대학은 빈집과 같다

하양 캠퍼스로 이전한지 근 30년 된다. 그 전까지 이곳에는 아무것도 없었다. 산이었고 들판이었는데 이렇게 우리 대학이 들어선 것이다. 그처럼 대학은 아무도 없는 빈집과 같다고 할 수 있다.

대학에 오면 뭔가 좋은 일이 있을 것이라고 생각하는 학생이 많다. 그런 사람은 결혼만 하면 외롭지 않을 것이며, 사랑은 절로 깊어질 것이라고 착각하는 사람과 같다. 대학에는 아무것도 없으며 결혼에도 아무것도 없다. '무엇'인가를 만드는 것은 자기 자신이기 때문이다.

대학은 빈집과 같아 초인종을 아무리 눌러도 안에서 문 열어주는 사람은 없다. 여러분 스스로가 문을 열고 들어가지 않으면 안 되는 것이다. 이 점을 분명히 인식하고 대학생활을 해야 한다.

'천재란 1%의 영감과 99%의 땀'이라는 말이 있다. 대학이 제공하는 기회는 그 1%의 영감에 지나지 않는지도 모른다. 나머지는 나 자신이 채워 나가는 것이다.[2]

대학은 빈집과 같다. 일러스트레이션·Daum

2. 가토 다이조, 대학생활 어떻게 할까, 김홍희 역, 디자인하우스(2004), 28 참조.

3 일류 대학이란 없다

A 만약 대학에 대해 일류 대학이니 삼류 대학이니 하는 평가가 있더라도 그것을 진짜로 믿어서는 안 된다. 너 자신에 대해서도, 네가 다니고 있는 대학에 대해서도 세간의 평가보다 자신의 평가 기준을 가지지 않으면 안 된다.

Q 하지만 요즘은 대학 평가를 적용해 대학들을 순위 매기고 있다. '전국대학 평가순위'니 '세계대학 평가순위'니…… 물론 이런 평가순위 자체를 거부하는 운동도 일고 있지만.

A 어떤 대학도 대학 자체가 일류이거나 삼류가 아니다. 대학은 그 학교를 다니는 학생들이 일류냐 삼류냐에 따라 평가할 수 있다. 좋은 닭이냐 아니냐는 그 닭이 낳는 알을 보아야 알 수 있는 것처럼. 앎에 대한 열정과 배우고자 하는 의욕이 있으니까 학생이라고 말할 수 있다. 가르칠 수 없게 된 교수는 교수가 아니고 배울 의욕을 잃어버린 학생은 학생이 아니다. 가르칠 열정이 없는 교수와 배울 의욕이 없는 학생이 모인 대학이 삼류 대학이다.

아무리 그 학교 출신의 선배들이 걸출하고 시설과 장비가 최첨단이어도 지금 그 학교를 다니는 교수와 학생의 태도가 삼류라면 그 학교는 삼류 대학에 지나지 않는다.[3]

야스퍼스(K. Jaspers)는 일찍이 "대학은 지상에서 가장 아름다운 것"이라고 예찬했고, 어떤 이는 "대학은 지혜의 광장이요, 기회의 바다"라고 했

3. 가토 다이조, 앞의 책, 22 참조.

다. 오늘날 모든 국가는 대학에 국가의 운명을 걸고, 대학의 발전과 육성에 심혈을 기울이고 있다. 대학이 발달된 나라가 세계사를 주도해 왔고, 첨단 지식과 기술을 바탕으로 하는 고도의 두뇌산업이 국가 경쟁력을 좌우하는 21세기 지식사회에서는 대학의 역할과 기능이 더욱 중요하기 때문이다.[4]

대학생활, 인생의 2막

나에게 대학은 '새로운 삶이 열리는 장'이다. 나는 대학생활을 '인생의 2막'이라 부르고 싶다. 부모님과 선생님의 지도 속에서 생활해 온 초·중·고등학교 시절과 달리, 대학생은 자율 속에서 생활한다. 이러한 점에서 대학생활은 새로운 삶이 열리는 장이다.

> 대학은 교수와 학생이 자유로운 분위기 속에서 학문과 진리를 탐구하는 최고의 교육기관이다. 인격 도야를 통하여 완전한 인간성을 추구하는 것은 물론, 연구를 통하여 습득한 지식과 기술을 활용하여 사회 및 국가 발전에 기여하고 전통과 문화를 유지 발전시키는 데 중추적인 역할을 하는 고등교육기관이다.[5]
>
> \- 박의수/교육학자

학문의 탁월성 및 실용성 추구뿐만 아니라 인격 도야를 통해 완전한 인간으로 성장하기 위한 훈련의 장인 대학. 이런 훈련장에서 어떻게 생활을 하느냐가 인생의 많은 부분을 결정한다.

> 대학은 원석을 갈고닦아 가장 찬란한 광채를 내뿜을 수 있도록 하는, 최선의 자기를 발견하는 곳이다.
>
> \- 김난도/행정학자

---

4. 박의수 외, 대학 참살이의 길, 학지사(2010), 8.
5. 공순진, "대학이란 어떤 곳인가", 한국대학신문, 2003. 2. 21.

대학은 인격성숙의 장이다. 하지만 대학문화는 낭만이 없고 각박해지고 있다. 대학생활에서 기쁨을 찾으면서 꿈을 실현시킬 어떤 그루터기를 찾아야 한다. 여러 장애로 인해 채우지 못한 지적 욕구는 다양한 독서를 통해 폭넓은 교양을 얻어서 채워야 한다. 사는게 무의미하다고 느껴질 때, 새벽녘에 수산시장이나 경동시장에서 상인들의 모습을 보는 등 더욱더 파고드는 노력을 해야 한다. 산을 오르기도 하고, 서적을 보면서 돌파구를 찾아야 한다.

- 진교훈/윤리학자

4 성공적인 대학생활

대학에서 해야 할 일은 학업, 폭넓은 인간관계, 교양 습득 및 인격 성장, 다양한 취미활동, 이성교제 등이 있다. 이 중 가장 중요하게 여겨야 할 일은 학업이다. 대학은 공부하는 곳이기 때문이다. 이는 아무리 시대가 바뀌어도 변하지 않을 것이다. 공부아닌 그 무엇도 대학생활에 우선될 수는 없다.

Q 지금껏 지겹도록 공부했는데, 대학에서 또 공부공부하니 너무 잔인하다.

A 이해되는 말이지만, 비싼 학비에, 지금까지 다녔던 그 어떤 학교보다 좋은 환경인 대학에 와서 공부에 소홀한다면, 그야말로 평생을 두고 후회하게 된다.

Q 대학에서 무엇을 배우나?

A '배우는 즐거움을 배우자'고 말하고 싶다. 대학의 역할이 그저 세상을 잘 살아가는 기술자를 생산하는 곳이어선 안 된다. 생존의 시대에서 실존의 시대로 진입한 지금, 대학의 역할은 그에 상응해야

한다. 생존 레벨에서 실존 레벨로의 향상이 지금까지 하고 싶었던 스페인어 공부를 하게 하는 에너지가 되기도 하고, 테니스를 연습하게 하는 에너지가 되는 것과 연결되지 않으면 의미가 없다. 다시 말해 대학 시절은 '먹고살기만 하면 된다'는 것에 만족하지 못하는, 인간의 길을 찾아 나서는 시기여야 한다.

잘 먹고 잘 살기만 하면 된다는 생각에서 '이대로 좋아'라고 만족하지 않는 야심을 키워 나갈 것, 의식주 차원을 넘어서는 새로운 욕구를 발견하는 것이다.

그럴 수 있다면, 물질적 욕망이 채워지지 않더라도 결코 정신적 기아감을 느끼지 않을 것이다. 채워지지 않음으로써 인간의 생활은 긴장감을 가지게 되지만, 결코 정신적 기아감을 느끼게 하지 않는 꿈과 욕구를 가슴속에 품고 있다면 그 사람의 인생은 머잖아 별을 딸 수 있을 것이다. 그것을 달리 표현하면 '배움의 즐거움'이다. 따라서 '대학에서 무엇을 배울 것인가'라고 묻는다면 '배우는 즐거움을 배운다'고 말할 수 있다.[6]

학점이수는 학위수여요건!

대학은 이수해야 할 학점을 학칙으로 규정하고 있다. 학점이수는 학위수여요건 중 하나다. 필수적으로 이수해야 할 교양학점과 전공학점이 있다. 교양 강좌를 통해서 인생과 세상에 대한 넓은 지식을 습득하는 동시에 전공 강좌를 통해서 전공분야에 대한 깊고 전문적인 지식과 기술을 습득하도록 권장하고 있다. 우리 대학이 지정한 교양 강좌는 〈참삶의

6. 가토 다이조, 앞의 책, 137-138 참조. 유안진, 실패할 수 있는 용기, 서울대학교출판부(1993), 54-55 참조.

길〉, 〈가톨릭사상〉, 〈컴퓨터와 디지털정보〉, 〈글쓰기와 커뮤니케이션〉, 〈실용영어1 · 2〉, 〈핵심균형교양〉 등이다.

전공에만 치중하지 말고 교양에도 관심을!

대학생활을 통해 폭넓은 인격을 형성할 수 있는 기회를 갖기 위해서는 전공 강좌에만 치중하지 말고 교양 강좌에도 많은 관심을 기울여야 한다. 역사라면 신라가 삼국을 통일했고, 그 뒤를 고려와 조선이 잇고 있다는 정도밖에 모르는 자연과학도가 되어서는 안 된다. 원자(原子)의 구조도 제대로 모르는 인문 · 사회과학도가 되어서도 안 된다. 전혀 다른 세계관, 전공을 가진 동학(同學)들을 만나 정을 나눠 보자.[7]

> 현대는 통섭과 융합의 시대다. 그렇기 때문에 다양한 지식을 흡수하며 시대의 요구에 맞는 '자기만의 이야기'를 만들어가는 것이 학벌이나 스펙보다 중요하다.
>
> \- 김난도/행정학자

대학의 교육은 단순히 직업적 기능인을 기르는 것이 아니라 인간 자체, 가정, 학교, 사회, 국가, 세계, 자연, 초월적 존재 등의 다양한 문제에 관해 융통성 있게 질문하고 해답을 탐색하는 것과 관련된 능력을 기르는 것이다. 따라서 전공분야의 교과서나 참고서 또는 관련도서만이 아니라 전공에 관련된 고전을 폭넓게 읽어야 한다. 나아가 전공 이외의 분야에 관련된 고전이나 명저(名著)를 읽고 이를 소화하는 일이 중요하다. 또한 그것이 위대한 인물의 대작이라고 하더라도 비판하고 대안을 탐색해 보는 것도 게을리해서는 안될 것이다.[8]

---

7. 서울대학교 학생생활연구소, 대학생활의 설계, 서울대학교출판부(1993), 57-58 참조.
8. 서울대학교 학생생활연구소, 앞의 책, 13-14.

바람직한 대학생의 자질

손봉호/윤리학자

고등학교 때와는 달리 대학에서는 많은 것을 스스로 계획하고 혼자서 결정해야 한다. 따라서 그만큼 책임도 커지고 위험부담도 많아진다.

1. 우선 겸손해야

여러분은 이제 겨우 인생과 학문의 초년생이 되었다. 앞으로 얼마든지 발전하고 큰 일을 성취할 수 있는 가능성이 있지만 동시에 많이 배워야 하고 많이 자라야 할 부담도 있다. 그러므로 겸손하여야 한다. 교만한 자는 학식도 인격도 갖출 수 없고, 어떤 분야에서도 지도자가 될 수 없다. 가득 찬 그릇에는 더 들어갈 것이 없는 법이다. 패기도 필요하고, 비판정신과 창조력도 요구되지만, 겸손하지 않아서는 큰 그릇이 될 수 없다.

2. 진리와 진실에 대한 열정을

학문은 인간, 자연, 사회의 진리를 추구하는 활동이고, 인격수양이란 진실된 사람으로 자람을 뜻한다. 아무리 세상이 혼탁해지고 가치들이 상대화되었다 하더라도, 대학에서 참되고 옳고 아름다운 것에 대한 이상이 사라지면 그것은 이미 대학이 아니요, 젊은이에게 진리와 진실을 추구하는 정열이 없으면, 그는 대학생이라 할 수 없다. 모든 무지, 오류, 편견, 왜곡, 거짓, 위선, 독단, 사악을 미워하고 그런 것들을 제거하려 애써야 하며, 다만 가장 참되고 착하고 아름다운 것을 찾아 나아가야 한다.

3. 책임질 줄 아는 사람

자신과 사회에 대하여 책임을 질 수 있는 인격으로 자라야 한다. 스스로에 대하여 책임지지 않는 사람은 다른 사람에게 짐이 된다. 우리 사회에는 그러한 사람들이 이미 너무 많은데 대학 출신들까지 거기에 더해져서는 안될 것이다. 오히려 다른 사람들의 짐을 질 수 있는 사람이 되어야 할 것이다. 여러분이 타고난 재능, 부모님과 선생님들의 관심있는 보살핌, 그리고 학교가 제공하는 교육환경과 기회는 여러분이 즐기는 특권들일 뿐 아니라 동시에 여러분이 다른 사람들의 짐까지 질 수 있는 인물로 자라는 데 이용할 자원이요, 수단이다.

4. 원만한 인간관계

원만한 인간관계는 매우 중요한 능력들 가운데 하나다. 대학은 공부하고 연구하는 곳이지만 동시에 훌륭한 인격연구의 마당이다. 다양한 이상과 성품을 가진 사람들과 가까이 사귀므로 의식의 폭을 넓혀야 다른 사람을 이해하고 포용할 수 있다. 필요할 때는 타협하고 어떤 때는 자신의 소신을 다른 사람에게 설득시킴으로써 다른 사람과 함께 일할 수 있는 인격이 형성되어야 한다. 동아리에 가입하여 활동하거나, 여러 가지 행사를 준비하고 치루어 봄으로써 그런 훈련을 받을 수 있다.

5. 시간을 아껴야

유희도 필요하고 젊음의 낭만도 즐겨야 하겠지만 절제하지 못하면 4년은 허무하게 지나가 버린다. 문명의 지나간 긴 역사가 우리에게 엄청나게 많은 유산을 남겼지만, 그것들을 우리 것으로 만들어 충분히, 그리고 올바로 이용하기 위해서는 우리가 기본적으로 갖추어야 할 것이 그만큼 많다. 짧은 시간을 아끼고 쪼개어 씀으로써 젊음과 대학이 제공할 수 있는 모든 기회와 환경을 최대한으로 이용할 줄 알아야 한다.

6. 건강도 무시하지 말 것

건강에 대해서 무관심한 것은 매우 어리석은 일이다. 여러분은 부모님과 사회에 대해서 큰 책임을 지고 있기 때문에 여러분의 건강은 여러분 개인에게만 중요한 것이 아니다. 지금의 젊음이 영원히 계속될 것이라고 오판하지 말고, 규칙적인 생활과 충분한 운동 및 영양섭취를 통하여 몸이 약해지지 않도록 해야 한다. 그리고 긍정적이고 적극적인 태도와 자연스럽고 원만한 인간관계로 건강한 정신도 유지하여야 한다.

5 평생의 그림자, 대학성적표

대학성적은 평생을 따라다닌다. 취직에는 말할 것도 없고, 아무리 공적을 쌓았어도 직장을 옮길 때마다 대학 성적증명서는 구비서류목록에 꼭꼭 끼여 있다.

Q 대학 때 성적이 나쁘면 대학원에 진학하면 될 게 아닌가?

A 그러나 대학원을 몇 개나 다녔어도 대학 때의 성적은 요구한다. 성적은 자체가 대단하다기보다는 모르는 사람의 사람됨을 단적으로 간파할 수 있는 판단기준으로 사용된다. 즉 그의 성적으로 그의 성실성을 가늠하는 것이다.

Q 하지만 학생의 성실성과 지식수준이 반드시 학점수준과 비례하지는 않는다.

A 좋은 지적이다. Ⓐ와 Ⓑ의 사례를 보자. Ⓐ는 지나치게 학점에 집착하여 학점을 잘 주는 교수의 강의를 선택적으로 수강한다. 공부도 학점 평가기준 위주로 한다. Ⓐ와 같은 부류는 심층면접을 통해 세부적으로 점검해 보면 높은 학점에 비해서 역량이 떨어지는 경우가 많다. 반면 Ⓑ는 학점이나 시험에 연연하기보다 자신이 흥미를 느끼는 주제나 관심사에 몰두하여 심층적으로 파고들며 공부한다. 이 부류는 학점에 비해서 탁월한 지적 역량을 지니는 경우가 많다.[9]

---

9. 유안진, 앞의 책, 55 참조. 권석만, 인생의 2막 대학생활, 학지사(2010), 72-73 참조.

열심히 공부하자. 학점 따기 위해서나 학문하기 위해서나… 등 그 무엇을 위해서가 아니라, 공부하러 대학에 왔고 대학의 목적이기도 하니까, 공부하는 즐거움, 그 참 희열을 체험하기 위해서라도.

- 유안진/교육학자

나는 공부는 하면 할수록 사람을 겸손하게 만들어준다고 믿고 있다. 자만은 실패의 지름길이라고 생각해서 끊임없이 스스로를 경계하는 스타일인데 이때 가장 좋은 방법은 늘 공부하는 자세를 잃지 않는 것이다. 이런 자세는 현업에서도 굉장히 도움이 되었는데, 공부를 하면 할수록 많은 사람들이 얼마나 열심히 살고 있는지, 또 내가 얼마나 부족한지를 뼈저리게 알 수 있었다.

- 안철수/국회의원, 전 기업인

한문자 5만여 자 중에서 제일 좋은 글자는 배울 '학'자라는 말이 있다. 인간의 행동 중에서 배운다는 행동처럼 창조적이고 건설적이고 생산적인 행동이 없다. 배워야 알고, 알아야 힘이 생기고, 힘이 있어야 쓸모가 있다. 괴테는 말했다. "쓸모가 없는 존재는 죽은 존재다." 우리는 쓸모있는 사람이 되기 위해 부지런히 배워야 한다. 우리는 괴테의 《파우스트》와 같은 왕성한 지식욕과 탐구 정신을 가지고 열심히 새로운 것을 배우고 알고 연구하고 추구해야 한다.

- 안병욱/철학자

6 학업수행을 위한 TiP

Q. 책이 손에 잡히지 않는다. 강의에 주의를 기울이지 못하고 공부에 흥미를 잃는다. 대학에서 공부를 어떻게 해야 할까?

A 고등학교 시절과 대학교 시절의 차이점 중 가장 중요한 것의 하나가 공부다. 고등학교와는 달리 전공이 정해지고, 배울 과목을 스스로 선택한다. 그 외에도 공부의 내용, 수업방식, 실력평가방법, 정

보출처의 다양성 등 여러 면에서 고등학교와 다르다. 우선 대학공부의 일반적인 특징에 대해서 알아보자.

늘어난 자율성, 세분화된 공부내용

고등학교 교육은 건전한 생활인으로서의 기초적 소양과 자질을 완성하고 민주시민으로서의 교양을 함양시키는 데 목표가 있다. 고등학교 교육은 그 자체로서는 국민고등교육의 완성이긴 하나, 학문적인 면에서 볼 때는 대학교육을 위한 한 기초단계라 하겠다. 대학교육은 학교교육의 최종단계로서, 학문의 완성을 그 목표로 삼으며 보다 포괄적이고 심층적인 단계다. 고등학교 교육이 강조하는 지식은 '일반수준의 지식'이다. 기초적이고 단편적인 지식이다. 반면 대학교육이 다루는 지식은 보다 '전문적인 지식'이다. 즉, 고차적이며 심도 있는 지식이고 매우 체계적인 성격을 띤다. 대학교육이 추구하는 지식이 심층적이고, 고차적이며, 전문적인 지식이기 때문에 전공의 세분화(예: 경제학, 수학, 심리학 등)와 전공내의 세분화(예: 거시경제, 미시경제)가 요구된다. 교과목의 세분화는 고등학교 교육에서는 찾아볼 수 없는 대학교육의 특성이다.

대학에서의 공부에는 분석적, 비판적 및 창의적인 정신이 요구된다. 고등학교에서의 공부는 평면적이고 단편적이어서 단순한 암기를 통해 습득할 수 있는 것인 반면, 대학에서 배우는 전공지식은 매우 복잡한 개념체계, 이론 등으로 구성되어 있다. 따라서 단순한 암기만으로는 불충분하고, 분석적 · 통합적 · 비판적인 태도로 지식을 수용해야 한다.[10]

10. 서울대학교 학생생활연구소, 대학생활과 학문, 서울대학교출판부(1993), 192-195 참조.

대학 레포트 작성법

레포트란 일종의 소논문으로서 한 주제에 대한 연구의 결과보고서다. 쉽게 말해 학생들이 어떤 주제에 관해 공부한 것을 자신의 글로 전개시켜 가는 형식이다. 사고를 깊게 하고 지적 독립성을 키우는 데 필수적인 역할을 한다. 레포트 작성순서는 다음과 같다.

❶ 주제선정

평소 관심과 흥미를 가져왔던 문제를 선정한다. 너무 좁은 범위의 사소한 것이거나 사적 감정이나 편견이 개입된 것은 피해야 한다. 또한 자신의 능력을 벗어나는 방대한 것이거나, 논쟁의 여지가 너무 많은 문제도 피해야 한다.

❷ 자료수집

분야에 따라 레포트 작성에 필요한 자료수집이 다르다. 대체로 기초 문헌에 의한 자료수집과 직접 관찰, 측정, 실험 등을 통한 자료수집으로 나눈다.

Q. 필요한 참고문헌은 어떻게 구하나?

A 교수나 선배의 자문을 구하는 방법이 있지만, 직접 도서관에서 찾아보는 게 가장 좋다. 입수한 참고문헌을 독서방법 및 노트방법에 따라 자세히 읽어 나가면서 주제에 적합한 자료를 수집하라.

❸ 레포트 개요(outline) 구상

필요한 자료를 수집한 후 '어떠한 체제로 어떠한 내용을 레포트에 실을 것인가'하는 개요를 구상한다. 개요를 구상할 때 자기가 다룰 주제를 몇 개 부분으로 분류하고, 그것에 각기 소제목을 정한 후, 그 부분에서 써야 할 아이디어를 적어 두는 것이 좋다.

❹ 자료의 재검토 및 정리

앞서 뽑아 두었던 자료는 두서없이 모아 둔 것에 불과하므로 개요구상 후에는 이것들을 다시 검토하면서 레포트에 적합하게 취사선택한다. 또한, 어디에 어떻게 배치할 것인가를 결정한다.

❺ 초고작성

위와 같이 레포트를 쓸 준비를 완료하면 구성한 체제에 따라 글을 쓰기 시작한다. 작성된 개요에 따라 필요한 내용을 써 나간다.

❻ 초고의 재검토

초고를 쓴 후 레포트 작성의 마무리 작업으로 초고를 검토해야 한다. 독자의 입장에서 비판적으로 읽어 보는 것이 필요하다. '선정된 주제를 적합하게 다루고 있는가' '불필요한 부분이 있어 오히려 혼돈을 일으키지는 않았는가' '글이 통일성 있게 조직되어 있는가' '글의 각 부분에서 전달하고자 하는 점이 잘 나타나 있는가' '각 문장이 분명하고 읽는 사람이 잘 이해할 수 있는가' 등을 검토한다.

❼ 글 쓸 때 주의 사항

레포트는 사실중심으로 편견 없이 성실하게 씌어져야 한다. 따라서 감정이나 정서가 반영된 극단적인 형용사나 부사 등의 용어는 피하는 것이 좋다.[11]

---

11. 서울대학교 학생생활연구소, 대학생활의 설계, 서울대학교출판부(1993), 215-221 참조.

시험준비와 답안 작성법

❖ 필요한 정보를 수집한다

시험범위, 문제의 형태(주관식 · 객관식 등), 반드시 읽어야 할 문헌 등에 대해 알아 둔다.

❖ 문제 형태에 따라 공부하는 방법이 다르다

대학에서의 시험은 주관식, 즉 서답형 · 논문식의 형태가 주류를 이루지만 경우에 따라 선택형, 진위형 등의 객관식 시험도 있다. 객관식 시험은 주로 용어나 개념의 정의, 학자의 이름, 기타 구체적 사실 등을 다룬다. 한편 주관식 시험은 학생이 얼마나 많은 단편적 지식을 알고 있는가보다는 그 과목의 주요 개념을 알고 있는지, 개념들 간 관계를 이해하고 있는지, 전체적 원리와 구조를 파악하고 있는지, 그리고 갖고 있는 지식을 명료하게 논리적으로 진술할 수 있는지 등에 대하여 평가하는 것이다.

대학에서는 대개 '논하시오' '비판하시오' 등의 끝마무리로 된 문제가 많다. 인문 · 사회과학분야에서 특히 그렇다. 이런 능력이 키워지기를 바라기 때문이다.

Q 그런 문제의 경우, 어떤 기준으로 채점하는가?

A 교수들마다 기준이 다르겠지만 대체로 다음 기준이 적용된다. 배운 **내용을 배운대로 잘 썼으면 50점만 받게 된다. 그러나 배운 내용에다가, 반대되는 견해도 쓰면 70점을 받게 된다.** 이런 학생은 이 문제에 대해 두 가지 견해가 있다는 사실을 알고 있으므로,

한 가지나 한 방향의 견해만 있는 줄 아는 학생보다는 더 나은 성적을 받아야 한다. 그러나 배운 내용을 제시하고 **반대되는 견해까지 쓴 다음에, 이 두 가지에다 자기 자신의 생각까지 더하여 쓰면, 95점을 받게 된다. 마지막으로 답내용의 근거를 제시하라.** 학자이름이나 학설명 등과, 그런 내용이 담긴 책이나 논문의 이름까지 제시하면 더 완벽한 답안이 된다.

Q 이들 기준으로서도 만점이 못된다고?

A 그렇다. 아무리 잘써도 주관식 답안에 100점 만점을 줄 순 없다. 여기다 답안전개의 **논리성 · 조직성 · 문단구성력 등으로 2~3점이 추가되기는 하지만.** 남의 학설을 공부하고 나서 그대로 수용하는 것을 거부하는 곳이 대학이며, 그렇게 하는 것이 학문하는 방법이자, 사고의 훈련이다.[12]

12. 서울대학교 학생생활연구소, 대학생활의 설계, 서울대학교출판부(1993), 223-225. 유안진, 실패할 수 있는 용기, 서울대출판부(1993), 58-59 참조.

II. 글쓰기

요즘은 대학마다 교양과목에 작문이나 글쓰기 과목이 있다(우리 대학은 기초교양 과정에 글쓰기 과목이 있다). 글쓰기는 대학생에게 상당히 중요한 부분이다. 분명하고 설득력 있는 글을 쓸 수 있는 능력은 대학생으로서 반드시 연마해야 할 덕목이다.

Q 훌륭한 보고서를 쓰고, 멋진 발표를 하고, 교수님께 인정을 받고, 좋은 성적을 받고 싶다.

A 그렇다면 글쓰는 능력을 길러라. 보고서 외에도 수업이나 과제와 상관없이 자신만의 글쓰기를 연습하는 것이 좋다. 목적이 없어서 힘들다면 신문방송사나 잡지사에 가입하여 일반 신문기사에서부터 과학칼럼, 정치논평, 한 줄 개그까지 무엇이든 써보자. 단체에 가입하지 않더라도 학교신문의 독자란에 기고할 수도 있고, 훌륭하게 완성된 글이라면 일간지나 인터넷 신문, 지역 행정실 등에 보낼 수도 있다.[13]

13. 칼 뉴포트, 대학생활 백서, 이영선 역, 한안(2005), 150-151 참조.

1 글은 힘이 세다

글을 잘 쓴다는 것은 사생활에 있어서도 엄청난 힘을 갖는다. 사랑을 호소하거나 도움을 청할 때, 또는 오해를 풀고자 하거나 상대방을 설득하려 할 때, 말보다 글로 전달하면 대단한 위력을 나타낸다.[14] 이런 점에서 글쓰기는 대학생들에게만 필요한 것이 아니라 모든 사람에게 필요한 공부며, '영구적'인 공부다.

> 글쓰기는 일부 사람들의 일(somebody's business)이 아니라 모든 사람들의 일(everybody's business)이다. - 애들러/작가

Q 그렇다면 글을 쓰려면 어떤 과정이 필요한가? 또 '좋은 글' 이란 어떤 것인가? 어떻게 하면 좋은 글을 쓸 수 있을까?

A 다독(多讀) · 다작(多作) · 다상량(多商量). 좋은 글을 찾아 널리 읽고, 많이 써보고, 많이 생각해보자. 이는 당송 8대가의 한 사람인 구양수(歐陽修, 1007~1072)가 제안한 방법이다. 가장 기본이 되는 것은 평소 많은 책을 읽어 지적인 기반과 교양을 풍부하게 쌓는 일이다. 이를 바탕으로 주의 깊게 글쓰는 훈련을 반복적으로 해야 한다. 훌륭한 글을 베껴 쓰는 것도 좋은 방법이다. 넓고 깊은 사색을 통해 책에서 읽은 것을 창조적으로 소화해 자기 것으로 만드는 과정도 함께 수반돼야 한다.[15]

14. 좋은 글, 잘된 문장은 이렇게 쓴다, 문학사상사(1993), 6.
15. 임도혁, 김윤덕, 조선일보, 2005. 12. 8.

내가 작가로 성공을 하는 데 결정적인 구실을 한 것은 바로 자제력이다. 나는 세상이 결딴난다 해도 컴퓨터 앞을 떠나지 않았다. 내가 방정을 떨고 돌아다닌다면, 나타날 준비가 된 언어는 모습을 감추고 말 것이니까. 나는 글쓰기에 대해 수다를 떨거나 꿈꾸지 않고 바로 글을 쓴다. 얘기하고 싶은 게 있으면 입을 놀리지 않고 손을 놀려서 글을 쓴다. 나는 정말 열심히 작업한다.

- 애들러/작가

그렇다. 글쓰기에서 가장 중요한 점은 직접 글을 쓰는 것이다. 생각만 하고 있는 게 아니다. 무조건 쓰라. 기를 꺾는 내면의 혹은 외부의 어떤 말도 무시하라. 끈질기면 항상 얻는 게 있다.

소망은 홀로 주어지지 않는다. 소망이 주어질 때엔 그 소망을 실현시킬 힘도 더불어 주어진다. 다만 수고를 좀 해야 할 필요는 있다. 글쓰기의 꿈에, 혹은 칼럼니스트나 소설가, 시인 등 그 무엇인가가 되겠다는 소망에 몸을 던지고, 아이디어에 몸을 던지고, 그 아이디어를 종이 위에 옮겨서 생명을 부여하는 일에 몸을 던지면 된다.

- 로버트 진 브라이언트/작가

좌뇌 · 우뇌를 통한 글뇌 경험

글을 쓸 때 뇌가 어떻게 작용하는지 이해한다면 글쓰기의 한계를 극복하는 데 도움이 될 수 있다. 두 단계의 글쓰기 과정을 좌뇌와 우뇌 연구결과에 빗대 살펴보자.

- 1단계 글쓰기

  정서적인 우뇌 특성이 발현. 재미, 감각, 직관, 상상, 자발성, 원시적 표현 등.

• 2단계 글쓰기

지적 좌뇌의 힘을 이용. 논리, 판단, 절제, 초점, 위트, 언어의 정확성 등.

글을 쓸 때 우뇌는 계획에 얽매이지 않고 큰 그림을 상상하고 느끼며, 전체를 종합적으로 통찰한다. 좌뇌는 계획을 세우고 지키며, 분석적 사고로 세부를 점검한다.

로버트 진 브라이언트는 글쓰기 교실의 학생들을 두 부류로 나눈다. 첫째 부류는 글을 쓰는 양이 적고 힘겹게 쓰는 학생들, 그들의 글은 논리적이고 정확하지만, 느낌이 결여되어 있다.

Q 좌뇌형 학생들인가?

A 그렇다. 좌뇌형 학생들은 체계적이고, 기교 지향적이고, 현재의 사실을 얘기하는 데 능한데, 픽션을 쓰는 데에는 약한 경우가 많다. 두 번째 부류의 학생들은 다작을 하는 경우로 글쓰기 행위를 즐긴다. 그러나 글의 일관성이나 완성도를 높이는 데에는 서툰 경우가 많다. 이들은 사실적이고 체계적인 글을 쓰는 데 약하다(우뇌형 부류).

좌뇌형 작가들은 좀 느슨해질 필요가 있다. 글을 쓰는 동안 비판적 자아를 잠재워 둘 필요가 있다. 우뇌형 작가들은 분석적일 필요가 있다. 세부에 초점을 맞추어 분석을 해봄으로써, 이야기에 도움이 되는 것과 불필요한 것을 가려낼 필요가 있다. 훌륭한 작가가 되려면 우뇌와 좌뇌의 능력을 모두 발휘할 필요가 있다.

좋은 작가는 우뇌와 좌뇌가 무의식적으로 서로 돕는다. 글을 쓰고 편집하고 책을 만들 때, 우뇌에서 좌뇌로, 그 역으로 자유롭게 오가는 능력을 지닌 작가도 많다.

Q 우뇌는 언어 능력이 떨어져 진지한 글을 쓰는 데엔 적합하지 않다던데?

A 그러나 우뇌는 언어를 창조한다. 우뇌는 정서적 언어를 창조해서 그 언어로 외치고 속삭이고 탄식한다. 그 언어는 물론 원시적이고 어눌하다. 대개 초고가 어수룩한 것도 그래서다.

그러나 우뇌 1단계 글이 비록 어눌하더라도 거기엔 없어서는 안 되는 정서적 통일성이 깃들어 있다. 고쳐 쓰기 단계에서 좌뇌를 이용해 언어의 명확성과 사고의 상징성을 가미할 수 있다는 것을 안다면, 초고를 쓰는 동안 판단을 보류하는 데 도움이 될 것이다.

우뇌 지향적이라면 유려한 이미지가 흘러넘치는 것을 즐기며 글을 쓸 수 있을 것이다. 또 글의 내용과 일체가 돼 더불어 흘러가는 느낌을 받을 수도 있을 것이다. 좌뇌 지향적이라면 글을 고쳐 쓰는 과정에서 명확한 말을 찾아냈을 때 여간 만족스럽지 않을 것이다.

연습을 통해 좌우 두뇌 사이의 소통이 원활해지면 유려하면서도 명확한 글을 쓸 수 있게 된다.

그러나 원리를 머리로 안다고 해서 그것을 곧바로 실천할 수는 없다. 우뇌와 좌뇌가 서로 조화롭게 작용하는 통합의 과정을 거치며 아이디어를 조율할 필요가 있다. 다음 시나리오는 우뇌와 좌뇌가 글쓰기 과제를 분담함으로써 글뇌(write-brain, 글쓰기뇌)가 작동하는 과정을 살펴본 것이다.

우뇌가 말한다. "하, 이건 정말 멋진 아이디어야!" 아이디어가 불꽃을 튀기고, 직관이 작용하면서 사뭇 흥분이 된다.

좌뇌가 동의한다. "책이 되겠어." 좌뇌는 이 아이디어를 얼른 메모한다.

우뇌는 언어로 그림을 그리며 즐기기 시작한다. 몽롱한 언어로 삐뚤삐뚤 낙서를 한다.

좌뇌는 한동안 우뇌에 동조하기로 결정한다. 그래서 아이디어와 메모를 정리해서 체계화하고, 과제 목록을 만들고, 계획을 세운다. 투명한 언어가 전개되기 시작한다.

우뇌는 전체를 종합적으로 관조하며, 고조된 흥분 상태와 창조성의 돌풍 속에서 상상의 날개를 활짝 펼친다. 감각적이고 정서적인 세계에 심취한다.

좌뇌는 우뇌의 낙서와 메모를 거듭 읽어보고, 초고를 완성하기 위해 몰두한다.

우뇌는 종이 위에 막무가내로 언어를 엎질러놓는다. 상상력으로 소재를 버무려서 놀라운 이미지를 만들어낸다. 결국 우뇌는 탈진을 하고, 좌뇌를 불러서 자문을 구한다.

좌뇌는 휘갈겨 쓴 초고를 평가하고, 긴 시간을 투자해서 고쳐 쓸 가치가 있는지 저울질한다. 그 다음 구성을 어떻게 바꿀 것인지 제안하고, 고쳐 쓸 방향을 지시하고, 첨삭기법을 이용해서 글에 일관성을 부여한다.

우뇌와 좌뇌는 함께 공조하며 잔치를 벌이는 기분으로 글을 고쳐 쓰고, 고쳐 쓰고, 또 고쳐 쓴다.

좌뇌가 편집을 할 때가 되었다고 판단하면 가차 없이 칼질을 한다. 중언부언하는 말과 죽은 말들을 솎아내고, 언어를 좀 더 정확하고 명료하게 다듬는다. 이때 우뇌가 사랑해 마지않는 문장이라도 문맥에 도움이 되지 않으면 과감히 삭제한다.

우뇌는 책 전체를 바라보며 묻는다. "어딘가 좀 설익은 느낌이 들잖아? 왠지 부분과 전체가 서로 삐걱거리는 것 같은데?" 그리고 우뇌는 다시 창조적인 영감을 떠올려서 글을 더 높은 궤도에 올려놓는다.

좌뇌는 사전을 뒤적이며 언어를 섬세하게 갈고 닦아서 최종 원고를 작성한다.[16]

16. 로버타 진 브라이언트, 누구나 글을 잘 쓸 수 있다, 승영조 역, 예담(2004), 177-181 참조.

2 문인들의 문장 수업

좋은 글쓰기의 비결로 국내 대표적인 문장가라고 부를 수 있는 문인들의 문장 수업 과정을 살펴보자. 그들은 문장과의 치열한 싸움을 벌이며 수많은 밤을 새운 끝에 좋은 글, 잘된 문장의 묘법을 하나씩 찾아나갔다.

▌글은 절대로 그냥 좋아지지 않는다. 꾸준한 관심과 연습……

- 김난도/행정학자

대학생 때 나는 글을 잘 쓰고 싶었다. 좋아하던 여학생 때문이었다. 이메일이나 휴대폰 같은 것이 없던 시절이어서, 주로 손으로 꾹꾹 눌러 쓴 편지에 내 마음을 담아 보냈다. 그 여학생은 나의 편지공세에도 마음을 열어주지 않았는데, 그럴수록 간절하게 소망한 것이 '사람의 마음을 움직일 수 있는 글을 쓰는 능력'을 갖고 싶다는 것이었다. 그녀는 결국 다른 남자의 여자가 됐지만, 글을 잘 쓰고 싶다는 열망은 그때 내 마음에 깊이 남았다.

그녀가 떠나고 더 이상 연애편지를 쓸 이유는 없어졌지만, 좋은 문장으로 글을 쓰고 싶다는 열망은 더 강해졌다. 글을 잘 쓰고 싶다고 간절하게 열망했다는 것, 이 점이 무척 중요했다.

우선 시를 외웠다. 그 당시 집에서 학교까지 1시간가량 버스를 타야 했는데, 작은 카드에 시를 한 편씩 적어 넣고 버스 안에서 그걸 외웠다. 시인들의 글 솜씨가 내게 녹아들기를 간절히 기원하면서…….

또 유명한 작가의 글을 끊임없이 옮겨 적었다. 그때의 버릇이 남아 지금도 문체가 좋은 글을 보면 이면지에 그대로 옮겨 적어본다. 컴퓨터로 치면 안 된다. 문장의 호흡을 길게 외워서 종이에다 펜으로 꾹꾹 눌러서 베껴 적으면, 그 작가의 스타일이 내 가슴속에 그렇게 꾹꾹 흔적으로 남을 것만 같아서, 그렇게 한다.

내가 가장 흉내 내고 싶었던 스타일을 가진 작가는 황순원이었다. 유학생활을 마치고 귀국하고 나서, 명사와 조사만 조합해 문장을 이뤄가는 영어식, 번역투의 내 문체를 고쳐보려고 그의 소설집을 거의 다 옮겨 적은 적도 있다.

지독한 연습

내가 이나마 글을 쓸 수 있는 것은 재능이 아니라 지독한 연습의 결과다. 사실 대학 초년까지 내 문장력은 형편없었다. 2학년 때엔가 교내 신문사가 주최하는 문학상에 '콩트' 부문이 새로 생겼기에 응모했던 적이 있다.

결과는…… 처참했다. 그냥 상을 받지 못한 정도가 아니었다. 내 글을 암시하면서 "도저히 문장의 기본도 되지 않는 글조차 투고되어 대학 문학상의 수준이 이렇게까지 떨어졌는가 하는 참담한 기분이 들었다."는 심사소감이 적혀 있었다. 그걸 읽는 나는 더 참담했다. 이 일을 계기로 나는 문필을 직업으로 삼는 것을 깨끗이 포기했다.

그래도 좋은 글을 쓰고 싶은 욕심까지 포기한 건 아니다. 학위를 마치고 나서부터 영어단어장은 더 이상 만들지 않지만, 우리말 단어장은 지금도 적는다. 좋은 표현, 모르던 사자성어나 속담, 뜻은 알지만 실제로 글에 구사하지는 못했던 단어 등을 적는다. 글쓰기에 관심이 있는 사람이라면, 반드시 우리말 단어장을 가지고 다녀야 한다고 생각한다.

다른 모든 것과 마찬가지로, 글도 절대로 그냥 좋아지지 않는다. 꾸준한 관심과 연습을 통해서만 실력이 는다. 이 글을 읽는 그대가 '나도 글을 잘 쓰고 싶다'는 생각을 한다면, 따로 시간을 내어 공부하고, 연습하고, 외우고, 베껴 적기 바란다.[17]

훌륭한 삶을 영위하는 사람만이 훌륭한 글을 쓸 수 있다

- 황필호/철학자

평소에 글쓰기를 습관화하지 못한 사람은 절대로 훌륭한 글을 쓸 수 없다. 걸작은 다작의 결과이며, 다작에 관한한 천재와 둔재의 사이는 존재하지 않는다. 오히려 우리가 흔히 천재라고 부르는 사람들은 평소에 그들의 모든 노력을 오직 한 곳에만 집중시킨 사람들이다.

어떻게 훌륭한 논술을 할 수 있는가?

첫째, 논술을 공부하지 말고 우선 좋은 책을 골라 독서를 많이 해야 한다. 논술이란 듣기, 말하기, 읽기, 쓰기를 전부 끝낸 사람이 다시 논리적으로 글을 쓰는 것이다. 훌륭한 논술은 풍부한 독서량을 전제로 한다.

둘째, 논술에는 요령이나 지름길이 없다. 그만큼 논술이야말로 평소 실력, 기본 실력, 현재 실력이 중요하다는 이야기이다. 우연, 요행, 운수가 전혀 통하지 않는 것이 바로 논술이다. 우리가 평소에 항상 논술을 염두에 두면서 책도 읽고 신문도 읽어야 하는 이유가 여기에 있다.

셋째, 논리적인 서술은 논리적인 생각에서 나온다. 평소에 전혀 논리적으로 생각해 본 적이 없는 사람은 절대로 논리적인 글을 쓸 수 없다.

17. 김난도, 아프니까 청춘이다, 182-185.

우리가 일상생활에서 자주 어떤 일을 논리적으로 분석하는 연습을 해야 되는 이유도 여기에 있다.

넷째, 그러나 우리는 여기서 논리와 논술이 동일하지 않다는 사실을 잊지 말아야 한다. 논술은 단순히 논리적인 글이 아니다. '논리적인 측면'과 '생활적인 측면'이라는 두 기둥을 가지고 있다. 논리 없는 생활은 종종 목적을 상실하게 만들고, 생활 없는 논리는 처음부터 배울 필요도 없다. 논술은 삶과 철학, 직관과 논리, 실천과 이론을 전부 포함하는 최후의 결과물이며, 그 과정에서 우리는 삶뿐만 아니라 논리도 필요한 것이다.

다섯째, 여기서 우리는 '훌륭한 삶을 영위하는 사람만이 훌륭한 논술을 할 수 있다'는 역설적인 듯한 결론에 도달하게 된다. 훌륭한 논술은 완벽한 논리와 성실한 삶을 필요로 하며, 이 말을 거꾸로 하면 성실한 삶과 완벽한 논리를 갖춘 사람만이 훌륭한 논술을 할 수 있다는 뜻이다.[18]

좋은 글은 흐뭇한 여운을 남긴다

- 임도혁/기자

좋은 글이란 아무리 어려운 사실이라 해도 모두가 알 수 있도록 쉽게 쓴 글이다. 다른 말로 하면 설득력과 호소력을 갖춘 글이다.

좋은 글을 쓰기 위해서는 내용(콘텐츠) 자체가 충실하다는 전제 하에서 간결함과 논리성 단 두 가지만 갖추면 된다. 우선 간결함이란 꼭 필요한 내용만 쉽게 표현하는 것이다. 핵심 내용을 표현하는 데 있어 쓸데없는

18. 월간에세이, 1998년 5월-12월호.

군더더기를 없애자는 것이다. 따라서 글을 수식하는 부사나 형용사 등은 제한적으로 쓰는 것이 좋다. 불필요한 수식어는 내용을 빨리 파악하는 것을 방해하거나 오히려 혼란을 주기 때문이다. 용어 역시 특별한 경우가 아니라면 평범한 것을 선택하는 것이 바람직하다.

다음으론 논리적 구조를 갖춰야 한다. 즉 글의 통일성과 일관성이다. 이것들은 적절한 근거를 이용해 특정 주제를 일정한 규칙에 따라 짜임새 있게 뒷받침하는 구조를 가리킨다. 주장만 거창하게 써놓고 그에 대한 근거가 약하거나 뒤엉켜있다면 상대를 설득시킬 수 없다.[19]

좋은 글에는 '자신(自身)'과 '진정성'이 담겨 있다.

- 김윤덕/기자

좋은 글쓰기의 제1 조건은 자신이 말하고자 하는 메시지를 명쾌하게 전달하는 것이다. 아무리 아름답고 지적인 문장이라고 해도 글의 요지가 무엇인지 읽는 이의 가슴에 와 닿지 않으면 무용지물이다.

그러기 위해선 첫째, 글의 구성이 역피라미드 모양을 갖춰야 한다. 글의 서두, 그러니까 다섯 문장 이내에 필자가 말하고자 하는 글의 주제가 함축돼 있어야 한다. 그래야 눈길을 끌고, 독자에게 '끝까지 읽어보고 싶은' 의욕이 생긴다. 그 다섯 줄은 논지에 걸맞는 사례, 문학 작품의 인용, 유명 인사의 말, 어떤 특별한 사건 일지 등 다소 파격적이어도 좋다.

둘째, 짧은 문장과 정확한 표현이 좋다. 평소 글쓰기 연습을 통해 군더더기 말이나 반복되는 단어를 가능한 줄여보는 훈련을 해보라. 간결한 단

19. 조선일보, 2005. 12. 18.

문, 군더더기 없는 표현은 읽는 속도를 빠르게 할 뿐 아니라 흥미를 느끼게 한다.

셋째, 접속사를 가능한 쓰지 않는 것도 좋은 글쓰기의 한 방법이다. '그러므로' '그런데' '한편'같은 접속사는 굳이 쓰지 않아도 문맥에 전혀 지장을 주지 않는다. '-들'같은 복수형 접미사, '-되어지다'같은 영어식 수동태 문장도 가급적 피하는 것이 좋다.

넷째, 좋은 글에는 감동이 있다. 글의 완성도가 높아야 독자에게 감동을 주는 건 당연하지만, 때로는 금과옥조 같은 문장이 두세 줄만 있어도 감동을 자아낸다.

마지막으로, 좋은 글에는 '자신(自身)'과 '진정성'이 담겨 있다. 내가 쓴 글에 나 자신의 감수성과 특별한 색깔이 있어야 한다는 얘기다. 그래야만 글 속에 마음 저 밑바닥에서 우러나는 진정함이 배어난다. 어디선가 읽어 본 적이 있는 듯한 '남의 글'이 아니라 나의 경험과 생각, 주장이 담긴 '나만의 글'이 가장 좋은 글이라고 생각한다. 그러기 위해선 평소 좋은 문학책과 인문서를 많이 읽어야 한다.[20]

분명하고 깊게 생각하기

- 김대행/국문학자[21]

남의 글을 철저히 흉내내라. 이것이 글쓰기의 출발이다. 생각해 보자. 어린 아이가 세상에 나서 말을 배우고 숟가락질을 배우는 것은 흉내내기가 아니고 무엇인가? 우리가 학교에 가서 배우고, 책에서 배우고, 세상에

20. 조선일보, 2005. 12. 8.
21. 평론집으로 한국시가 구조 연구, 한국시의 전통 연구, 운율 · 문학이란 무엇인가 등이 있다.

서 배우고, 부모님으로부터 배우고, 친구에게서 배우는 그 모든 것은 흉내내기가 아니고 무엇인가? 이런 흉내내기를 문화라고도 하고, 전통이라고도 하고, 교육이라고도 한다. 글쓰기도 이와 같다.

다만 자기 목소리를 내고 자기 생각을 가져야 할 때가 되었는데도 여전히 남의 흉내를 낸다면, 그것은 문제가 되는 일이다. 조금만 깊이 들어가 보면 금방 알 수 있겠지만, 사실 글쓰기는 '생각하기'다. 자기 생각을 해야 할 나이가 되었는데도 자기 생각이 아닌 남의 생각을 그대로 옮겨 놓고 있다면, 그것은 죄악이요 해악이다. 남의 것을 흉내내는 일로 글쓰기를 시작하되, 어느 날인가는 '집 떠나는 홍길동'처럼 결연하게 자기 길로 나서서 독립하면 된다.

글을 잘 쓰는 길은 멋부리기를 내던지는 일이다. 멋을 부리다 보면 글은 조잡해진다. 시냇물이 소리내며 흘러가듯이, 글은 자연스럽게 생각을 따라가야 한다. 글을 잘 쓴답시고 말을 꾸미다 보면 피할 수 없이 빠져드는 함정이 있다. 글이 길어지는 폐단이 바로 그것이다. 한 문장에는 한 생각만 담는다고 생각해 보자. 그러면 그 글은 자연히 짧아지고, 그만큼 선명해진다.

때로 우리는 청산유수로 줄줄 말을 뱉어내는 웅변가에게서는 아무런 감동을 받을 수 없고, 오히려 어눌하게 떠듬떠듬 던지는 말에서 찡한 여운과 충격을 동시에 받곤 한다. 글도 마찬가지다. 아름다운 글, 잘 꾸며진 글, 멋있는 글, 현란한 글, 그럴듯한 글…… 이 모든 것이 오히려 부질없다고 해도 좋다. 문제는 생각이다.

사물을 깊이 통찰한 생각, 사려 깊게 정리한 생각, 조리 있는 생각, 사실에 맞는 생각, 남이 읽어서 도움이 되는 글이면, 비록 글이 서투르다 해도 그 글을 읽는 사람은 감동하게 된다. 서투르게 수사법을 논하지 말고, 글쓰는 '법'을 찾으려고 하지도 말자. 문제는 생각이다. 건강하고 든든한 생각을 담담하게 써나가면, 그것이 세상을 흔드는 글이 될 것이다.

글쓰기를 잘하려거든 솜씨를 걱정하지 말고, 생각의 깊이와 모자람을 걱정할 일이다. 글이 쉬워야 하고 짧아야 한다는 말을, 분명하고 또렷하게 생각하라는 말로 바꾸어 이해해도 좋다.[22]

신기(神氣)의 문맥에 오를 때까지 하는 실패의 연습

- 김승희/시인[23]

나는 처음에 글을 쓸 때는 언어-어휘나 비유법에 대한 욕망이 무척 많았다. 그래서 많은 책을 탐독했고 멋진 말이나 잊혀지지 않은 글귀들을 많이 적어놓고 가까이에 두곤 했다. 외웠다기보다는 그것들이 먹어치워지기를 바랬다.

『화사집』의 어떤 구절, 까뮈나 도스토예프스키의 어떤 말들, 이런 것들은 기억되었다기보다는 먹워치워져서, 내 몸 안에서 육체화되어지기를 바랬다. 그래서 읽고 또 읽고, 계속 언어를 먹는 작업을 했다. 그것은 독서라기보다 폭식이었고 폭음이었다. 마치 혈액 속에 언어가 용해되기를 원하는 것처럼 읽었으니까.

문장은 그러나 단어나 멋진 비유 몇 개, 감성이나 지성만으로 되는 것은 아니라고 생각한다. 나의 경우, 쓸 내용(메시지)도 다 있고 쓰고자 하는 의식적 의도와 방법론도 다 있는데, 글이 결코 써지지 않을 때가 많다.

---

22. 강신재 외, 좋은 글, 잘된 문장은 이렇게 쓴다, 42-48.
23. 시집으로 태양미사, 왼손을 위한 협주곡, 미완성을 위한 연가, 달걀 속의 생(生) 등이 있고, 평론집으로 영혼은 외로운 소금밭이 있다.

쓰고자 하는 내용, 의도, 메시지도 다 있고, 언어도 방법론도 있는데, 왜 잘 쓰여지지 않는가? 오랜 절망 끝에 요즈음 이런 생각을 해보았다.

글을 쓴다는 것은 풍부한 체험, 거기에서 나온 말할 내용과 작가적 의도, 메시지, 번뜩이는 감성이나 날카로운 지성만으로 되는 것이 아니고, 그것들에 대한 '플러스 알파'가 있어야 되는 것이라고. 그리고 그 '플러스 알파'란 나의 경우 신기(神氣)라고 불러야 할 그 무엇-흔히들 뮤즈의 영감이나 창조적 광기라고 부르는 그런 것일까-뭐, 그런 것이 있어야 글쓰기를 시작할 수 있게 되는 것이라고.

그리고 그 신기란, 자기 자신의 일상적 인식들, 산문적 체험들, 지식들, 억압과 그에 대한 여러 가지 감정들, 일상 언어, 지시적이고 전달적인 소통 언어들-그 모든 것들과 함께, 그 모든 무게들과 더불어, 그러나 이 모든 것들을 넘어서 갈 수 있는 신명과 날개와 속력을 제공하는 어떤 아우라(Aura: 성스러운 영적인 기운)의 힘이다.

혼신의 노력

어느 정도 자기 문장의 세계를 갖춘 시인이나 작가라면 이런 신기의 존재에 대해 알고 있으며, 그 신기에 도달하기 위하여 무수히 찢고 버리고 다시 쓰고 찢어 버리는, 그 고난과 고통의 연습이 문장 수업이 될 것이라고. 그러니까 문장이란 문장 작법만으로 되는 것이 아니고, 그렇다고 신기만으로 되는 것도 아니니까, 한없이 되풀이 쓰고 되풀이 읽고 되풀이 살고 … 언어 그 자체에 대한 격렬한 노동 끝에 신기에 도달하는 순간이 있지 않겠느냐고.

그러므로 나는 문장 수업에 대해 두 가지를 이야기하고 싶은 것이다. 하나는 피나는 글쓰기의 일상적 수련이요, 또 하나는 그 수련 끝에 신기의 문맥에 도달할 때까지 격렬한 언어 연습을 멈추지 말아야 한다는.

어떤 소설가가 자기 머릿속에서 언어가 좀 더 생생히 살고 명멸케 하기 위하여, 잠잘 때 국어대사전을 베개처럼 베고 잔다는 말을 들은 적이 있다. 국어대사전을 베고 자니 항상 그녀의 목은 아프고 불편하지만, 잠 속에서도 언어에 대한 사랑, 합일을 갈망하는 추구를 늦추지 않는 그녀이기에, 최고의 문장, 주옥같은 문체, 한 자 한 자 정교하게 빛나는 문장을 쓸 수 있는 것이구나 하고 감탄한 적이 있었다. 즉 그녀는 언어의 신(神)을 잠 속에서도 만나고자, 몽중 노력까지도 기울이는 것이니, 낮 동안의 처절한 각고는 또 어떻겠는가.

원고지 한 장을 쓰는 데 한 달도 걸리고 두 달도 걸리는 그 신성한 엄숙주의, 목숨을 건 혼신의 노력이 없이는 신기에 도달할 수도, 한 줄의 좋은 문장을 얻을 수도 없다는 지극한 겸허함이 그녀의 놀라운 문체를 만든 것이라는 것을 느꼈다.

문장 수업은 어떻게 살 것인가의 문제

명창에 오르기 위해, 득음(得音)을 하기 위해, 뼈가 흔들리고 이빨이 무너지며 목에서 피를 토할 때까지 연습하고, 또 그 연습만으로는 안 되어서 똥물까지 퍼마시고서야 득음을 했다는 소리꾼의 이야기를 들은 적이 있는가? 진정한 경지란 피를 토하는 '인간의 노력'을 넘어서는, 그보다 더한 '인간을 뛰어넘는' 어떤 것과의 만남이 있어야 가능하다는 것이다. 똥물이란 아마도 하나의 초현실적인 가혹함에 대한 은유일 것이다.

무엇을 써도 최고가 되겠다는 장인 의식과 외길을 갈 수 있는, 그런 자유인으로서의 거장 의식이 없다면, '자기만의 문장'에 도달할 수 없다는 숙명성을 깨달아야 할 것 같다. 그러므로 문장의 거장이 된다는 것은 손끝만의 일이 아니요, 기술 수련만의 그런 말초적인 일이 아니고 참으로 자유인답게, 거장답게, 장인답게 사는 일과 연관될 것이다. 나아가 문장 수업이란 '어떻게 살 것인가의 문제'라는 것이다.[24]

모방에서 비롯된 창조

- 노향림/시인[25]

나의 문장 수업은 문학 작품에서 감명 받은 문장이나 대화체를 일기장에 베껴 쓰기 시작한 그때부터 시작되지 않았나 싶다. 열세 살 때 멋모르고 오빠가 읽다가 둔 까뮈의 『페스트』를 읽게 되었다. 알제리의 오랑시(市)를 무대로 한 작품으로, 주인공인 의사 '류'가 페스트로 죽어 가는 사람들을 구하려고 필사적인 노력을 하는 내용이었다. 나는 '류'라는 인물에 깊이 빠졌다. 까뮈가 좋아지면서 어떻게든 그의 흉내를 내어, 그의 문장을 닮은 소설을 써보려고 끄적거리던 때도 있었다.

나의 문장은 까뮈에서 헤밍웨이로 옮겨갔다. 헤밍웨이의 하드보일드 문장과 짧고 간결한 대화체, 그리고 주인공들의 애달픈 이별 장면은 그대로 한 편의 시였다. 모든 수식어를 버리고 생략과 압축으로 뼈다귀만 남은 듯한 그의 문체는 시, 그 자체로 보였다. 자신의 문장에 철저히 엄격하고 까다로웠던 헤밍웨이가, 온종일 아무것도 하지 않고 책상 앞에 앉아 한두 줄의 문장밖에 써내지 못하는 날이 많았다는 일화는 너무나 유명하다.

---

24. 강신재 외, 앞의 책, 68-77.
25. 시집으로 K읍 기행, 눈이 오지 않는 나라, 그리움이 없는 사람은 압해도를 보지 못하네 등이 있다.

나는 헤밍웨이의 짧은 문체 속에서 시적인 문장을 찾곤 했다. 그리고 "이 세상에서 단 한 알의 모래알도 똑같지 않도록 정확하게 묘사하라"는 플로베르의 말을 명심했다. 말하자면, 나의 문장 수업은 기존의 작가들에게서 훔쳐온 셈이다.[26]

헤밍웨이,

"글을 쓰는 일은 잘해야 외로운 삶을 사는 것입니다…

… 작가를 위한 단체는 외로움을 덜어주지만 글이 좋아지는가 하는 점에는 회의가 듭니다. 외로움을 벗어나면 작가의 공적인 위상은 올라가지만 작품의 질이 떨어질 때가 종종 있지요. 혼자 일하는 직업이기 때문에 정말 훌륭한 작가라면 매일 영원의 세계를 직면해야 합니다."

– 헤밍웨이, 노벨문학상 수상 소감 중에서

HB 연필 일곱 자루를 뭉툭하게 만들면 하루 일로 충분하다고 생각했던 헤밍웨이. 작가가 되기로 결심했을 때를 기억하느냐는 질문에 "나는 늘 작가가 되고 싶었다"고 대답한 그는 "글쓰기를 끝내고 나면 마치 누군가와 사랑을 하고 난 뒤처럼 가득 채워진 느낌이 든다"고 했다. 작업이 잘 될 때는 흥분한 아이처럼 땀을 뻘뻘 흘리지만, 영감의 기운이 사라지면 금세 비참해한다. 그럼에도 불구하고 그는 글쓰기를 위해서라면 스스로 부과한 규율의 노예를 자처했던 천생 작가였다.[27] 서서 글을 썼던 헤밍웨이는 소설의 제목 하나를 정하기 위해 많게는 100여개의 제목을 쓴 적도 있다.

26. 강신재 외, 앞의 책, 150-154.
27. 정서린, 서울신문, 2014. 1. 27.

편리하다는 것과 바쁘다는 것이야말로 얼마나 무서운 문학의 벽이던가

- 문정희/시인[28]

나의 스승 미당은 늘 "시인은 고독을 견딜 줄 알아야 한다"고 하셨고, 나를 아끼는 몇 분은 늘 침잠으로서의 글쓰기를 충고했다. 성급한 발표 욕구, 갈채와 환호에의 미련, 그리고 세평이나 인기 등으로부터 되도록 멀리 나를 몰아세우며 그런 대로 고독과 고요를 유지했다. 그러나 현대문학상을 받은 이후 나는 다시 고독을 잃어버린 것 같았다. 몇 날의 허망과 관념어들이 나를 편리하게 했고 바쁘게 했다. 편리하다는 것과 바쁘다는 것이야말로 얼마나 무서운 문학의 벽이던가.

가장 어렵고 힘든 것은 '고독 지키기'

뉴욕 생활 2년이 내게 준 것 중 가장 큰 것은 고독을 가치 있게 견딜 줄 아는 힘이었다. 나의 정신 속에 세상의 유행과 속도와는 무관한 힘이 제법 생긴 것이었다.

오늘 나는 여전히 사막을 걷고 있다. 홀로 사막을 걸으며 정맥을 찍어 그 피로 불경을 새기듯 글을 쓰는 것이 가장 축복이라고 알고 있는 한 나는 기꺼이 이 길을 계속해서 걸을 수밖에 없다. 그러고 보면 글쓰기에 있어서 가장 어렵고 힘든 것은 바로 이 '고독 지키기'가 아닌가 하는 생각이 든다.

문장을 쓸 때 무엇보다도 과학적이고 지적인 공부가 더욱 필요하다는 것을 늘 강조하고 있지만, 그보다 가장 먼저 선행되어야 할 것은 바로

28. 시집 새떼, 아우내의 새 등이 있고, 시선집으로 우리는 왜 흐르는가, 수필집으로 당당한 여자 등이 있다.

이 시인으로서의 '고독 지키기'라는 것을 강조하고 싶은 것이다.[29]

> "제 상상력이 작동하게 하려면 고독이라는 고통이 필요해요."
>
> - 오르한 파묵/노벨문학상 수상작가

작가는 언제나 고아다

- 박범신/소설가[30]

쓰는 것이 쓰는 자에게 고문인 건 사실이지만 더 나쁜 것은 '중단'하는 것이다. 나는 학생들에게 두 가지 충고를 잊지 않는다. 그 첫째는 글을 쓰는 자는 앞니가 튼튼해야 한다는 것이고, 둘째는 실패든 성공이든 일단 시작하면 '끝'이라는 글자를 반드시 쓰라는 것이다. 이 두 가지 주문은 물론 유기적으로 관련되어 있다. 무엇이든지, 그것이 이야기든 주제든 인물이든 간에, 한번 떠오르면 앞니로 콱 물고 앞니가 빠질망정 놓지 않아야 '끝'이라고 쓸 수 있으며, '끝'자를 쓸 때 행복과 충만감을 누릴 수 있다. '끝'자를 쓸 때 실패했다고 느끼면 과감히 그것을 버리고 다시 시작하는 게 좋다.

아무도 내게 글쓰기를 가르쳐 주지 않았다. 습작기 시절을 돌아보면, 누군가 곁에서 나의 습작을 돌보아 주지 않는 게 늘 서럽고 안타까웠다. 그렇지만 이제 생각하면, 그것이 나의 '유일한 조건'이었다. 글을 쓴다는 건 아무도 영원히 돌보아 줄 수 없다. 작가는 언제나 고아다.[31]

---

29. 강신재 외, 앞의 책, 174-180.
30. 작품집으로 토끼와 잠수함, 덫, 식구 등이 있고, 장편으로 풀잎처럼 눕다, 불의 나라, 황야 등이 있다.
31. 강신재 외, 앞의 책, 182-187.

요약

- 좋은 글, 잘된 문장은 쓰려면 먼저 분명하고 깊게 생각하기를 거쳐야 한다.
- 투명한 말에서 아름다운 문장이 나온다. 글은 나와 동일체다. 모방에서 창조가 비롯되기도 한다.
- 알맞은 말을 알맞은 자리에!
- 문장도는 고행도다.
- 좋은 문장은 그 사람에게서 배어나는 향기다.

그밖에 "이 세상에서 단 한 알의 모래알도 똑같지 않도록 정확하게 묘사하라"는 플로베르의 교훈을 비롯해 여러 작가들의 글쓰기 노하우를 살펴보았다. "훌륭한 삶을 영위하는 사람만이 훌륭한 글을 쓸 수 있다(황필호)", "좋은 글은 흐뭇한 여운을 남긴다(임도혁)", "좋은 글에는 자신과 진정성이 담겨 있다(김윤덕)", "자신의 힘으로 자신의 문체를 만들어야 한다(강신재)", "남의 것을 흉내내는 일로 글쓰기를 시작하되, 어느 날인가는 '집 떠나는 홍길동'처럼 결연하게 자기 길로 나서라(김대행)", "신기의 문맥에 오를 때까지 하는 실패의 연습(김승희)", "피를 찍어 불경을 새기듯 글을 쓰는 축복(문정희)", "글을 쓴다는 건 아무도 영원히 돌보아 줄 수 없다. 작가는 영원한 고아다(박범신)" 등.

III. 인생설계

대학생활에서 반드시 해야 할 과업 중의 하나는 미래의 인생을 설계하는 일이다. '무엇을 위해 어떻게 살 것인가?'하는 인생의 근본적인 문제에 직면하여 고민하고 다양한 탐색을 하는 노력이 필요하다.[32]

1 진정 하고 싶은 일

내 마음 깊숙한 곳에서 진정 하고 싶어 하는 일은 무엇인가? 반드시 이루고 싶은 것은 무엇인가? 나는 어떤 사람이고 싶은가? 어떤 일을 어떻게 해내고 싶은가?

노벨문학상을 수상한 바 있는 영국의 저명한 극작가이자 문필가인 버나드 쇼는 서른을 1년 앞두고 고향 아일랜드를 떠나 런던으로 건너갔다. 그 후 5년 간, 그는 가족과 친구들과 소식을 끊은 채 하루도 거르지 않고 다섯 장씩 글을 썼다. 그 5년간의 자기 훈련이 20세기의 걸출한 문필가 버나드 쇼를 탄생시킨 것이다.

대학생활의 진로 선택에서 가장 중요한 것은, 졸업할 시점이 되었을 때 최종적으로 자신의 길을 스스로 선택할 수 있도록 하는 것이다. '졸업

32. 권석만, 앞의 책, 77-78.

후 나는 이러이러한 사람이 되겠다'고 과감하게 새로운 자신에게 전부를 걸 수 있도록 성장하는 것이다.[33]

> "대학생들에게 부족한 것은 스펙이나 학점, 자격요건이 아니라 자신에 대한 성찰이라는 사실을 절감한다. 좋은 학점과 어학점수, 다양한 인턴과 연수 경험을 쌓느라 정신없이 바쁘면서도 정작 자기가 무엇을 위해 그 스펙을 만들고 있는지에 대해서는 별 생각이 없는 이들이 의외로 많다. 확고한 목표의식을 갖지 못하면 어떤 노력도 시간낭비에 지나지 않는다."
>
> - 김난도/행정학자

2 목표를 끊임없이 되새겨라

비행기가 목적지를 향할 때 비행시간의 90% 이상을 정상궤도를 벗어나 있다. 하지만 대부분 비행기들은 목적지에 정상적으로 도착한다. 그 이유는 무엇일까? 바로 파일럿들과 네비게이션 시스템이 계속해서 정상궤도대로 운항하도록 수정하기 때문이다.

이를 인간에게 비유해 보면, 인생의 가장 중요한 열쇠는 '얼마나 자신의 의도대로 완벽한 삶을 살고 있는가'가 아니라 '자신의 계획과 목표를 끊임없이 되새기는 것'이다.

> "인간의 의식은 분명한 목적을 갖기 전에는 목표 달성을 향해 움직이지 않는다. 목표를 설정할 때 성공은 이미 시작되는 것이다. 목표를 설정하는 바로 그 순간 스위치가 켜지고 물이 흐르기 시작하고 성취하려는 힘이 현실화되는 것이다."
>
> - 윈 데이비스

33. 가토 다이조, 앞의 책, 127.

자신이 가고자 하는 길과 닿고자 하는 목표 지점은 확실히 해두라. 명확한 목표를 정해 놓은 사람과 그렇지 못한 사람과는 엄청난 차이가 난다. 목표 없이 살아가는 사람은 인생이라는 거대한 공간을 제멋대로 질주하게 될 것이다.

"괴로워하거나 불평하지 말라. 사소한 불평은 눈감아 버려라. 어떤 의미에서는 인생의 큰 불행까지도 감수하고 목적만을 향하여 똑바로 전진하라."

-빈센트 반 고호

3 꿈꾸는 자 이루리라

성공 비결을 묻는 질문에 빌 게이츠는 이렇게 말했다.

"나는 10대 시절부터 세계의 모든 가정에 컴퓨터가 한 대씩 설치되는 것을 상상했고, 또 반드시 그렇게 만들고야 말겠다고 외쳤다. 그게 시작이다."

꿈이 바로 그 사람을 만든다. 꿈의 크기가 그 사람의 크기를, 성공의 크기를 결정한다. 여러분의 꿈만큼 여러분은 성공할 수 있다.

"자신이 얼마나 멀리 갈 수 있는지를 결코 과소평가해서는 안된다."

-잭 웰치

꿈을 계속 간직하고 있으면 반드시 실현할 때가 온다. 정상의 자리에 오르기 위해 가장 먼저 해야 할 일은 정상의 자리를 '꿈꾸는 것'이다. 꿈꾸는 자, 그 꿈을 포기하지 않는 자, 결국 그 꿈을 이뤄낸다.

중국 고전 〈열자(列子)〉에 이런 우화가 나온다.

사방 7백리에 높이가 1만 길이나 되는 큰 산이 둘씩이나 있는 기주 땅에 아흔 살의 노인인 우공이 살았다. 큰 태산이 남북을 가로막고 있어서 왕래가 불편한데다가 농사를 지을 만한 땅이 없음을 안타까워한 우공은 어느 날 집안 식구들을 모아 놓고 의논을 했다.

가로막고 있는 두 산을 허물어 내서 길을 트고 땅을 넓히자는 우공의 뜻에 따라 모두들 좋다고 따랐으나 우공의 부인만은 반대를 했다. 당신의 힘으로는 산은커녕 작은 언덕빼기 하나도 헐어 내지 못한다는 것이었다. 하지만 우공은 이웃 과부집의 어린아이까지 데리고 결심한 대로 일을 해 나갔다. 이를 본 지수(智叟)라는 사람은 우공을 크게 비웃었다.

> "영감님의 어리석음도 태산만큼이나 큽니다. 앞으로 살날이 얼마나 남았다고 그 힘으로 태산을 다 없앤다는 말입니까? 꿈을 버리십시오."

우공은 지수의 이런 비웃음에 오히려 탄식하듯 말했다.

> "자네같이 꿈이 없는 천박한 사람은 이해가 가지 않을 걸세. 자네야말로 과부집 어린아이만도 못해. 나야 얼마 살지 못할 테니 그렇지만, 가령 내가 죽는다 해도 아이들은 남고, 그 아이들이 또 자식을 낳고, 그 자식들이 또 아이들을 낳을 테니, 이 꿈은 자자손손(子子孫孫) 이어져 갈 것이 아닌가. 언젠가는 산이 허물어져 평지가 될 테니 두고 보게."

이런 우공의 대답에 놀란 것은 비웃은 지수가 아니라, 이 두 태산의 주인인 사신이었다. 사신은 우공의 계획이 더 계속되면 큰일이라 생각하고는 곧 천제(天帝)에게 말해, 힘이 센 두 신(神)에게 태산을 짊어지게 하여 하나는 삭동(朔動)의 땅으로, 다른 하나는 옹남(雍南)의 땅으로 옮겨 놓았다. 이렇게 되어 넓은 땅이 생기고 길이 트여 왕래가 편하게 되었음은 물론이다.

우리는 꿈을 지녀야 한다. 그런 다음 노력을 기울이면 태산을 옮길 수 있는 우공의 신화를 우리도 만들어 낼 수 있다.

> "꿈이 없는 백성은 망한다." - 잠언 29:18

> "우리는 이상(최상 · 최선의 목표)을 세워놓고 비록 성공을 거두지 못하더라도 그것을 실현하기 위해 노력해야 한다. 이상이 없으면 인생은 비참하다. 이상이 있음으로서 인생은 멋지고 위대한 것이 되니까, 자신의 이상을 꼭 붙들고 있어야 한다." -『빨강머리 앤』 중

4 꿈을 좇을 때 심장은 결코 상처받지 않는다

자아의 연금술을 신비롭게 그려낸 『연금술사』(파울로 코엘료 저)의 주인공 산티아고는 목동이다. 그는 자신의 양들을 사랑하지만 양이라는 존재의 어쩔 수 없이 제한된 속성을 알아차린다. 양들은 먹을 것과 물을 구할 뿐, 결코 고개를 들어 푸른 언덕이나 노을을 감상하지 못한다. 산티아고의 부모도 생필품을 마련하는 데 급급하느라 자신들의 야망을 돌아볼 겨를이 없다. 그들이 살고 있는 스페인 남부의 안달루시아는 기묘한 계곡과 오르내리는 언덕에 이끌려 많은 관광객들이 찾는 곳이지만 산티아고의 부모에게는 결코 꿈의 장소가 아니다.

반면 산티아고는 글을 읽을 줄 알며 여행하고 싶어 한다. 그는 어느

날 양을 팔러 마을로 내려갔다가 우연히 떠돌이 늙은 왕과 집시노파를 만난다. 그들은 산티아고에게 "계시를 따라 미지의 세상으로 떠나라"고 말한다. 집시는 이집트의 피라미드 쪽을 가리키며 그곳에서 보물을 찾게 될 것이라고 말한다.

산티아고는 양들을 팔고 길을 떠난다. 하지만 재앙을 만나 아프리카 북서부 끝에 있는 모나코의 항구도시 탕헤르에서 갖고 있던 돈을 모두 도둑맞는다.

어린 소년에게 얼마나 고되고 힘든 모험이었을까! 하지만 산티아고는 낙심하지 않는다. 오히려 자신이 옳은 길을 가고 있다는 놀라운 확신을 얻는다. 그의 삶은 완전히 달라졌고 하루하루가 새롭고 만족스럽다. 그는 길을 떠나기 전에 노인에게 들었던 말을 되새긴다.

> "자네가 무언가를 간절히 원하면 온 우주가 그 소망이 이루어지도록 도울 걸세."

꿈을 위해서는 대가를 치러야 한다. 그렇지만 꿈을 꾸지 않는 것 역시 대가를 치른다. 무슨 일을 하든 인생에서의 어려움은 늘 따른다. 그렇다면 이치에 닿는 의문을 탐닉하는 편이 훨씬 낫지 않을까. 그것을 풀려고 노력하는 것도 내가 이루고자 하는 꿈의 일부이기 때문이다.

꿈을 찾아나서는 순간마다 신과 영원함을 만난다.

『연금술사』는 낭만적인 사랑이 삶의 중심과제가 되어야 한다는 생각을 거부하는 위대한 사랑 이야기다. 모든 인간은 다른 사람으로부터 독립된 삶을 추구하는 운명을 타고난다. 이것은 원하는 모든 사랑과 돈을 가졌더라도 마찬가지다. 산티아고가 찾아 헤맨 보물은 개인적 꿈 또는 운명을 상징하지만 사막의 오아시스에서 꿈에 바라던 여성 파티마를 만났을 때 보물 찾는 일을 기꺼이 포기한다. 하지만 사막에서 만난 연금술사는 오아시스의 여성이 정말로 산티아고를 사랑한다면 산티아고가 오히려 보물을 찾아나서는 일을 지지해야 한다고 말한다.

Q 산티아고의 선택은?

A 그는 딜레마에 빠진다. 사랑과 개인적 꿈을 놓고 말이다. 인간은 사랑을 삶의 의미로 바라보는 경우가 너무나도 많다. 하지만 낭만적인 연인에 대한 강박관념은 삶의 나머지 것들과의 관계를 가로막기도 한다.

Q 그렇지만 사랑은 꼭 필요한 것이 아닐까?

A 『연금술사』는 꿈을 갖고 살면 지금의 네가 상상할 수 있는 것보다 훨씬 풍족한 '사랑'이 삶 속에 넘쳐날 것이라고 말한다.

"꿈을 좇을 때 심장은 결코 상처받지 않는다. 꿈을 찾아나서는 순간마다 신과 영원함을 만나기 때문이다."

꿈에 대한 헌신을 통해서만 '세상의 영혼'이 우리에게 드러나며 외로움을 물리치고 힘을 가져다주는 지혜를 만날 것이다. 하지만 꿈이 저절로 이뤄지는 것은 아니다. 신기루처럼 보이는 무언가를 좇기 위해 일상과 안락, 안정, 현존하는 관계를 위험에 빠뜨릴 각오를 해야 한다. 그렇기에 우리에겐 용기가 필요하다. 『연금술사』는 넓은 비전을 유지하기 위해 날마다 두려움 없는 결단을 내릴 것을 권고한다.[34]

34. 톰 버틀러 보던, 내인생의 탐나는 자기계발50, 이정은 역, 흐름(2009), 89-93 참조.

"열망을 뜻하는 영단어 'passion'은 아픔이라는 의미의 'passio'을 어원으로 한다. 그렇다. 열망에는 아픔이 따른다. 그 아픔이란 눈앞에 당장 보이는 달콤함을 미래의 꿈을 위해 포기해야 하는 데서 온다." - 김난도

5 꿈과 목표는 구체적으로!

목표는 중요하지만 그저 막연히 '앞으로 이렇게 되었으면 좋겠다'는 희망만 가지고는 안 된다. 목표는 구체적이어야 하고, 실천 가능한 것이어야 한다.

너무 막연한 목표를 좇다 보면 갈 길이 멀고 모호해서 금방 의욕을 잃어버리게 된다. 그러면 계획이 수포로 돌아가기 쉽다. 따라서 작으면서도 구체적인 목표를 정해서 하나씩 눈에 보이는 실천을 하는 게 더 좋다.

"무엇보다 먼저 흐리멍텅한 목표가 아닌 분명한 목표를 가져라. 이 목표가 구체적이고도 확실한 것이 될 때까지 갈고 닦아라. 그것을 항상 당신 마음속에 간직하라. 그러면 당신은 어디로 가든지 그것을 잊지 않을 것이다." - 노만 V. 필/성직자

계속 15cm만 올라간다면

1989년 7월 18일. 이 날은 하반신 마비를 가진 마크 웰먼에게 아주 특별한 날이다. 암벽으로 된 캘리포니아의 엘 카피탕을 정복했기 때문이다.

웰먼은 1982년에 등산을 하다가 사고로 하반신이 완전히 마비됐다. 절망할 법도 했겠지만 그는 그러지 않았다. 피나는 반복 훈련을 했고, 그 덕에 몸을 움직일 수 있었다. 옛날처럼 산을 오를 수 있다는 믿음도 키워

갔다. 그는 마음속으로 되새겼다. "한 번에 조금씩 올라간다면……" 그러고는 계획에 따라 철저히 준비했다.

등반에 나선 그는 로프를 잡고 1천m의 암벽을 올랐다. 오직 팔의 힘으로만! 그는 한 번에 15cm씩 자기 몸을 끌어올렸다. 그렇게 7천 번을 당겼다. 9일의 시간이 걸렸다. 정상 정복에 성공한 뒤 그는 말했다.

> "계속 15cm만 앞으로 나아가겠다고 결심한다면 세상에서 이루지 못할 일은 없습니다."

Tip ▶▶▶

✔ **작은 계획부터 차근차근 해나가자.**

과한 욕심으로 무리한 계획을 세우면 즉각 편도체가 반발한다. 뇌에는 일관성에의 강한 본능이 있기 때문이다. 이것을 흐트러버리는 변화에 거세게 반발한다.

✔ **목표를 '분명히, 언제까지 한다'고 정한다.**

무엇을 할 것인가를 스스로 선택하고 그 내용이 구체적이어서 달성도가 눈에 보이게 한다. 그러면 뇌가 해보고자 하는 의욕을 내기 시작한다.

수학 실력이 부족해서 방학 동안 공부할 계획이라고 해보자. 방학 동안에 열심히 공부한다는 목표를 세우는 것보다는 하루에 일정 분량, 예를 들어 수학책 2페이지, 문제집 2페이지씩 꼼꼼하게 공부한다고 상세하게 목표를 세우는 게 효율적이다. 또한 그 목표를 이루고 나면 뿌듯해서 다른 목표를 이루고 싶어진다.

> "치밀하고 합리적인 계획은 성공하지만 어떤 느낌이나 불쑥 떠오른 생각에 의한 행동은 실패하는 경우가 많다. 큰 목표일수록 잘게 썰어라."
>
> \- 디오도어 루빈/심리학자

작은 목표가 쌓여 큰 목표가 된다.

보쌈으로 유명한 '놀부'의 김순진 회장. 그녀는 6백여 개 가맹점을 거느린 거대한 외식기업의 대표이자 박사 학위까지 따낸 성공한 인생이다. 그러나 시작은 5평짜리 뒷골목 식당과 초등학교 졸업이 전부다.

충남 부여에서 태어난 그녀는 어릴 때부터 장사를 했다. 집에서 키우고 산에서 캔 야채와 나물을 장터에 내다 팔았다. 초등학교를 마친 뒤 서울로 올라온 그녀는 식당 허드렛일을 하며 악착같이 돈을 모았고, 음식점과 옷가게 등을 차렸다. 그러나 번번이 실패했다. "지금 생각하면 실패하는 길만 걸었어요. 자금이 부족하다고 목이 안 좋은 자리에 가게를 얻었으니…." 자살하고 싶은 충동이 일었으나 이를 악물었다. "저는 독한 여잡니다. 별종이죠. 포기는 내 사전에 없어요."

음식만큼은 자신이 있던 그녀는 1987년 서울 신림동에서 '놀부 보쌈'이라는 간판을 걸고 본격적인 장사를 시작했다. 입소문이 나자 손님이 늘었고 가맹점을 열어달라는 요청까지 들어왔다. 가게를 시작한 지 2년 만의 일이다. 가맹 1호점을 내 본격적인 프랜차이즈 사업에 나선 지 10년 만에 가맹점은 2백여 개로 불어났다.

외환위기는 놀부 보쌈에게도 위기였다. 점점 가맹점이 줄기 시작했다. 하지만 이때 싸고 질 좋은 다양한 한식의 가능성을 보고 새로운 사업을 시작했다. 처음부터 큰 욕심 내지 않고 철저하게 품질 관리를 하며 사업을 풀어갔고 지금은 한정식과 부대찌개, 갈비, 삼겹살 등 다양한 한식 메뉴를 꾸준히 선보여 프랜차이즈 사업이 계속 확장되고 있다.

사업을 해나가는 한편, '공부'도 시작했다. 초등학교만 졸업한 것이 항상 한으로 남아 있던 그녀는 마흔 넘어 굳은 결심을 했다. 남들만큼은 공부해보겠다는 것이었다. 그녀는 검정고시로 중학교 과정을 마쳤고, 고등학교 졸업 자격을 땄고 전문대학(서울보건전문대 전통조리과)도 마쳤다.

공부에 자신감이 붙자, 좀 더 욕심을 냈다. 4년제 대학에 편입해 관광경영을 전공하고, 석사 과정까지 마쳤다. 내친 김에 끝까지 가보기로 하고 박사 과정까지 밟아 결국 학위를 따냈다(논문: 외식 프랜차이즈 브랜드 가맹점의 효율성 분석). 신림동 뒷골목의 출발점은 작은 돌멩이처럼 미약했지만, 그 시작이 만든 결과는 높은 탑처럼 거대했다.[35]

강영우 박사의 교훈

미 백악관 정책 차관보 강영우 박사는 맹학교 중학생이었을 때, 훗날 대학 교수가 되는 것을 이상 목표로 삼았다. 그랬더니 그 과정은 뻔한 것이었다. 대학을 졸업하고 대학원에서 석사와 박사 과정을 거쳐야 했다. 따라서 중학교 과정 수료, 고등학교 과정 수료, 대학 과정 수료, 대학원 과정 수료, 대학 교수 취업 등 순서대로 과정 목표가 설정되었다. 또한 단계적으로 과정 목표를 세워놓고 보니 자신이 무엇을 해야 하는지 행동 목표의 윤곽이 드러났다.

이렇게 해서 "중학교에서 열심히 공부해서 실력을 길러 좋은 성적으로 졸업해야 되겠구나"하는 생각을 하니 공부가 잘 되었다고 한다. 대학 진학이라는 분명한 과정 목표를 향해 매일, 그때그때 실천 목표를 정하고 성취해 나가니 성취감도 느껴지고 자신감도 생겨났다. 그리고 중학교·고등학교 과정 목표를 성취한 후, 대학 과정 목표를 달성하기 위해 연세대에 입학했다.

35. 이상훈, 습관의 기적, 90-91 참조.

대학 교수가 되겠다는 이상 목표를 위해 설정된 과정 목표 중 1/3 정도가 달성된 셈이다. 이제 대학 과정 목표를 성공적으로 달성해야 상위 과정 목표인 도미 유학 목표가 달성되는 것이었다. 방향과 목표가 분명하니 동기 유발이 잘 되어서 연세대에서 정안인으로도 어려운 과수석을 여러 차례 할 수 있었다.

맹학교 중등부 1학년 때 대학 교수가 되겠다는 이상 목표를 세워 놓고 단계적으로 과정 목표, 실천 목표를 달성해 온 지 14년 만에 한국 맹인 최초로 박사가 된 것이다.[36]

Tip ▶▶▶

✔ **단계별로 설정한다.**

새로운 습관에는 새로운 뇌 회로가 형성되어야 하는데 그 과정을 눈에 보이게 단계별로 설정한다. 각 지점별로 자신이 달성해야 할 목표치를 분할해놓고 달리는 서브골(Sub-goal) 작전을 쓰는 것이다.[37]

생각 나누기

① 나는 앞으로 어떤 목표를 가지고 대학생활을 할 것인가?
대학생활에서 이루고 싶은 목표는 무엇인가? 내 마음 깊숙한 곳에서 진정 하고 싶어 하는 일들은 무엇인가?

② 그렇다면 이번 학기에, 이번 달에 그리고 오늘 무엇을 해야 할까?

36. 강영우, 우리가 오르지 못할 산은 없다, 63-65.
37. 이시형, 이시형처럼 살아라, 167-168.

누구나 타고난 재능이 있다!

'달란트'라는 말을 들어봤을 것이다. 달란트란 '재능'이라는 뜻으로 유대인들이 즐겨 쓰는 단어다. 유대인들은 모든 사람이 저마다의 달란트를 가지고 태어난다고 믿는다. 그리고 자신이 어떤 재능을 가지고 있든 그것을 소중하게 생각한다.

20세기 최고의 과학자와 발명가인 아인슈타인과 에디슨은 다른 아이들보다 발달이 느려 '혹시 저능아가 아닐까'라는 오해를 받았다. 하지만 정작 본인들은 그렇게 생각하지 않았다.

자신이 가지고 있는 장점을 인정하고 받아들이면서 신뢰하자.[38]

타고난 뇌 회로가 주어져 있다

우리 한 사람 한 사람에겐 타고난 뇌 회로가 주어져 있다. 이 회로들은 셀 수 없는 수많은 곁가지를 뻗으면서 다양한 선택의 기회와 장애물을 만들어낸다. 어떤 사람들은 공부는 못하지만 미술에는 일가견이 있는 뇌를 가졌고, 어떤 사람은 운동은 못하지만 악기 하나는 남들보다 잘 다룰 수 있는 뇌를 가졌다.

또 어떤 사람은 교수님의 차분한 설명이 귀에 쏙 들어오는 뇌를 가졌고, 어떤 사람은 직접 몸으로 부딪혀 보아야만 잘 받아들이는 뇌를 가졌다. 결국 사람은 모두 한 분야에서는 뛰어나고 다른 분야에서는 재능 없는 뇌를 가지고 살아간다. 이것은 '우월하고 열등한 것'이 아니라 '다름'이다.

내 경우를 예로 들어볼까. 나는 내 뇌의 특성들 때문에 고달픈 시기를 보내야만 했다. 초등학교 때는 복잡한 그림을 정확히 그리기가 힘들어서 애를 먹었다. 지금도 그렇지만, 포장하는 데 아주 서툴다. 정확하게 그림을 그리거나 능숙하게 포장하는 데서 오는 즐거움은 내 몫이 아닌 것이다.

복잡한 언어를 세련되게 해석하는 데도 능숙하지 않다. 대학원 다닐 때 처음으로 영어원서를 번역했다. 완성해 출판사에 넘겼지만 거절을 당했다. 당시 나는 '학문에는 소질이 없는가보다'고 생각하면서 절망에 빠졌다. 하지만 지금 와서 보니

38. 류영주, 뇌과학에 의한 자기계발법(상), 173-174.

번역은 내 뇌 능력 바깥의 일이었다. 나의 강점은 풍부한 자료들을 종합하고 분석해 새로운 이론을 창출해내는 것이다. 지금은 이런 강점을 살려 이에 매진하고 있다.

여러분은 어떤가? 자신을 곰곰이 들여다보라! 이것만큼은 다른 사람이 능가할 수 없는 재능이 한 가지라도 있을 것이다. 만약 아직 그 재능을 발견하지 못했다면 더 부지런히 찾아보라. 이미 찾았다면 그것을 자신의 미래로 삼을 수 있도록 해보라.

사람은 저마다 다르기 때문에 개성이 있으며 그 개성에 따라 재능을 발휘할 수 있다.

6 성공하고 싶다면 '하고 싶은 일'을 하라

시카고대 벤저민 볼룸 교수는 다양한 분야에서 두각을 나타내는 120명의 성공 원인을 연구했다. 그 결과 그는 다음과 같은 결론을 내렸다.

> "성공에 영향을 미치는 결정적 변수는 오직 자기 가치관에 따라 선택한 일, 즉 '하고 싶은 일을 했느냐'에 달려 있다."

좋아하는 것 vs. 잘 하는 것

Q 진로를 두고 좋아하는 것과 잘 하는 것 중 무엇을 택할지 고민이다.

A 하고자 하는 마음이 있는 사람과 없는 사람의 성과는 1,500%의 차이가 난다는 보고가 있다. 그 정도 차이라면 하고자 하는 마음이 있다는 것만으로도 출발선에 서 있는 것이다. 좋아하면 잘하게 되

고 잘하면 더욱 좋아하게 되니 둘을 갈라서 비교할 수는 없다. 좋아하는 것과 잘하는 것 중 무엇을 택할지 고민이라면 '둘 중 어느 것을 더 좋아하는가?'로 고민의 방향을 바꾸어 보라. 좋아하는 것을 할 때의 몰입과 즐거움은 의지와 노력으로 따라잡을 수 없다. 좋아하지 않고는 한 분야에 10년 이상 몸담기 어려우며, 한 분야에 10년의 정성을 쏟지 않고는 실력자가 될 수 없다. 내가 평소 좋아하는 행동들에는 내 고유의 에너지, 힘들이지 않고 남들보다 잘 해낼 수 있는 에너지가 포함되어 있다.[39]

"좋아서 노래하고 좋아서 춤을 추지요. 너무 행복한 것이 제가 좋아하는 일을 하면서 돈을 벌 수 있다는 것이죠. 1, 2년간 준비한 음악을 한꺼번에 폭발시키는 매력은 이루 말할 수가 없죠." - 비

월드 스타 비의 교훈

- "오디션 18번 떨어진 내게서 배고픔에서 나온 열정을 봤대요"

이제 아시아를 넘어 세계적인 스타가 된 비. 그는 어린 나이에 할리우드 무대를 밟았고, 화려한 주연의 자리를 차지했다. 또한 2007년 『타임』지가 뽑은 세계의 영향력 있는 인물 100인에 선정되기도 했다. 그런 비도 오디션을 18번씩이나 떨어졌다니 흥미롭지 않나? 심지어 그는 "연예인하기에는 미성숙한 얼굴과 몸을 가졌다", "키가 너무 크다", "얼굴이 이상하다"는 말을 숱하게 들었다. 연예인으로 가장 재능이 없다고 평가받았던 그가 어떻게 최고 연예인으로 성공할 수 있었을까?

39. 이지은, 대학생활 매뉴얼A$^+$, 한겨레에듀(2010), 158-161 참조.

그는 끊임없이 자신을 반성하고 노력했기 때문이라고 말한다. 중학교 2학년 때부터 그는 매일 춤, 노래만 생각해 왔다. 이젠 아무 의식 없이 하루 내내 노래를 흥얼거린다고 한다. 또 그는 모든 사물을 보면 저것을 춤으로 출 수 있지 않을까 생각한다. 할아버지가 지팡이를 들고 가시면, 지팡이로 춤을 만들 수 없을까? 차를 탈 때도, 차타는 방법으로 무언가 춤을 만들 수 없을까? 계속 그렇게 무언가를 생각한다고 한다. 지금까지 무대에서 그가 춘 모든 춤들은 그의 창작품이다.

그런 만큼 비는 노래에 대한 열정이 대단하다. 18번씩이나 오디션에서 떨어졌지만 그는 계속 오디션 무대에 섰다. 그리고 매순간 죽을힘을 다해서 춤을 췄다. 어느 날은 한 번도 쉬지 않고 5시간 동안 계속해서 춤을 추었다. 그 모습을 지켜본 프로듀서 박진영은 훗날 이렇게 말했다.

> "걔 눈에서 배고픔과 절박함이 보였어요. 실력보다 열정이 보였지요. '아…… 이 아이는 이거 아니면 죽겠구나.' 그런 생각이 들었어요."

비는 춤추고 노래하는 것이 정말로 행복하다고 한다. 그리고 가장 행복한 순간은 1, 2년간 준비한 음악을 한꺼번에 폭발시킬 때라고 한다. 그 매력은 이루 말할 수가 없다고 한다.

그런 비를 사람들은 '워커홀릭'이라 부르기도 한다. 하지만 그는 "일만이 내 삶의 전부다", "아직도 내 자신에 만족할 수 없다"고 말하며 자신을 여기까지 오게 해준 연습과 일에 애정을 보였다.

"춤으로 내 안의 신(神) 만날 때 희열"

-'칠순 나이에도 춤추는 자유로운 영혼' 홍신자

> "이 모든 영광은 나의 순수함 때문이었던 것 같아요. 결코 성공하거나 애쓰거나 계산하지 않고, 춤 자체에 나 자신을 던졌기에. 나의 춤은 더욱 깊어지고 있고 때로는 춤을 통한 열반의 세계를 체험하기도 합니다. 춤을 통하여 나는 내 안의 신을 만나 그와 대화하고 춤추고 놀 수 있어요. 춤은 나의 영혼의 양식이요, 등불이 되어 죽는 순간까지 나를 밝혀줄 것입니다."
>
> -홍신자

좋은 춤 공연을 보고 나면 뛰는 가슴으로 잠 못 이루는 사람, 춤을 통하여 자신 안의 신을 만나는 여성이 있다. 그녀가 바로 춤이라면 자다가도 벌떡 일어난다는 홍신자 교수다.

홍 교수는 1966년 일생을 바치고 혼신을 쏟을 수 있는 그 무엇을 찾아 미국으로 갔다. 1년 후 그녀는 운명적으로 춤을 만나게 되었다. 당시 그녀의 나이 27세. 주위 사람들은 무용을 시작하기에는 늦었다고 만류했다. 하지만 이미 그녀의 가슴엔 춤의 혼의 화살이 깊이 박혀 사랑도 명예도 부도, 그 무엇도 그것을 대신할 수 없었다.

가난하고 배고프고, 때로는 빈혈이 심해 어지럽기도 했다. 뉴욕타임스에 처음 그녀의 사진이 실린 날 아침 주머니 속에는 단 1달러밖에 없었지만 그녀는 오직 춤만 출 수 있다면 그런 가난 따위는 상관없었다.

7년간의 피눈물 나는 연습을 통해 그녀의 몸은 당당한 무용가의 몸이 되었다. 마침내 그녀는 뉴욕에서 신인안무가의 한 사람으로 발탁되어 일약 스타가 되었다.

누군가 물었다. "무용가로서 가장 보람 있는 순간은 언제입니까?"

"공연 후 감동으로 뜨거운 가슴을 안고 무대 뒤로 찾아와 포옹하면서 눈물을 흘리는 관객을 맞이할 때에요. 또한 몇 년 후 찾아와 그때의 감동을 아직도 얘기하며 자신의 인생이 바뀌었다고들 말할 때입니다."

춤을 추는 이유

27세의 나이에 무용을 시작하겠다며 무작정 미국으로 떠났을 때, 그녀는 성공을 기약하지 않았다. 이후 무용가로 데뷔한 지 35년, 당초 예상과 달리 그녀에게는 '세계적인 무용가'라는 타이틀이 붙었다.

그녀에게 물었다. "춤을 추는 이유는 뭡니까?"

"그건 '자유'와 연결되어 있기 때문입니다. 텅빈 상태를 목표로 하는 춤은 내 영혼을 발견하는 도구가 되어줍니다. 여든이 되어도, 아흔이 되어도 제 춤은 계속되겠지요. 전 늘 춤추듯 순간을 살아가고 있습니다."

홍 교수는 자신의 일을 사랑하고 즐긴다. 그녀를 움직이는 것은 돈과 명성, 명예, 직위 등에 대한 욕심이 아니다. 좋아하는 일을 할 따름이다. 성공에 있어서 가장 중요한 요소 중 하나는 자신이 좋아하는 일을 하는 것이다.

"Stay hungry. Stay foolish(굶주리고 어리석은 자로 남으라)."

- 스티브 잡스

정해진 길밖에 가지 못하는 수재보다는 '상식' 따윈 버릴 수 있는 바보가 되라는 뜻.

- 월급이 적은 쪽을 택하라
- 내가 원하는 곳이 아니라, 나를 필요로 하는 곳을 택하라
- 승진의 기회가 거의 없는 곳을 택하라
- 모든 조건이 갖춰진 곳을 피하고 처음부터 시작해야 하는 황무지를 택하라
- 앞 다투어 모여드는 곳에는 절대 가지 마라, 아무도 가지 않은 곳으로 가라
- 장래성이 전혀 없다고 생각되는 곳으로 가라
- 사회적 존경을 바라볼 수 없는 곳으로 가라
- 한가운데가 아니라 가장자리로 가라
- 부모나 아내나 약혼자가 결사반대하는 곳이면 틀림없다. 의심치 말고 가라
- 왕관이 아니라 단두대가 기다리고 있는 곳으로 가라

-경남 거창고등학교 '직업 선택의 십계명'

인생의 성공이란 무엇일까?

배우 우마 서먼은 "내 인생의 성공이란 30년 후에도 열정을 갖고 연기하는 것"이라고 말한다.

성공하는 사람들은 일을 자기 인생이라고 여긴다. 그리고 언제까지나 열정을 갖고 그 일을 하는 것! 이것을 인생의 성공이라고 생각한다.

독일의 유명한 메조소프라노 크리스타 루드비히는 은퇴를 선언했지만 후에도 지금까지 독창회를 계속하고 있다. 그녀는 30년이 넘도록 무대를 지켜왔다. 30년간 자신의 생명이었던 무대를 떠나는 일이 쉽지 않았던 모양이다.

"그 긴 세월 동안 눈물도 많이 흘렸고 고생도 꽤나 했지만 음악에 대한 열정은 모든 것을 초월하는 힘이 있나 봐요."

한 인터뷰에서 그녀가 한 말이다.

> "알은 스스로 깨면 생명이 되지만, 남에게 깨지면 요리감이 된다. '내 일'을 하라. 그리고 '내일'이 이끄는 삶을 살라." - 김난도

자신의 뼈다귀를 계속 갉아먹으라

어떤 사람이 마음속으로 매력을 느끼는 일이라면 단지 돈만 보고 일할 때보다 더 열심히, 더 열정적으로 일할 수 있다. 아인슈타인은 상대성이론을 연구하던 중 자신의 사촌 엘사에게 "나는 태어나서 작년만큼 열심히 일한 적이 없는데, 마침내 몇 주 전에 문제를 해결했어. 이제는 좀 쉬어야겠어. 안 그러면 지금 당장 고장날 것 같아"라는 내용의 편지를 썼다.

많은 작가나 화가, 철학자, 배우들이 그 일에서 느끼는 커다란 만족감이나 꼭 그 일을 해야겠다는 충동 때문에 일을 하고 있다.

'자신의 뼈다귀가 무엇인지 아는' 그런 현상은 전혀 새로운 것이 아니다. 이 말은 19세기 작가 헨리 소로의 글 "당신의 삶을 놓치지 말 것이며, 항상 보조를 맞추면서 그 주위를 떠나서는 안 될 것이다. 자신의 뼈다귀가 무엇인지 알아내고, 뼈다귀를 찾았다면 갉아먹다가 일단 땅에 묻고 다시 파헤쳐서 계속 갉아먹어야 한다"에 나온다.

개가 주인을 항상 따라다니면서 그 주위를 떠나지 않는 것처럼 우리도 삶에 대해 그러한 자세를 취해야 한다. 삶이 제공하는 여러 가지, 다시 말해 주인이 주는 여러 뼈다귀 중에 자신의 것이 어떤 것인지를 알아내고, 그 뼈다귀를 계속 갉아먹으라는 의미다. 즉 자신이 좋아하는 것을 열심히 하라는 뜻이다.[40]

40. 로버트 라이시, 부유한 노예, 김영사(2002), 163-164 참조.

7 인생은 모험이다

"먹이를 찾아 산기슭을 어슬렁거리는 하이에나를 본 일이 있는가? 짐승의 썩은 고기만을 찾아다니는 하이에나. 나는 하이에나가 아니라 킬리만자로의 표범이고 싶다."

우리에게는 대중가요의 노랫말로도 널리 알려진 킬리만자로는 아프리카 대륙의 최고봉(해발 5,895m)이며 최고의 화산을 지닌 산이다. 적도 부근에 위치하면서도 하얀 눈으로 덮여있는 곳이기도 하다. 그 곳 정상 가까운 기슭에 얼어붙어 죽은 표범이 있었다.

"킬리만자로의 표범은 평지에서도 먹이를 쉽게 구할 수 있었지만 견디기 어려운 상황에서의 인내심과 근면함, 그리고 낙천주의를 선택하였다. 표범에게는 꿈과 야망이 있었고 이를 실현하기 위한 노력을 영광으로 생각하였다."

- 헤밍웨이, 『킬리만자로의 눈』 중에서

킬리만자로의 표범은 하이에나나 다른 표범들이 가는 길을 선택하지 않았다. 이 표범은 사람도 올라가지 못하는 킬리만자로에 도전했고 그 정상을 향한 오름에 부닥치는 어려움과 고통 및 외로움에 창의적으로 도전하며 나아가 결국 정상에 이르게 되었다.

그렇다. 인생은 일종의 모험이다. 모험이라고 해서 힘들고 괴롭고 위험한 것이라고만 생각하지 말라. 모험이란 도전을 통해 즐거움을 얻을 수 있는 기회, 무언가를 배울 수 있는 기회, 세상에 대한 시야를 넓히는 기회를 맞이하는 것이다.

바람직한 도전을 할 기회가 눈앞에 나타나면 그 기회를 받아들이고 모

험을 떠나자. 그 과정에서 일어나는 모든 것을 즐기고 받아들이자.[41]

단 하나의 일을 만나기 위해, 여기저기 있는 벽에 부딪치다

20대는 가능성을 확장시키는 시기다. 수많은 가능성에 도전해 보라. 일본의 작가 나카타니 아키히로는 말한다.

> "나도 20대에 모든 일에 도전했다. 하지만 무슨 일을 해도 잘 되지 않았다. 한마디로 나의 20대는 실패투성이였다. 그렇다! 자신의 뜻대로 누구나 잘 되지 않는 것이 바로 20대다. 아무리 노력해도 잘 되지 않고, 더구나 노력하는 사람일수록 잘 되지 않는다. 이것도 잘 되지 않았다. 저것도 잘 되지 않았다. 그렇게 수없이 벽에 부딪히면서 내가 할 수 있는 게 이것밖에 없다는 것이 저절로 보이게 되면 그것으로 충분하다."[42]

> "모든 일이 잘 되지 않았기에 정말로 할 일과 만날 수 있다. 자기가 좋아하는 일을 한다는 것은, 바로 그런 것이다." - 나카타니 아키히로

> "20대는 길을 멀리 돌아가는 시기다. 그러나 멀리 돌아가는 것이 가장 가까운 지름길이라는 사실을 깨달아야 한다. 끊임없이 벽에 부딪히면 '내가 할 수 있는 이것밖에 없다!'라는 것이 보인다. 자신을 궁지에 몰아넣어라." - 나카타니 아키히로

41. 윤문원, 문화저널 21, 2012. 8. 22. 류영주, 『참삶의 길』 강의록 참조.
42. 나카타니 아키히로, 20대에 하지 않으면 안될 50가지, 145-146. 30대에 하지 않으면 안될 50가지, 174-177.

탐구마당

커리어 디벨로프먼트(career development)

대학생들의 스펙쌓기 열풍이 거세다. 학벌·학점·토익·어학연수·자격증에 인턴·수상경력까지 더해져 '7대 스펙'이라는 용어가 생겨날 정도다. 영어와 한자는 학점만큼이나 기본이고, 학회활동, 학생회 활동, 동아리 활동, 농촌 활동 등 각종 활동도 중요한 스펙의 일부라고 한다. 여기에 휴식이나 재충전의 개념이었던 여행도 오지탐험이나 국토대장정 같은 스펙성 여가로 바뀌고 있다.

Q 20대 시기 전체가 스펙의 나날로 변해가는 것 같다. 그리고 솔직히 말해 스펙을 쌓아두지 않으면 불안하다.

A 하지만 마구잡이 스펙 쌓기, 자신의 적성과 목표에 대한 고려가 없는, '다다익선(多多益善)'식의 스펙 쌓기는 신중히 고려해 볼 일이다. 그런 스펙 쌓기는 돈과 시간의 낭비가 아닐까.

Q 그렇다면 어떤 스펙이 필요한가?

A 입장을 바꿔 네가 사람을 뽑거나 물건을 구매한다고 생각해보라. 어떤 사람을 뽑고, 어떤 상품을 사겠는가? 마케팅을 잘하는 회사일수록 제품의 장점을 중구난방 자랑하지 않는다. 예를 들어 어떤 음료가 새로 나오면, '맛 좋고, 영양도 풍부하고, 병모양도 예쁘고……' 이런 식으로 광고하지 않는다. 마케팅의 핵심은 자기를 자랑하는 것이 아니라, 소비자가 제품을 구매할 이유를 딱 한 가지라도 제대로 알리는 것이다. 그 이유가 제품에 제대로 녹아들었을

때, 그것이 바로 제대로 된 '브랜드'가 된다.

Q 취업도 똑같다는 건가?

A 그렇다. 내가 얼마나 열심히 살았는가를 구구절절 알리는 건 의미 없다. 기업이 왜 자기를 뽑아야 하는지, 단 한 가지 이유라도 제대로 전달하는 게 중요하다. 자기 자신을 마케팅하고, 자기 이름을 하나의 '브랜드'로 만드는 작업이 필요하다. 면접관을 움직일 수 있는 자기만의 이야기가 있어야 한다는 것!

인사담당자가 가장 중요하게 여기는 것은 (스펙을 통해서라도 보고 싶은) 업무수행 능력이지, 스펙 자체가 아니다.[43]

"스펙을 위한 스펙은, 말하자면 화장발 같은 것이다."

- 박용만/두산 그룹 회장

경력을 쌓기 위한 계획

'커리어 디벨로프먼트(career development)'란 자신의 직업을 통해 자기만의 능력과 경력을 쌓기 위한 계획을 세우는 것이다. 자신의 직업을 통해 자기만의 능력과 경력을 쌓기 위한 계획을 세운다는 면에서 '커리어 플래닝(career planning)' 개념으로 이해할 수 있다.

커리어에 자신감을 가지는 방법은 우선 자기의 능력을 간파하고 자기가 할 수 있는 방법으로 그 일을 이룰 수 있도록 충분히 생각하는 것이다. 그렇게 하기 위해서는 그 일에 대해서 충분히 검토를 해야 한다. 먼

43. 김난도, 아프니까 청춘이다, 269-272 참조.

저 대상을 제대로 파악한 뒤 자기의 능력을 점검해보고 이어 가능한 방법을 세우면 어떤 커리어든지 반드시 자신감을 얻을 수 있다. 우선 커리어의 의미에 대해 알아보자.

커리어, 수도사가 되는 과정

커리어(career)는 수도사(monk)가 되는 과정을 어원으로 삼는다. "산다는 것은 일하는 것이다(Living is working)"는 말도 있듯, 이것처럼 인생에서 중요한 것은 없다.

> "할 일 없는 인생은 지옥에 취직하는 것이다."
>
> -조지 버나드 쇼/극작가[44]

커리어는 인생에서 여러 가지 의미를 갖는다. 우선, 경제적 의미다. 직업이란 생계를 유지하기 위한 기본 수단이다. 직업은 인생의 밥벌이다. "네 밥을 벌어라(Earn your bread)." 이것은 인간 생활의 첫째 법칙이자, 사회인의 기본 윤리다.

Q 직업은 경제적 독립의 기본 수단이다.

A 경제적 독립은 인간 독립의 근본이다. 경제적 독립이 될 때, 사회적 독립 · 인격적 독립 · 정신적 독립이 가능하다.

> "직업은 인생의 등뼈(backbone)와 같다." -니체/철학자

44. 버나드 쇼는 은퇴란 것을 모르고 살았다. 1950년 94세를 일기로 세상을 떠날 때까지도 그는 여전히 풍자적인 글을 쓰고 정원수를 전지하며 미완성 유고인 희곡 『Why She Would Not』를 집필하다가 세상을 떠났다.

인간은 206개의 뼈를 갖는데 그 중 가장 중요한 뼈가 등뼈다. 인간의 오장육부는 등뼈에 붙어 있다. 손가락뼈가 부러져도 죽지 않지만 등뼈가 부러지면 죽는다. 직업은 인생에서 등뼈와 같은 위치, 등뼈와 같은 기능, 등뼈와 같은 중요성을 갖는다.[45]

직업은 사회적 역할의 수행

사회가 존립, 발전하려면 사회 구성원이 저마다 자기의 역할 수행을 잘해야 한다. 우리는 저마다 유능한 역할을 하고, 다재다능한 직업인이 되어야 한다.

세계에서 가장 장인 정신이 강한 나라로 일본을 꼽는다. 일본은 100년 넘은 상점과 기업체가 3,603개가 된다. 한 가지 직업을 백년 이상 꾸준히 계속한다는 것은 참으로 놀라운 일이다. 그런 전통 속에서 명품과 명작이 나온다. 일본인의 투철한 장인 정신이 일본을 경제 대국으로 만들었다.[46]

> "네가 하는 일에서 타의 추종을 불허하는 일인자가 되어라. 자기 직업에서 최고의 존재가 되고자 하는 정신을'장인 정신''프로 정신'이라 한다."
>
> - 안병욱/철학자

직업은 하늘이 내게 부여한 사명

직업의 셋째 의미는 정신적 · 종교적 의미다. 너의 직업에 대해 사명감과 소명 의식을 갖고 네가 하는 일에 정성을 쏟아라.

> "성실하게 일하는 사람은 불사신의 사랑을 받는다." - 헤시오도스/시인
>
> 성실하게 일하면 반드시 신도 그것을 인정하여 행복을 안겨준다는 뜻이다.

45. 안병욱, 인생론, 18-22 참조.
46. 안병욱, 인생론, 24-31.

일하는 것은 기도하는 것이다. 일 속에 구원이 있다. 기도하는 마음으로 일하여라. 눈감고 기도하는 것만이 기도가 아니다. 충성된 마음으로 열심히 일하는 것이 곧 신께 드리는 기도다. 기도하는 마음으로 일하는 사람은 반드시 구원을 받는다.[47]

> "직업은 자연의 의사이고 인간 행복의 본질적 요소다."
>
> -클라우디우스/로마 황제

> "절제와 노동은 진실한 두 명의 의사다." -루소/프랑스 사상가

커리어 디벨로프먼트① 나는 어떤 삶을 살고 싶은가?

자신이 원하는 것이 무엇인지부터 분석하라. 그 후 자신의 미래에 대한 구체적인 계획을 세워라. 나에게 무엇이 맞고 무엇이 맞지 않는지, 어떤 일에서 나의 능력을 최대로 발휘할 수 있는지, 무엇을 하고 있을 때 가장 큰 행복을 느낄 수 있을지 스스로에게 진지하게 질문해 보라. 나카타니 아키히로는 말한다.

> "
>
> 너의 가슴속에서 꿈틀거리며 솟아 나오려고 하는 것은 무엇인가? 너는 지금, 바로 그것을 살아 보겠다며 모든 것을 훌훌 털고 달려나갈 수 있나?
>
> 30대 중반의 고개를 넘다 보면, 사람은 두 가지로 분류될 수 있다. 자신이 원하는 일을 하고 있는가, 아니면 전혀 생각지도 않은 분야에서 일을 하고 있는가. 만약 당신이 지금 원하는 일을 하

47. 안병욱, 인생론, 32-34.

고 있다면, 크고 작은 문제가 앞을 가로막는다 해도 미래를 바라볼 수 있기 때문에 그다지 힘이 들지 않을 것이다. 지금은 빛을 보지 못하지만, 언젠가는 그런 날이 오리라는 믿음이 가슴을 꽉 채우고 있기 때문에 아픔을 참으며 웃을 수가 있다.

그러나 예전에는 전혀 생각해 보지도 않았던 분야에 종사하면서 사사건건 현실과 부딪치며 마음앓이를 하고 있다면, 아주 사소한 문제에도 당신이 가려고 했던 길을 멍하니 바라보면서 뼈아픈 한숨을 쉬게 될 것이다.

'이게 아닌데……'하는 푸념이 늘 당신의 입가에 맴돌게 되고, 이렇게 되어 버린 운명을 원망하면서 미래에의 어떤 희망도 접어두려 할 것이다.

일반적으로 사람들은 대개 2·30대의 직업을 평생 동안 짊어지고 가게 마련이다. 40대, 50대가 되어서도 직업을 바꿀 수는 있지만 그러려면 많은 위험부담과 용기를 담보로 해야 하기 때문에 번민을 거듭해야 된다.

모름지기 사람은 자기가 진정으로 원하는 방향으로 걸어가야 하고, 그렇게 함으로써 보람을 얻으며 살 때 진정으로 행복한 법이다. 언제나 끊임없이 가슴에서 솟구쳐 나오는, 바로 그것을 위해 사는 사람을 위해 하늘은 아직 충분한 자리를 남겨 놓고 있다.[48]

”

48. 나카타니 아키히로, 20대에 하지 않으면 안될 50가지, 145-146. 30대에 하지 않으면 안될 50가지, 174-177.

셔터 소리에 반해 평생 직업으로

-사진작가 조선희

톱클래스 사진작가 조선희. 사실 조씨는 대학 입학 전까지 카메라를 제대로 만져본 적이 없었다. 그런 그녀가 대학 서클 시절, 철도 인부를 찍던 셔터 소리에 반해 평생 직업으로 결심했다. 졸업 후 김중만 작가의 어시스턴트로 일하며 프로 세계에 뛰어들었고, 감수성 있는 포트레이트로 광고, 패션계에서 톱클래스 사진작가로 손꼽히고 있다. '엘르', '보그', 'W', '코스모폴리탄' 등의 화보와 LG 사이언, 삼성 애니콜, 나이키, 올림푸스, 지오다노, 현대카드 등의 광고 사진을 맡았다.

"어린 시절부터 사진에 찍히는 것보다 찍는 게 더 좋았다. 차렷자세로 비스듬히 일렬로 서서 찍는 법은 절대 없었다. 소풍을 가서 친구들에게 '나무에 올라가봐', '물구나무를 서 봐', '줄에 매달려'하면서 특이한 사진을 찍었어요."

사진을 평생 찍고 싶다는 생각을 하게 된 건 대학 1학년 때 동아리 활동을 하면서부터였다. '열차를 움직이는 사람들'이라는 주제로 다큐멘타리 사진을 찍던 당시, 조씨에게 작업을 하고 있던 한 인부가 눈에 띄였다. '이거다' 싶은 생각에 허겁지겁 카메라를 만지며 셔터를 눌렀다. '찰칵'거리는 찰나의 소리는 조씨의 인생을 송두리째 바꿨다.

"이 소리를 평생 듣고 살아도 참 행복하겠다는 생각을 했어요."

하지만 막상 졸업을 앞두니 앞길이 막막했다. 할 수 있는 것도, 하고 싶은 것도, 해야하는 것도 사진밖에 없었다. 조씨의 사진을 본 셔클 선배가 "김중만 선생님의 어시스턴트가 되면 어떻겠냐"며 조언했다. 어렵게 알아낸 주소로 사진과 함께 엽서를 보냈다. 한 달 뒤 김중만 작가로부터 연락이 왔다. 그렇게 어시스턴트 생활이 시작됐다. 사진 활동을 하며 가장 견디기 어려웠던 건 '비주류'라는 따가운 시선이었다. 사진을 전공하지도 않은 어린 여성 작가에게 호의적인 곳은 없었다.

> "그래도 정말 열심히 했어요. 한 커트가 필요한 일이면 스무커트씩 해서 갖다줬어요. 그렇게 하는 사람이 없었대요."

그때 얻었던 닉네임이 '인물 사진을 잘 찍는 조선희'였다.[49]

커리어 디벨로프먼트② 스스로를 진단하라!

'자신이 진정으로 원하는 삶'이 어떤 것인지 대답이 나오면 이제 스스로를 진단해 보라! '나는 어떤 사람인가?' 이 물음에 가장 멋있고 정확하게 대답할 수만 있다면, 너의 커리어는 이미 절반 정도는 성공했다고 봐도 좋다.

나 자신이 어떤 유형인지, 이를테면 삼각형인지 타원형인지 다면체인지 분석해보라. 그래야 내가 원하는 미래가 어떤 것이고 현재 내가 가진 능력이 어느 정도이며 내 잠재력을 극대화하기 위해 필요한 것이 무엇인지를 알 수 있게 된다. 성악가 신영옥은 말한다.

> "나는 나를 잘 알고 있다. 내가 정말 잘 할 수 있는 것이 어떤 역할인지 알고 있다. 나의 레파토리는 결코 많지 않다. 역할이 제한적이라는 평가를 들으면서도 나는 무리해서 나의 배역을 넓히지 않는다. 무대에 조금 적게 서더라도 정말 자신이 잘 할 수 있

49. 장성현, 매일신문, 2009. 1. 3.

는 역할만을 고집하는 것이 좋은 오페라 가수로 오래 남는 방법 이라 생각하기 때문이다."

"할 수 없는 일이 무엇인지 파악하라! 자신이 누구인지, 또 자신이 할 수 있는 일과 할 수 없는 일이 무엇인지 알아야만 최선의 능력을 발휘할 수 있다. 만약 할 수 없는 일에 발목이 잡혀서 더 높이 날아가지 못하는 상황이라면 그 할 수 없는 일이 무엇인지 파악하라. 그것이 할 수 있는 일을 아는 것 보다 훨씬 중요하다." - 오프라 윈프리/방송인

'자가 진단'이 끝났다면 자신이 원하는 커리어에 대한 정보 조사를 해 보라. 그 커리어를 쌓기 위해 필요한 능력도 알아보고 그것을 기준으로 자신의 자질을 비교해 보라. 그래서 자신이 보충할 것과 배워야 할 것이 무엇인지 꼼꼼히 분석해 보라.

다음 단계는 보다 구체적인 설계에 들어가는 것이다. 자신이 원하는 커리어를 앞서 실현하고 있는 사람들이 있다면 그들에게 자문을 구해 보라.[50]

"나는 이렇게 성공했다"

– IT 취업생의 권고

오세훈은 소니코리아 공채에서 350대1의 경쟁률을 뚫고 합격했다. 평소 '소니 매니아'를 자처해온 오씨는 원하는 대학에 입학하면서부터 원하는 직장에 들어가려고 치밀한 계획을 세워 실천에 옮겼다.

50. 백지연, 나는 나를 경영한다, 다우(2000), 184-186.

꼼꼼히 준비하라

– 원하는 회사에 관해 직원보다 더 '빠꼼'

오씨는 소니에 대한 신문 기사를 스크랩하면서 제품과 마케팅 동향을 계속 파악, 소니 직원보다 더 많은 지식을 쌓았다. 또 평소 애프터 서비스 센터를 이용하면서 느낀 경험을 바탕으로 소니코리아 논문 공모전에서 최우수상을 받기도 했다. 오씨의 이런 철저한 준비성은 결국 면접관들을 감동시켜 취업 문을 활짝 열어젖혔다.

IT(정보기술) 업계 인사담당자들은 "준비된 자에게는 문을 열어 줄 수밖에 없다"면서 취업을 원하는 기업을 미리 정해 치밀하게 준비할 것을 권하고 있다.

한 우물을 파라

– 하고 싶은 분야 골라 끈질기게 도전해야

인터넷 포털 업체인 다음 커뮤니케이션에 경력 사원으로 입사한 도학선은 불굴의 의지로 취업벽을 뚫었다. 몇 해전 다음 커뮤니케이션에 응시, 최종 면접까지 올라갔지만 결과는 '불합격'이었다.

도씨는 그러나 여기서 낙담하지 않고 '내가 반드시 뽑혀야 하는 이유'를 담은 장문 이메일을 다음 커뮤니케이션 인사팀에 보냈다. 도씨는 결국 인사팀장, 법무팀장과 술자리를 겸한 면접 기회를 가졌고, 이런 뚝심이 높이 평가돼 입사에 성공했다.

도씨는 "다음 커뮤니케이션이 아니면 안 간다는 각오로 다른 업체는 아예 지원도 하지 않았다"면서 "자기가 그 회사에 맞는 사람인지 돌아보고, 하고 싶은 일을 하는 게 가장 중요하다"고 말했다.[51]

51. 조선일보, 2003. 1. 6.

"스스로 출중해지면 저절로 사냥감이 된다"

기업 경영과 직장 문화에 관한 컬럼니스트 데일 도튼의 『타고난 보스』에 나오는 말이다.

"먼저 당신 스스로 출중해지면 당신은 저절로 사냥감이 된다. 유선 TV경영자 그랜트 팅커는 TV네트워크를 인수했을 때 사람들은 그에게 이 네트워크를 1등으로 만들 계획이 있느냐고 물었다. 그 대답은 아주 간단했다. '먼저, 최고가 되고, 그 다음에는 1등이 될 것이다.' 그렇다면 '최고'의 직원이 되려면 무엇이 필요할까? 우선 명백한 자질이다. 훌륭한 종업원은 특출하게 생산적이다. 이 말은 한없이 오래 일한다는 뜻은 아니다. 그들은 성과를 만들어 낸다. 최고의 직원은 자신을 한껏 내보일 줄 아는 사람이다. 자신의 능력을 알고 그것을 증명할 기회를 찾고 싶어한다."[52]

"세상이 너를 속일지라도 결코 믿음을 잃지 말라"

애플컴퓨터를 일으켰던 고(故) 스티브 잡스의 말이다. 1985년 그는 경영 실책에 대한 책임을 지고 애플로부터 물러났다. 그리고 애플이 재기 불능이라 판단을 받았던 1998년 다시 최고경영자로 복귀했다. 그 사이 그는 컴퓨터 제조회사 넥스트와 디지털 애니메이션 회사인 '픽사'를 창업해 성공시킴으로써 개인 자산만 수십억 달러를 갖게 되었다.

잡스의 성공 비결은 무엇일까? 그가 애플에서 해고당했을 때의 심정을 들어보자.

---

52. 데일 도튼, 타고난 보스, 위즈덤하우스(2001), 88-89, 95.

"정말 독하고 쓰디 쓴 약이었지만, 이게 필요한 환자도 있는가 봅니다. 때로 세상이 당신을 속일지라도, 결코 믿음을 잃지 마십시오. 전 반드시 인생에서 해야할만한 일이 있었기에, 반드시 이겨낸다고 확신했습니다."

차고에서 시작된 애플의 역사

잡스는 운 좋게도 인생에서 정말 하고 싶은 일을 일찍 발견했다. 그가 20살 때, 부모님의 차고에서 스티브 워즈니악과 함께 애플의 역사가 시작되었다. 그들은 열심히 일했고, 차고에서 2명으로 시작한 애플은 10년 후에 4000명의 직원을 거느린 2백억 달러 규모의 기업이 되었다. 그의 나이 29살, 그는 최고의 작품인 매킨토시를 출시했다. 그러나 이듬해 그는 해고당했다.

"이런 맙소사, 내가 세운 회사에서 내가 해고당하다니! 나는 인생의 촛점을 잃어버렸고, 뭐라 말할 수 없는 참담한 심정이었습니다. 나는 완전히 '공공의 실패작'으로 전락했고, 실리콘 밸리에서 도망치고 싶었습니다.

그러나 제 맘속에는 뭔가가 천천히 다시 일어나기 시작했습니다. 전 여전히 제가 했던 일을 사랑했고, 애플에서 겪었던 일조차도 그런 마음을 꺾지 못했습니다. 전 해고당했지만, 여전히 일에 대한 사랑은 식지 않았습니다. 그래서 전 다시 시작하기로 결심했습니다.

당시에는 몰랐지만, 애플에서 해고당한 것은 제 인생 최고의 사건임을 깨닫게 됐습니다. 그 사건으로 인해 저는 성공이란 중압감에서 벗어나서 초심자의 마음으로 돌아가 자유를 만끽하며, 내 인생의 최고의 창의력을 발휘하는 시기로 갈 수 있게 됐습니다. 이후 5년 동안 저는 '넥스트', '픽사', 그리고 지금 제 아내가 되어준 그녀와 사랑에 빠져버렸습니다. 애플에서 해고당하지 않았다면, 이런 엄청난 일들을 겪을 수도 없었을 것입니다."

사랑하는 일을 찾으라

"노동은 인생의 대부분을 차지합니다. 그런 거대한 시간 속에서 진정한 기쁨을 누릴 수 있는 방법은 스스로가 위대한 일을 한다고 자부하는 것입니다. 자신의 일을 위대하다고 자부할 수 있을 때는, 사랑하는 일을 하고 있는 그 순간뿐입니다. 지금도 찾지 못했거나, 잘 모르겠다 해도 주저앉지 말고 포기하지 마세요. 진심을 다하면 반드시 찾을 수 있습니다.

일단 한 번 찾아낸다면, 서로 사랑하는 연인들처럼 시간이 가면 갈수록 더욱 더 깊어질 것입니다. 그러니 그것들을 찾아낼 때까지 포기하지 마세요. 현실에 주저앉지 마세요.

도그마(다른 사람들의 생각)에 얽매이지 마십시오. 다른 사람의 잡음이 여러분들 내면의 진정한 목소리를 방해하지 못하게 하십시오. 그리고 가장 중요한 것은 마음과 직관을 따르는 용기를 가지는 것입니다. 이미 당신은 당신이 진짜로 무엇을 원하는지 알고 있습니다."[53]

53. 스티브 잡스의 스탠포드대학 졸업 연설문 참조.

✿ 커리어 디벨로프먼트③ '어떻게 일할 것인가'

누구나 커리어를 쌓기 시작하는 그 출발선에서의 모습은 엇비슷하다. 그러나 1년, 2년이 지나고 점차 더 많은 시간이 흐르면 앞서가는 사람과 그렇지 못한 사람간에 분명한 차이가 생긴다. 바로 '어떻게' 일했느냐의 차이 때문이다. 어떤 직업을 택하든 간에 타인과 세계를 향해 얼마나 정신의 눈이 '열려 있느냐'에 따라 커리어 개발의 내용은 아주 판이하게 달라질 수 있는 것이다.[54]

조미료 알갱이 수까지 맞출 수 있을 만큼 무섭게 집중

중국집 뽀이에서 시작해 세상에서 제일 큰 중국집 사장이 된 남상해. 그는 20대 중반, 국제관광공사에 요식업 연수 요원으로 선발되었다. 그리고 교육 후 호텔 조리부장으로 발탁된다.

20대 중반 어느 날, 내 삶을 통째로 바꿀 중대한 기회가 찾아왔다. 당시 정부에서는 부가가치가 높은 관광 산업의 중요성을 인식하고 국가 차원에서 진흥시킬 목적으로 국제관광공사를 발족시켰다. 그리고 그 사업의 일환으로 요식업 종사자 가운데 유능한 사람을 선발하여 전문가로 양성한 다음, 공사에서 운영하는 관광호텔 등에 파견한다는 계획을 발표하면서 지원자를 모집했다.

나는 그것이 내 앞길을 열어 볼 절호의 기회라고 생각했다. 체계적인 교육 훈련으로 중국 음식 전문가가 되면 당장 대우 좋은 관광호텔에서 근무하는 것 외에도 나중에 큰 음식점을 차릴 수도 있을

54. 백지연, 앞의 책, 186.

것이었다.

중식부 사원은 5명 모집에 300여 명이 몰려들어 치열한 경쟁률을 보였다. 정신을 바짝 차려야 했다. 시험을 앞두고 요리 실습을 할 처지가 아니었던 나는 매일 갖가지 음식의 조리 방법을 머릿속에 정리해 두고 있었다. 말하자면 가상의 주방에서 가상으로 요리 실습을 했던 것이다.

시험은 필기와 실습, 두 가지로 진행되었다. 실습은 응시자들이 각각 제비뽑기를 하여 정해진 시간 안에 그 쪽지에 적힌 음식을 만드는 것이었다. 내가 뽑은 것은 '홍문기(닭날개 요리)'였는데 조리 방법을 익히 아는 것이었다. 며칠 후 합격자 명단에 내 이름이 들어 있는 걸 확인하던 순간, 그 때의 기쁨은 뭐라고 말로 표현할 길이 없었다.

국제관광공사 연수생 교육은 엄격하였다. 오리, 면, 궁중요리 등 각 분야의 세계적 전문가들을 초빙하여 하루 8시간씩 교육하는 강행군이 시작되었다. 그제까지 내가 알고 있던 요리법 전부를 잊고 버려야 할 만큼 내게는 연일 새로운 세계가 펼쳐졌다.

전체 인원 1,300명 중 중식부 사원은 불과 5명. 나는 마음을 다졌다. '같으면 처진다. 나는 동료 학생들보다 잘해야 본전이다. 아주 뛰어나야 산다.' 배우면서 나는 양념 하나하나, 음식에 들어간 조미료 알갱이 수까지 맞출 수 있을 만큼 무섭게 집중하였다. 낮에 내가 했던 실습 요리가 마음에 차지 않았을 때는 잠도 오지 않았다. 그런 날 밤에는 조리장으로 몰래 숨어 들어가 재차 삼차, 그것이 마음에 들 때까지 반복해 보았다. 따로 실습을 하자면 과외로 음식 재료가 들어가니 나의 '밤 공부'는 규정에 어긋나는 일이긴 했지만 제대로 배우려면 어쩔 수 없었다.

그렇게 1년이 지나갔다. 후반부 6개월은 식당에서 직접 일을 하면서 교육을 받았다. 그리고 수료가 끝나 정식 발령을 받았을 때, 나는 워커힐 호텔 조리부장에 임명되었다. 내가 이겼던 것이다. 학생이고 선생이고 중국인들로만 구성되어 채점도 그들이 하는 반에서 나는 당당히 1등으로 수료를 하였다.

사마천은 말한다. "앞서가면 제압할 수 있다."
너무나 당연한 말이다. 다른 사람보다 한 발 앞서 시작하면 그것만으로도 유리한 것은 당연하고, 만약 같은 목표를 향하고 있는 것이라면 한 걸음 먼저 가는 것이 경쟁에서 이길 확률이 높다.

도요타의 인재상

세계 최고 기업 중 하나인 도요타는 '프로들의 집합체'를 만들겠다는 비전을 가지고 있다. 여기서 말하는 '프로'란 일반적인 의미의 전문가와는 다른, 좀 더 상위의 개념이다. 전문가는 한 분야에 대한 전문적인 지식이 있는 사람이지만, 프로는 여기에다 다른 분야에 대한 상식과 문제 해결 능력 그리고 능동적인 업무 태도까지 갖춘 사람이라는 것이다.

이런 도요타의 인재상을 명확화한 것이 ' T자형 인재'다. T자에서 세로 방향의 선(|)은 한 분야에서의 전문 지식 또는 능력을 의미한다. 그러나 이 부분만 가지고는 전문가는 될 수 있어도 프로가 되지는 못한다. T자에서 가로 방향의 선(—)은 자신이 맡은 분야의 전후 공정에 대한 지식 또는 통상 업무를 운영할 수 있는 능력을 뜻하는

데, 이 부분까지 갖추고 있어야 프로로서의 자격이 있다고 말할 수 있다.

즉, 자신의 핵심 분야뿐만 아니라 다른 분야에 대해서도 기본적인 지식과 포용력을 가지고 있어야 진정한 인재라는 뜻이다. 그렇지 않으면 아무리 전문 지식에 통달했어도 높은 수준의 일은 할 수 없다는 것이다.

또한 T자만으로는 표현하기 힘들지만, 다른 분야에 대한 지식 외에도 프로가 필수적으로 갖추어야 할 요소로 문제 해결 능력과 능동적인 업무 태도가 있다.

진정한 프로라면 문제 해결 능력을 갖추어야 한다. 즉 문제가 생겼을 때 부품만 갈아 끼우는 것이 아니라 근본적인 원인을 찾아 다시는 유사한 문제가 발생하지 않도록 해야 하며, 문제가 발생하지 않을 때라도 항상 위기의식을 가지고 개선해가려는 '개선 능력'까지 포함하는 것이 진정한 문제 해결 능력이라고 할 수 있다.

반면 숙련된 기술을 가지고 있더라도 같은 일을 반복하기만 해서는 프로가 되지 못한다. 현상 유지는 조금만 요령을 익히면 숙련도의 차이는 있을지 몰라도 누구나 할 수 있는 일이기 때문이다.

능동적인 자세도 프로로서의 필수적인 요소이다. 프로란 특정 분야의 전문가가 아니라, 일 자체에 대한 프로를 뜻한다. 즉 일에 대해서 자율적으로 접근하고, 스스로 경력이나 삶의 방식에 대한 목표를 설정하며, 자기 책임 아래 능력 향상이나 자기 연마를 꾀할 수 있는 사람이 프로인 것이다.[55]

55. 안철수, 지금 우리에게 필요한 것은, 81-83.

당신은 인재인가?

지난 20여 년간 도요타생산방식(TPS)을 접목해 셀(cell)방식, 1인 포장마차방식 등 독특한 경영지도로 일본 기업들을 회생시킨 야마다 히도시(山田日登志) PEC(Productivity Education Center) 소장. 그는 소니, 캐논 등 이름만 대도 알 만한 일본 유수 대기업을 포함해 320여 개 기업을 지도하였고, 그가 지도한다는 사실 하나만으로도 기업의 주가가 올라간다니 가히 영향력을 짐작하고도 남는다.

그를 취재한 사람들에 의하면 단출한 PEC 건물 어디에도 수십 명에 이르는 컨설턴트들의 모습과 책상은 보이지 않았다고 한다. 단지 입구 초입 고객 응대를 위한 안내데스크만 있을 뿐이었다. "개별 책상이라든가 서류 같은 것은 없다"고 그는 잘라 말한다. 현장을 지도하는 사람들이니 답이 있는 현장에 주력해야 한다는 것.

"낭비를 없애서 좋은 회사를 만들어야 합니다. 이익을 낸다는 건 경쟁력이 있다는 것입니다. 낭비란 일한 것에 대해 고객이 돈을 지불하지 않는, 즉 부가가치를 만들어내지 못하는 헛일을 말합니다. 당신의 회사가 이익을 내지 못한다면 그건 바로 낭비를 제거하는 인재가 없다는 뜻입니다. 낭비제거는 다른 말로 향상시키고자 하는 마음입니다. 매일 향상하려고 마음먹지 않으면 낭비는 보이지 않습니다."

야마다 소장의 이력은 다소 특이하다. 26세 되던 해, 일본 유수의 신문사 기자직을 사퇴하고 컨설턴트 공부를 시작했다.

"내게 할당된 일은 하루 한 개의 기사를 쓰는 일이었는데 1년쯤 되니 업무에 익숙해져 아득바득 일할 필요가 없어졌어요. 점심 먹으러 나갔다 4시경 신문사에 들러 원고 쓰는 게 고작이었지요. 어느 날 문득 위기의식을 느꼈습니다. 그런 위기의식이 없었다면 아마 지금의 나는 없었을 겁니다." 그는 이렇게 반문한다.

"여러분들은 다른 회사에서도 통용될 수 있는 능력을 갖고 있습니까? 직장을 수업료를 내지 않는 학교라 생각하고 여러 가지 능력을 키우려고 매일 노력하고 있습니까? 혹 자신의 명함이나 직위에 안주하고 있지는 않습니까?"[56]

기업들은 인재 전쟁 중

"글로벌 기업들은 모두 인재 전쟁(The war for talents) 중이다. 지식경제(Knowledge Economy) 시스템에서 우수 인재를 얼마나 확보하는지 여부는 궁극적으로 비즈니스 전쟁의 승패를 좌우한다. 전쟁에서 어느 나라가 더 많은 최신 무기를 갖추고 있는지에 따라 승부가 엇갈리는 것에 비견할 수 있다."

– 조세미/인재 전략 컨설턴트

Q. 조직이 인재 확보를 위해 외부인을 영입하는 것은 상식화돼 있다. 한 광고 카피처럼 '찾아가는 서비스'가 아닌 '찾아가는 채용'으로 채용방식이 바뀌고 있던데.

A 그렇다. 핵심인재를 조직이 직접 찾아내는 '타깃형 채용'이 늘어나고 있다. 신라호텔의 경우, 인사담당자가 매년 스위스의 라로쉬, 글리옹대나 미국의 코넬대, UNLV 등 호텔경영 관련 우수학교를 직접 찾아가 해외파 인재등용에 나선다.[57]

대기업들도 마찬가지. 그들은 인재확보에 수단과 방법을 가리지 않는다.

56. 양현주, 매일신문, 2008. 12. 16.
57. 김재홍, 뉴스메이커, 2004. 10. 8.

삼성전자는 글로벌 기업 이미지를 활용해 전 세계 최고급 연구개발(R&D) 인력 확보에 나선다는 방침 아래 다각적인 채용 시스템을 가동하고 있다. 삼성전자 김인수 인사팀장은 2003년 9월 초 회사 전용기를 타고 미국 출장길에 올랐다. 8개월간 공들여 온 슈퍼급 핵심 인력 한 명을 데려오기 위해서였다. 이는 삼성이 핵심 인력 확보에 얼마나 적극적으로 움직이고 있는지를 단적으로 보여준다. 50여 년 전 '일본인 고문'에서 시작된 글로벌 인재 영입으로 삼성은 현재 국내 사업장에만 일본인 220명, 러시아인 90명, 인도인 70명, 중국인 60명, 미국인 40명 선 등 줄잡아 500여명이 다양한 국적을 갖고 있다.

이건희 회장은 우수 일본인을 데려오기 위해 일본으로 직접 가서 '삼고초려'를 하고 집으로 불러 식사대접을 하며 인간적인 친밀도를 높였다. 1960년대 말 이 회장이 처음 데려온 사람은 마쓰우라 히데오라는 고문으로 일본 전자업계 통(通)이었다.

Q 이 회장이 일본인 고문 영입에 직접 나선 이유는?

A 기술 흡수의 가장 빠른 길은 인재 확보라고 생각했기 때문이다. 국내에서조차 후발주자였던 삼성전자를 단시일 안에 일으키기 위해서는 우수 기술을 가진 글로벌 인재가 절실했던 것.

삼성은 '미국 박사' 영입에도 나섰다. 1980년대 중반 미국 쪽 기술에 대한 수요가 높아지면서부터 삼성은 '미국 박사' 영입에 나섰다. 동시에 내부 인재를 유학 보내 박사로 육성, 글로벌 인재로 키웠다.

이 회장은 소련 붕괴 직후인 1990년대 초반 "일본, 미국의 1급 기술자는 연봉이 20만~50만 달러지만 인공위성을 쏘아올린 소련 기술자는 1,000달러만 주면 데려올 수 있다"며 기초과학 기술이 뛰어난 소련의 기술자들을 영입하라고 지시했다.

이후 삼성의 외국인 핵심 인력 확보는 IT의 대국 인도와 이공계 인재의 보고인 중국 등 세계 각국으로 퍼졌다. 1995년 무렵부터는 중국, 러시아, 인도 등에 있는 일류 대학 상위 5%의 이공계 인력을 대상으로 아무런 조건 없이 학비를 주며 국적 불문의 글로벌 인재 확보에 공을 들이고 있다.[58]

58. 이건희-개혁 10년, 김영사(2003), 208-209, 225 참조.

"기업이 인재를 양성하지 않는 것은 일종의 죄악이라 생각한다. 삼성이 인재들의 창조적 능력이 맘껏 발휘되는 두뇌 천국이 되기를 기대하고 있다."

- 이건희 회장

대학에서도 변화의 조짐이……

연봉 30만 달러를 받고 있던 브라운 대학의 총장은 취임한 지 겨우 18개월밖에 지나지 않았는데, 반더빌트 대학으로부터 거의 연봉 세 배에 달하는 스카우트 제안을 받았다. 브라운 대학 총장은 이사회에 그 제안에 대해 말했다. 그러나 그 액수를 맞춰주지 않자 돈을 더 많이 주는 곳으로 잽싸게 떠나버렸다. 과거에는 아이비리그의 대학 총장은 최소한 10년은 총장직에 있는 것이 관례였다. 그러나 이제는 아니다. 이 사건은 수천 명의 브라운대 학생들에게 신경제에서의 돈과 신의에 관한 커다란 교훈을 주었을 뿐만 아니라 많은 사람의 가슴을 아프게 했다. 그를 스카우트한 반더빌트 대학 이사회의 한 이사는 왜 그렇게 야단스럽게 떠들어대는지 이해할 수 없다고 말했다. 도매 서점 사업을 하고 있는 그녀는 "내 회사의 경우 항상 다른 기업에서 우리 직원을 데리고 간다"라고 말했다.

'헤드 헌터'들은 앞으로 나올 자리에 적당한 후보자 명단을 보유하고 있다. 이 후보자들은 현재 다른 곳에서 행복하게 일하고 있는 사람들이다. 한 헤드 헌터는 말한다. '언젠가는 무언가 다른 것을 원할 겁니다. 그리고 또 언젠가는 완벽한 무엇인가가 이들에게 문을 열겠지요. 저희는 장기적인 관점에서 미리 관계를 갖기를 원합니다. 현재 잘나가는 유망한 사람들, 그리고 이들을 필요로 하게 될 유망 기업과의 관계 모두지요"라고 말했다.[59]

기업들 이색 채용 아이디어

기업마다 최고의 핵심 인재를 뽑기 위한 이색 아이디어가 봇물을 이루고 있다. 불확실한 경제상황을 돌파하려면 무엇보다 확실하고 유능한 인재 확보가 긴요하다는 판단에서다.

모 기업은 입사 원서에 학력이나 나이, 성별 기재란을 완전 폐지하기로 결정했

59. 로버트 라이시, 부유한 노예, 204-205.

다. 한 관계자는 "학력, 성, 나이 난을 없애는 대신 구직자들이 스스로 가치관과 적성, 능력 등을 보여주는 2MB(메가바이트) 분량의 '자기증명자료' 파일을 받는다"고 말했다. 이를 통해 컴퓨터 문서나 동영상, 그래픽 제작 같은 정보처리 능력도 평가한다는 구상이다.

이색 채용 트렌드의 큰 특징 중의 하나는 기존 '사내(社內) 면접'의 파괴다. 식사와 술자리 면접, 축구면접을 거쳐 최종 합격자를 뽑는 기업들도 생겨났다. 한 관계자는 "기존 사원들과 축구 경기를 치른 뒤 회식을 하며 지원자들의 팀워크 대인관계 등을 측정했다"고 말했다.

모 식품회사는 4명이 한 조가 돼 1시간 동안 쇠고기, 닭고기, 채소 같은 주어진 재료를 이용해 요리 작품을 만드는 '요리 면접'을 시행 중이다. 단순 조리 능력보다 똑같은 재료로 누가 창의적인 음식을 만들고 누가 요리 작품을 잘 설명하는지를 평가하는 게 주 목적이다.

영어 면접과 감성, 상상력도 면접 평가 항목으로 부각되고 있다. 모 그룹은 국제사업 수행 능력 측정 차원에서 영어 프레젠테이션 면접을 관련 계열사로 확대할 방침이다.

면접시 비발디의 사계 등을 들려주며 음악감상문을 쓰라고 주문한 그룹도 있고, 지원자의 창의력과 자기표현력을 평가하기 위해 종이 한 장에 자신을 표현할 수 있는 사물이나 동물을 그려보라는 '그림면접'을 실시하는 그룹도 생겨났다.

채용전문 업체인 스카우트의 김현섭 사장은 "최악의 취업난 속에서 최고의 우수인재를 선발하기 위해 기업들의 아이디어 면접 채용 전쟁은 앞으로 계속 확산될 것"이라고 내다봤다.[60]

60. 조선일보, 2003. 10. 20.

❖ 커리어 디벨로프먼트③ 어떤 가치관을 갖고 있는가

커리어 개발에 있어서 중요한 한 가지는 '어떤 가치관을 갖고 있는가' 이다. 흔히 어학 능력이나 해당 분야에 대한 실무능력이 커리어 개발의 전부인 것처럼 말하기도 한다. 그러나 눈에 보이지 않는 신의나 명예, 책임감 등이 그 사람의 커리어에 미치는 영향은 실로 엄청나다. 신의와 책임감이 높은 사람이 하는 일은 그 사람이 어떤 일을 하든 다른 사람이나 조직에 신뢰를 주기에 그 자체로서 대단한 커리어가 된다.[61]

진정성이 있는가

사람을 뽑을 때 나는 정신적인 성취감을 물질적인 성취감보다 조금이라도 더 중요하게 여기는 사람을 선호한다. 정신적인 성취감이 전제되면 물질적인 성취감과의 조화도 자연스럽게 이룰 수 있다고 보기 때문이다.

물론 회사마다 인재상이 다르고, 절대적으로 올바른 기준은 없다. 우리 회사의 경우는 인재를 '끊임없이 발전하려고 노력하는 사람'이라고 정의한다. 아울러 동료와 회사의 발전을 두루 생각하는 사람이 우리 회사가 요구하는 진짜 인재이다.

또 건강한 생각도 인재의 조건이다. 우리처럼 바이러스 백신이나 보안을 다루는 회사 직원은 일종의 사명감이 있어야 하기 때문에 일을 대하는 직원들의 가치관이 대단히 중요하다. 환자가 많으면 좋겠다고 생각하는 의사는 도덕적으로 문제가 있듯이 바이러스가 많았으면 좋겠다고 생각해서는 절대 안 되는 것이다.

61. 백지연, 앞의 책, 187.

업무능력은 다음 문제다. 그래서 당장 자리가 비어 있다고 해서 능력있는 사람을 앉히는 것을 매우 경계하는데, 그가 동일한 철학을 가지고 있지 않으면 장기적으로는 회사에 큰 손실을 입힐 수 있다고 생각하기 때문이다. 사실 능력만으로 회사의 가치관과 생각이 크게 다른 사람을 뽑는다면 그것은 그 사람에게도 불행한 일이다. 그는 오랜 적응기간을 거치는 가운데 내적 갈등과 시행착오를 겪을 것이기 때문이다.

그래서 우리 회사는 면접에서 가치관 외에도 말을 얼마나 조리있게 잘 하느냐보다는 그 사람의 말하는 태도나 인상을 더 중요하게 본다. 즉 어느 정도 진정성이 있는가를 보는 것이다.[62]

생각 나누기

재능 있는 사람의 이동이 더 심해지고 시장의 경쟁이 더 치열해지는 지금, 자신의 조직에 시간과 에너지를 바치는 것보다는 자기 자신의 브랜드 구축에 더 의욕을 보이라는 권고가 있다. 속해 있는 조직의 임무 특성상 자신의 열정을 자제해야 하는 경우가 아니라면, 가장 우선적인 과제는 자기 자신을 판매하라는 것이다.

어떻게 하면 나만의 브랜드를 구축할 수 있을까? 나의 가치와 내가 한 일을 능력과 업적의 인정으로 귀결될 수 있도록 하는 전략의 기법에 대해 알아보자.

62. 안철수, 앞의 책, 137-138.

언론인의 자기 브랜드 전략

몇십 년 전만 해도 대부분의 언론인들은 익명의 세계에서 힘들게 일했다. 5,60년대 잡지를 보면 그 기사를 쓴 사람의 이름은 거의 나오지 않았다. 브랜드는 그 잡지의 소유이지 언론인의 소유가 아니었기 때문이다. 그러나 최근 몇 년 동안 뚜렷한 변화가 나타나고 있다. 『타임』지는 지난 4반 세기 동안 매주 발간, 85쪽 커버스토리, 약 20개의 기사, 단신, 해설, 에세이와 같은 형식으로 거의 아무 변화 없이 발간되어 왔다. 그러나 한 가지 측면에서 커다란 변화를 보여주었다. 필자나 기자의 존재를 점점 더 크게 부각시켜왔다는 점이다. 1970년대 기사에는 아무 이름도 없었다. 1980년대 초에는 기사의 약 절반 가량이 끝부분에 볼드체로 필자나 기자 이름을 담고 있었다. 1988년이 되면서 에세이 작가의 이름이 글 제목 아래 선보이기 시작했다. 1990년 『타임』지는 전체 기사의 약 절반 가량 제목 밑에 주요 필자나 작가의 이름을 넣기 시작했다. 그리고 1990년대 중반이 되면서 기사의 가장 윗부분에 이름을 넣기 시작했다. 이제는 별도의 페이지를 만들어 칼럼니스트와 기고가의 약력과 사진을 소개하고 있을 정도다.

Q 이렇게 각 개인을 부각시키는 이유는? 독자들이 그 글을 쓴 사람이 누구인지 알고 싶기 때문인가?

A 그건 아니다. 언론인이 자기 자신을 판매하고 있기 때문이다. 이들은 직업의 안정성 면에서는 다른 분야보다는 떨어지지만, 큰 성공을 거둘 가능성은 더 많다. 인쇄 매체의 언론인이 해낼 수 있는 가장 큰 일은 TV에 등장해서 고정 게스트가 되는 것이다. 재능 있는

사람을 항상 필요로 하는 잡지나 신문사는 자신의 존재를 부각시키려는 이들의 노력을 기꺼이 수용하고 있다. 그러다가 유명하게 되면 잡지 판매에도 도움이 되므로 회사에도 이익인 셈이다.[63]

베로 교수의 브랜드

가장 신성한 학문의 전당에서조차 이제는 개인 브랜드라는 새로운 시장이 생겨나고 있다. 1998년 가을, 컬럼비아 대학은 로버트 베로에게 당시의 하버드 대학 종신 교수직을 버리고 컬럼비아 대학의 경제학과 교수로 와주면 1년에 30여만 달러를 주겠다고 약속했다. 30만 달러라면 당시 하버드, 컬럼비아, 그리고 다른 일류대학의 예술 및 과학 관련 교수 최고 연봉의 거의 두 배에 달하는 액수였다. 『뉴욕타임스』에 의하면 컬럼비아 대학은 베로 교수에게 넉넉한 공간의 연구실 세 개와, 고액의 연구 지원비 그리고 전도가 유망한 젊은 경제학자 여러 명을 선발할 수 있는 권한을 주기로 했다고 한다. 그것이 전부가 아니었다. 컬럼비아 대학은 입학 자격이 엄격한 맨해튼의 한 사립학교에 베로의 아들을 입학시키고, 베로의 아내는 연봉 5만5,000달러의 대학교 직원으로 갈 수 있게 해주고, 베로 가족 전체를 위해 2,300평방 피트의 대학 소유 아파트를 내부 시설을 완전히 개조해 시세의 반값에 임대해주기로 했다고 한다.

이 공격은 하버드의 심장부를 강타했다. 하버드 브랜드만 가지고는 학교의 유명 교수진이 계속 머물러 있기에 충분하지 않단 말인가? 그때까지 다른 대학교의 제안에 대해 대응한 경우가 한 번도 없

63. 로버트 라이시, 부유한 노예, 201-202.

었다고 자랑삼아 말했던 하버드의 경제학과장은 베로 교수를 저녁 식사에 초대해 새로운 연구 센터 건립과 다른 여러 가지 사항이 들어 있는 하버드의 역조건을 제시했다. 무슨 말을 했는지는 모르겠지만 그날 식사는 효과적이었다. 베로 교수가 하버드에 남기로 결정했기 때문이다. 그러나 하버드로서는 아슬아슬한 승리였다. 다시 반복하고 싶지 않은 경험을 한 학과장은 앞으로의 공격에 대비하기 위한 '군자금'을 늘려가고 있는 중이라고 한다.

이 사례는 베로 교수가 몸담았던 두 브랜드, 즉 하버드 브랜드와 베로 브랜드 간의 미묘한 긴장 관계를 보여주었다는 점에서 흥미를 끈다. 베로 교수가 교수로 재직하면서 해온 연구와 저술 활동은 하버드의 명성에 도움을 주는 동시에 베로 자신의 브랜드 개발에도 공헌했다. 자기 자신이라는 회사를 위해 일함으로써 하버드 대학을 위한 일을 해온 셈이다.[64]

생각 나누기

퍼스널 컨설턴트 지요즈루 나오요시는 수많은 비즈니스맨들을 만나며 개인의 시장가치를 구성했던 7가지 요소를 발견했다. 그것은 주체적 책임, 자존심, 사명, 재능, 비전, 기능, 실적이다. 이 7가지 요소는 단계적으로 구성돼 있는데, 일에 대한 책임감에서부터 시작해 그 일을 해내지 않고는 못배기는 자존심을 키우는 토대로 재능의 발견과 육성, 비전의 소유, 기능의 연마를 거쳐 실적을 올리는 단계로 완성된다는 것이다.

64. 로버트 라이시, 앞의 책, 207-210.

내가 가장 우선시 하는 개인의 시장가치 요소를 꼽는다면? 그렇게 생각하는 이유는 무엇인가?

커리어 디벨로프먼트(2)

- 백만장자의 특별한 원칙

베티나 플로러스와 제니퍼 샌더는 『백만장자가 된 여성들의 특별한 원칙』[65]을 통해 시작은 평범했지만 결국 성공과 부를 이룬 백만장자 여성들의 성공담을 들려준다.

바비인형을 처음 만든 루스 핸들러, 시너를 섞은 매니큐어로 갑부가 된 디네 모하저, 소녀용 컴퓨터 게임을 만든 로라 그로프 등은 아이디어 하나로 거대 기업을 만들어간 여성들이다. 이들도 시작은 평범했다. 직장을 다니는 회사원이거나 가정주부였고, 직장을 잃어 살길이 막막했던 사람이기도 했다. 그러나 그들이 '백만장자'로 많은 부와 성공을 이룰 수 있었던 것은 다음과 같은 원칙을 따랐기 때문이다.

> "시간을 낭비하지 않았고 자본의 흐름을 읽어, 상세하고 철저한 사업계획서로 전략을 세우고 꾸준히 노력했다."

저자들은 백만장자가 된 여성들에게 다음과 같은 질문을 던졌다. "다른 여성들을 위해 당신이 돈을 번 비결을 한 마디로 말한다면 뭐라고 할 수 있을까요?" 그들이 들려준 대답은 "확실한 목표를 세우고, 하면 된다는 확신을 가지고 실천한 결과, 그 자리에 이르렀다"였다. 성공할 수 있다는 그 믿음이 바로 성공의 열쇠라는 것이다. "망설임 없이 전진하라.

65. 베티나 플로러스 외, 백만장자가 된 여성들의 특별한 원칙, 씨앗을 뿌리는 사람(2000).

그만큼 꿈도 가까워진다."

저자들은 돈을 벌어 크게 성공하는 것만 가르치지 않는다. 돈을 제대로 쓰는 것이야말로 인생을 즐기는 것이며, 부를 누릴 줄 아는 것이라 말한다. 쓸데없는 데에 낭비하지 않고 가치 있는 것에 투자하여, 가난한 부자가 되기보다 사람을 소중히 여길 줄 아는 진정한 부자가 되라고 한다. 더 나아가 사회 공동체를 위한 기여에도 절대적인 책임을 져야 한다고 강조한다. 그들이 가르치는 교훈은 다음과 같다.

- 크게 생각하라!
- 자기 자신을 믿어라
- 열정을 이끌어내라
- 한계를 뛰어넘어라
- 목표를 써놓아라
- 실패로부터 배워라
- 새로운 아이디어에 도전하라
- 성공한 여성에게 배워라
- 자본의 원리를 최대한 활용하라
- 나만의 것을 창조하라
- 번만큼 베풀어라
- 인내심을 가져라
- 삶을 즐겨라!

자기 자신을 믿어라

당신은 진심으로 자신을 믿어야 하고, 자신의 내부에 꿈을 이룰 수 있는 능력이 있다는 걸 절대 의심하지 말아야 한다. 그리고 당신이 마음속에 정해놓은 것을 이루는 데 최선을 다하라. 당신의 목표를 진정으로 가치 있는 것으로 생각해야 한다.

다른 사람이 당신을 믿어주고 당신의 목표를 이루는 데 도움을 주리라고 기대하기 전에 당신은 먼저 자신을 믿어야 한다. 당신이 자신을 반밖에 믿지 못하면, 목표도 반밖에 이루지 못한다.

꿈을 이루기 위해 열심히 노력하고 진실로 그 일에 최선을 다하면, 생활 속에서 마주치는 반대 같은 것은 무시해도 좋다. 백만장자들은 자신의 힘으로 큰 일을 이루기 위해 다른 사람들의 의심과 불신을 떨쳐버려야만 했다.

게임광에서 게임 회사 사장으로

전자 게임광이었던 로라 그로프는 대부분의 게임이 소년들과 남성들을 위한 것, 즉 싸우고 때려부수는 것이라는 사실을 깨달았다. 소녀들을 위한 게임은 어떤 것도 개발되어 있지 않았다. 그래서 로라는 그 일을 자신이 맡아서 하기로 했다. 그녀는 사방에서 반대에 부딪혔고, "여자애들은 게임의 주제와 상관없이 컴퓨터 게임에는 관심이 없어."라는 말을 듣고 또 들어야 했다. 하지만 그녀는 자신의 아이디어를 믿었고, 돈을 벌기 위해 노력했다. 오늘날 그녀의 회사인 걸 게임스 회사는 www. planetgirl.com이라는 웹 사이트를 운영하고 있으며, 소녀들도 컴퓨터 게임을 즐기며 소녀용 컴퓨터 게임을 공급하는 회사도 돈을 벌 수 있다는 사실을 증명해 보였다.

웨이트에서 백만장자로

'황금의 손'을 가진 투기꾼으로 알려진 조지 소로스. 그는 한때 영국 파운드화에 환투기를 하여 떼돈을 벌었다. 금광에 투자하여 금 시세를 폭등시키기도 했다. 그가 한마디 중얼거리면, 중앙은행이 동요하고 환율이 급변한다. 그리고 그 뒤로 무수한 개미 군단들이 그를 따른다. 돈이 모든 것의 기준이 되어버린 사회에서, 그는 예언자가 되었고 정신적 지도자가 되었다.

헝가리 부다페스트에서 태어난 그는 밑바닥 인생을 살았던 때가 있었다. 영국 이민 시절, 그는 '생애에서 가장 어려웠던 시절'을 보냈다. 새벽녘까지 부자들이 술 마시고 춤추며 놀던 쿼그리노의 웨이터로 일했다. 식비를 아끼기 위해 새벽에 그들이 남기고 간 음식찌꺼기로 배를 채웠다. 그는 바로 여기서 배짱과 용기를 배울 수 있었다.

소로스는 사물을 바라보는 자기만의 방식이 있다. 유대인이라는 소수 민족이었기 때문에 그는 다수가 보는 방식과는 다른 관점에서 사물을 보아 왔다. 이것이 그의 금융 사업의 기반이었으며, 생존의 핵심이었다. 외환, 차관, 선물거래 등 위험성이 높은 금융 도박판에서 이기려고 할 때, 그는 늘 다수의 견해와 싸웠다. 그리고 다수가 잘못될 때 떼돈을 벌어 모았다.

다수의 의견에 맞선다는 것은 겸손한 용기를 필요로 한다. 그는 자신이 자만에 빠지지 않도록 늘 경계하고 조심했으며, 불확실성 속에 존재하는 흐름을 예측하려고 애썼다.[66]

---

66. 구본형, 그대 스스로를 고용하라, 44-47.

호텔 벨보이에서 라면왕으로

노르웨이에서 '라면' 하나로 부와 명예를 거머쥔 사업가가 된 이철호. 자신의 브랜드를 내건 'MR. LEE' 라면은 일본 라면을 제치고 노르웨이 시장의 80%를 차지하고 있다(연간 1천5백만 달러 이상의 판매고를 올림). "어떻게 성공시켰나?"라는 질문에 그는 이렇게 답했다.

"별거 없다. 잘 되리라는 믿음과 잘 되게 하겠다는 노력뿐이었다."

그는 열일곱 나이에 노르웨이에 가서 온갖 잡일을 했다. 유통기한이 지난 빵을 가축 사료용으로 판매하는 것을 사먹었다. 하지만 성공에 대한 꿈과 믿음은 결코 버리지 않았다.

> "많은 사람들로부터 칭찬과 격려의 인사를 받았다. 그런데 그 칭찬과 격려를 곰곰 들여다보면 모두'성공'이란 키워드로 모아졌다. 하지만 나는 내가 성공했다고 생각하지 않는다. 그저 꿈이 있었고, 그 꿈을 이루기 위해 하루하루 열심히 살았던 것뿐이다. 그리고 지금도 그렇게 살고 있다."
>
> - 이철호

아직도 '노력중'이라는 이철호 씨, 그는 분명 성공에 대한 정의를 잘 알고 있는 사람이다. 그의 성공 스토리를 문답식으로 정리한다.

Q 어떻게 노르웨이로 가게 됐나?

A 충남 천안에서 농부의 아들로 태어났다. 6·25 전쟁 당시 14살이었다. 전쟁이 발발하자 아버지는 은행에서 돈을 찾아서 가족들에게 고루 나눠주며 일렀다. "혹시라도 전쟁통에 헤어지게 되더라도 이 돈으로 끝까지 살아남아 다시 만나자."

남들은 피난 가네 어쩌네 하는 와중이었지만 '타고난 장사

꾼 기질'을 지닌 나는 10대의 나이에 엉뚱하게도 돈벌이를 해보겠노라 나섰다. 그리고 친구들과 어울려 밀짚모자 장사, 냉차 장사 등을 하며 돈을 벌었다. 전국이 난리통이었지만 나는 닥치는 대로 일을 하며 목숨을 이어나갔다. 그러다가 전쟁 중에 우연히 알게 된 미군 병사와의 인연으로 미군부대에 '하우스보이(미군들의 잔심부름과 궂은 일을 해주는 소년)'로 들어갔다. 워낙 싹싹하고 성실했던 나를 미군들은 퍽 아껴주었다.

17살이던 1954년 허벅지에 폭격을 맞아 다리 한쪽을 다치게 됐다. 야전병원을 전전하며 수술과 치료를 거듭했지만 다리의 상처는 더욱 악화되기만 했다. 평소 나를 아끼던 당시 해병대 사단장 스나이더 장군은 나를 좀 더 좋은 의료진에게 진료하게 하고 싶어 '미국 군인신문'에 광고를 내주었다. 그 광고를 보고 프랑스, 독일, 노르웨이 등지에서 도움을 주겠다는 뜻을 보내왔고, 결국 노르웨이행 비행기에 오를 수 있었다. 그야말로 그분은 내 생명의 은인이나 다름없다. 수중에 돈이라곤 한푼도 없이 거지꼴로 보따리에 책 몇 권만 달랑 넣은 채 낯선 곳에 도착하던 그 느낌이 지금도 생생하다. 덕분에 목숨을 건졌지만 아직도 매주 물리치료를 받아야 한다(그는 다리를 약간 절고 있다). 당시 노르웨이로 가면서 다친 다리를 꼭 고쳐보겠다는 생각 외에 또 하나의 욕심이 있었다. 새로운 땅에서 새로운 인생을 시작할 수 있는 방법을 찾자는 것이었다. 하지만 당시 내가 가진 최고의 기술은 그래봤자 '구두 닦기'였는데, 노르웨이에선 구두닦이도 면허증 없이는 못했다.

Q 노르웨이에서 젊은 시절 어떻게 살았나?

A 공부할 학비를 마련하기 위해 닥치는 대로 일했다. 언어도 서툴고 몸도 불편한 내가 찾을 수 있는 일이란 허드렛일밖에 없었다. 화장실 청소부, 서류 심부름, 연극 단역배우에 이르기까지 그야말로 닥치는 대로 일을 했다. 호텔 식당에 청소부 자리가 났다고 하기에 배가 고플 일은 없겠다 싶어 취직했다. 조금 타거나 조리를 잘못해 손님에게 낼 수 없게 된 음식을 먹으며 이를 악물고 일했다.

일이 힘들어도 나는 한 번도 삶 자체를 비참하거나 힘겹다고 생각하지 않았다. 그래서 화장실 청소부 일을 하러 다닐 때도 항상 웃는 얼굴을 잊지 않았다. 나는 '고생도 팔자다. 이런 고생에서 배울 게 있을 거다. 언젠가는 분명히 좋은 일이 있을 거다'하고 느긋하게 생각했다.

Q 현지 방송의 요리 프로그램에 출연할 만큼 요리사로 성공했다.

A '구두닦이 면허증'을 받을 생각으로 진학한 상업학교에서 공부를 끝내놓고 나니, 공부 욕심이 더 커졌다. 이대로 구두닦이가 되지 말고 공부를 더 해서 전문적인 직업을 갖자는 생각에 요리전문대학을 택했다. 사실 요리사가 되면 먹는 것만큼은 여한 없이 먹겠지 하는 단순한 마음도 있었다.

그런 꿈을 품고 문을 두드린 곳은 '홀믄 콜른 파크 호텔'이라는, 노르웨이 최고의 호텔 요리학교였다. 처음엔 그릇만 닦았다. 남이 20개를 닦으면 나는 50개쯤 닦으려고 부지런을 떨었다. 물론 남들보다 더 깨끗하게 닦으려고 애썼다. 그렇게 열심히 일하니까 하루는 주방장이 불렀다. 그리곤 정말 요리사가 되고 싶냐고 물었다. 그래서 자신 있게 'Yes'라고 대답했다. 결국 그 주방장 덕분에 그 학교 학생으로 선발이 되었다. 최선을 다해 공부했고, 결국 최우수 학생으로 졸업을 했다. 노르웨이에 간 지 7년 만에 이룬 결실이다.

언어도 유창하지 못하고 신체적으로도 장애를 갖고 있는 내가 낯선 이국 땅에서 살아남기 위해 선택한 유일한 방법은 한 가지. 그것은 나의 콤플렉스를 그대로 받아들이고 남보다 서너 배의 노력과 시간을 투자하는 일이었다. 요리전문대학을 졸업하자마자 프랑스어를 배우려고 스위스로 어학연수를 갔는데, 현지 일류 프랑스 식당에서 감자 껍질을 깎는 아르바이트를 하게 됐다. 다른 아르바이트생은 껍질만 깎고 말았지만, 나는 요리학교에서 공부한 경험을 살려 각 요리에 필요한 감자의 종류를 분류해서 전달해줬다. 그랬더니 그 식당에서 요리사로 일하게 해줬다. 경력을 쌓자 원래 일했던 노르웨이 호텔 식당에서 나를 요리 담당 사장으로 스카우트해 갔다.

Q 어떻게 노르웨이에서 라면 사업을 하게 됐나.

A 호텔 주방장으로 활약하던 중에 스카우트 제의가 들어왔다. 노르웨이의 대형 빵 공장이 오슬로에 식당을 개업한다는 것이다. 승산이 있다고 판단한 나는 월급을 받는 대신 총수입에서 이윤을 배당 받는 조건으로 계약하고, 그 일에 뛰어들었다. 결과는 대성공이었다. 나중에 빵 공장이 덴마크로 넘어갈 때까지 오슬로의 식당은 22년 동안 15개 체인점을 열만큼 엄

청난 흑자를 냈다. 그리고 그 22년 동안, 나는 변함없이 식당의 총지배인이었다.

그렇다고 이후로 내 인생이 화창했던 것만은 아니다. 가장 든든한 조력자인 아내가 암으로 세상을 떠나는 슬픔을 맛보았고, 엄청난 노력과 투자를 들여 시작한 인삼차 사업이 실패한 경험도 있었다. 또 친구와 함께 시작한 세탁사업으로 친구도 잃고 돈도 잃는 괴로움을 맛보기도 했다. 하지만 그 모든 고통과 절망 속에서도 나는 괴로움의 나락을 뒹굴기보다는 새로운 가능성을 찾아 몸을 일으켜 세웠다. 지칠 때면 하늘에서 나를 지켜볼 아내를 생각했다.

1989년, 빵공장이 덴마크계 회사로 넘어가면서, 회사를 그만두기로 결심했다. 회사에서는 만류했지만 이 기회에 평생을 두고 이루어 갈 '내 일'을 찾아야겠다는 결심을 굳혔다. 그러던 중 '라면'이 사업의 아이템으로 떠올랐다. 내가 라면 맛을 본 것은 1968년, 노르웨이로 건너간 지 14년 만에 고국이 그리워서 한국을 방문하게 됐다. 그때 을지로의 한 분식집에서 생애 최고의 라면을 만났다. '와, 이렇게 맛있으면 노르웨이에서도 통하겠다'싶었다. 언젠가 이 사업을 하겠다고 생각했다. 기회가 온 것이다. 일단 부딪혀보기로 마음먹고 농심사 관계자를 만나 사업논의에 들어갔다. 처음엔 라면 세 박스로 시작했다. 라면박스를 들고 슈퍼마켓을 찾아다니면서 맛을 보라고 건네주었다. 처음엔 라면의 면 모양이 걸레 같다며 손도 대지 않던 사람들이 시간이 지날수록 조금씩 관심을 갖기 시작했다. 물론 정식으로 첫 주문을 받기까지 3년이라는 세월

이 걸렸다. 조심스럽게, 그러나 끈질긴 마음으로 시작한 라면사업이 일단 본 궤도에 오르자 순풍에 돛을 달고 출항하는 배처럼 매끄럽게 노르웨이 식품시장이라는 바다를 향해 나아갔다.

노르웨이에 처음 선보이는 '라면'인 만큼 나 자신의 브랜드를 내걸자고 굳게 마음먹었다. 20년이 넘도록 남 좋은 일만 시키고 결국 손을 털어야 했던 오슬로 식당사업으로 인해 배운 깨달음이기도 했다. 유럽 사람들의 입맛에 맞춰 스프의 종류를 다양하게 만든 'MR. LEE' 라면은 곧 폭발적인 인기를 누리기 시작했다.

Q. 소원이 있다면?

A 나를 낳아준 곳은 한국이고 나를 길러준 곳은 노르웨이다. 두 나라 모두 나의 고국이다. 여생을 고국을 위해 바치고 싶다.

현재 이철호는 '자랑스런 한국인'으로 한국에 노르웨이를 알리고, 노르웨이에 한국을 알리는 '리틀 노르웨이', '리틀 코리아' 사업을 펼치기 위해 두 나라를 오가고 있다.

"잘 되게 하겠다는 노력과 잘 되리라는 믿음이 성공비결"이라는 이철호. 사방에서 반대에 부딪혔지만 자신을 아이디어를 믿고 매진한 로라 그로프. 사물을 바라보는 자기만의 방식을 가진 조지 소로스. 그들은 자신의 내부에 꿈을 이룰 수 있는 능력이 있다는 걸 절대 의심하지 않았다. 그리고 자신의 마음속에 정해놓은 것을 이루는 데 최선을 다했다.

다른 사람들이 당신이 하는 일을 믿지 못할 때에도 당신은 자신을 믿을 수 있는 자신감을 가져야 한다. 주위 사람들이 당신의 목표를 비웃을 때 당신은 인내력을 발휘해야 한다. 당신이 알고 있는 것이 진실이라는 걸 마음속 깊이 믿어라. 성공의 열쇠는 자기 자신을 믿는 것이다.

한계를 뛰어 넘어라

성공하기 위해서는 한계를 뛰어넘는 행동이 필요하다. '한계를 뛰어넘는 행동'이란 끈질기게 목표를 추구하는 것을 말한다. 어떤 장애물이든 극복해 낸다는 것을 뜻하기도 한다. 큰 일을 이루기 위해 액셀러레이터를 힘차게 밟아야 한다.

보니 윌리엄슨은 전직 교사이자 출판업자이며 7권의 책을 썼다. 그에게 한계를 뛰어넘는 고개는 새벽이 오기도 전에 시작된다.

"나는 새벽 4시부터 6시까지 글을 쓰고 난 다음, 옷을 갈아입고 7시에 집을 출발해서 편집자의 집으로 가서 한두 장의 원고를 떨구고, 8시에 학교로 출근해요. 어떤 때는 6시에 편집자의 집으로 가서 45분 동안 회의를 갖고 학교로 가는 경우도 많았어요. 수업이 끝나면 퇴근길에 다시 편집자의 집에 들러서, 아침에 가져다준 원고를 다시 받아서 집에 돌아와 아이들이 제출한 과제물을 검사하고, 원고를 수정한 다음 저녁식사를 준비하고, 남편과 대화를 나누다가 밤 9시가 넘어서 잠자리에 듭니다. 나는 몇 년 동안 이렇게 하루 20시간을 일했어요."

들러리에서 기업 사장으로

열심히 일하면 보상이 돌아온다. 하지만 당신은 아무 대가 없이 한계를 뛰어넘는 일을 할 수 있겠는가? 볼티모어에 거주하는 라이자 렌쇼는 그렇게 했다. 21살의 아가씨 렌쇼는 고등학교를 졸업한 후 자기 사업을 하고 싶다는 꿈을 품고, 차고를 운영하다가 실패한 사장에게 보수를 받지 않고 일을 하겠다고 자원했다. 그녀가 사업을 일으켜 놓으면 사장이 그녀를 동업자로 인정할 거라고 생각했기 때문이다. 그러나 세조차 지불하지 못하는 사장에게 세를 낼 수 있도록 그녀가 3천 달러를 지불 보증하자, 사장은 그 돈마저 들고 사라져버렸다.

곤경에 처한 렌쇼는 주인에게 사정을 얘기해서 세를 깎았다. 종업원을 한 명만 쓸 수 있었으므로 그녀는 새벽 5시30분부터 오후 1시 30분까지 일했다. 자신이 직접 손님의 차를 주차시키고 세차까지 하는 독특한 서비스 방법도 개발하였다. 출퇴근에 시간을 낭비할 수 없었으므로 그녀는 난방도 되지 않는 차고 뒷방에서 쥐들을 내쫓고 바닥에 카펫을 깔고 살았다. 그녀의 사업은 급상승했다.

하지만 3년 반이 지나도 그녀는 여전히 차고에서 잠을 잤다. 책임보험을 비롯한 각종 비용이 너무 많이 들어갔기 때문이다. 경비를 충당하기 위해 그녀는 아버지에게 3천5백 달러를 빌렸다. 그녀는 그 돈으로 근처에 있는 부지를 골라 두 곳의 차고에서 나오는 수입금으로 세 번째 차고를 구입할 수 있었다. 32살에 렌쇼는 볼티모어의 9개 지역에 사업체를 내어 수백만 달러의 매출을 올리는 기업의 사장이 되었다. 그녀는 현재 125명의 직원을 거느리고 고급 주택가에서 살고 있다. 렌쇼는 메릴랜드, 워싱턴D.C., 버지니아에 있는 51개의 차고를 운영하면서 2천5백만 달러의 수입을 올리고 있다.

학생에서 매니큐어 회사 창립자로

22살 세던캘리포니아대학교 의과대학 학생이었던 디네는 한계를 뛰어넘는 행동에 도전해 이를 이루어낸 인물이다. 1995년 여름 어느날 디네는 자신이 색깔을 혼합해서 만든 밝은 하늘색 매니큐어를 바르고 쇼핑을 갔다. 고급 부티크인 찰스 데이비드의 한 점원이 디네에게 매니큐어를 어떻게 만들었는지 알려달라고 간청했다. 그녀의 매니큐어가 찰스 데이비드의 경쾌한 구두 라인과 너무나도 잘 어울린다는 것이었다. 디네와 그의 언니 푸네는 '이 물건을 팔아보자'고 결정했다. 햄버거와 감자튀김으로 식사를 때워가며, 이들 자매는 '하드 캔디'라는 이름의 스카이, 선샤인, 민트, 바이올렛 매니큐어를 만들어 그 샘플 상자를 들고 시장으로 달려갔다. 그들은 짙은 푸른색에 흰색을 섞는 식으로 기존의 매니큐어를 섞고, 오랫동안 벗겨지지 않게 거기에다가 시너를 첨가해서 샘플을 만들었다. 그리고 찰스 데이비드에 납품했다.

하드 캔디는 히트 상품이 되었고 〈세븐틴〉, 〈엘르〉, 〈보그〉 등의 잡지에서 대대적으로 소개되어 노드스트롬, 블루밍데일 등 유명 백화점으로 진출했다. 마침내 디네는 경쟁이 치열한 화장품 업계에서 비중 있는 인물이 되었고, 캘리포니아의 비벌리힐스에 1천만 달러의 매출을 올리는 매니큐어 회사를 창립했다.

> "사람에겐 일곱 번 넘어져도 여덟 번 일어나 끝내 뜻을 이루려는 불굴의 정신이 무척 값진 것이다. 우리가 잘 산다는 의미는 무엇인가? 나는 기능공이건, 중급기술자건, 구멍가게 배달꾼이건, 경영자건 주변의 난관을 극복하고 본인에게 주어진 업무를 주위의 기대에 어긋나지 않게 성심전력으로 완수하면서, 긍정적으로 사고하고 미래를 꿈꾸며 항상 일에서 즐거움을 찾는 사람이 잘 사는 사람이라고 생각한다." - 조동식

조동식 회장은 국내 오디오 음향기기 전문업체 인켈(현 이트로닉스)의 창업주다. 그는 삼풍전자상사 등을 거쳐 1973년 인켈의 전신이었던 동원전자 주식회사를 설립해 30여년 동안 국내 전자 및 음향 산업을 이끌어왔다.

재계 창업 1세대인 조 회장은 수입 브랜드가 장악한 국내 음향시장에서 "한국의 소리는 한국인이 만들자"라는 신념을 가지고 회사를 경영해온 것으로 평가받고 있다.

젊은 시절 조 회장은 아버지의 대를 이어 일등 농부가 되기 위해 전념했다. 그러면서도 그는 농사가 아닌 다른 세계에 뛰어들어 자신을 시험해보고 싶은 충동을 느끼곤 했다. 진남포 제련소에서 일하기도 했었고, 일본인이 경영하는 다나베 선구점에서 경영담당 서사를 하기도 했다. 그러다 포목상을 시작하여 거상이 되겠다는 꿈을 안고 안악상점을 열기도 했었다. 그러나 그 일도 잠시뿐, 기존의 생활을 벗어나 시골 5일장을 돌며 고무신을 팔다가 도매상으로 전환, 다시 고무신에서 소창옷 도매로 3년 만에 큰 돈을 모으기도 했었다. 그러나 "오늘날 인켈을 키워내기까지 겪은 숱한 어려움에 비하면 그것은 아무것도 아니었다"고 그는 회고한다. 그의 얘기를 따라가보자.

지금 생각해보면 기업경영을 하는 나도 80평생을 살아오면서 좋은 날보다는 힘들고 어려웠던 시절이 더 많았던 것 같다.

내가 '인켈'을 설립한 것은 50대 중반 때였다. 이렇게 시작한 기업이 이제는 어엿한 중견기업이 되었고, 오디오업계의 선두 자리를 차지하고 있다.

외부 사람들은 나를 가리켜 성공한 기업인이라고 말한다. 그래서 그들은 나에게 성공의 비결을 묻곤 하지만 나는 그때마다 성공하지 못한 사람이라고 말한다. 자칫하면 겸손으로 비칠까봐 '성실'이라고 대답하지만 내가 말하는 성실이란 정직과 노력, 도전 등 기업인이기 이전에 한 인간으로서 다해야 할 최선을 의미한다.

일곱 번 넘어져도 여덟 번 일어나

내가 겪은 여러 가지 일들 중에 지금까지 내 기억에 생생히 남아 있는 고생담이 몇 가지 있다. 그 하나는 1970년대 초반에 밀어닥친 석유파동이었다. 갑자기 네 배로 뛰어오른 원유가로 물가는 하늘 높은 줄 모르고 치솟았다. 열악한 조업상태를 벗어나지 못하고 있던 우리 회사로서는 고정비 부담이 더욱 가중되어 곤란에 빠질 수밖에 없었다. 그러나 나는 꺾이지 않았다. 이런 때일수록 회사를 살펴야만 종업원을 다스릴 수 있다는 일념으로 종합적인 경영개선에 심혈을 기울였다. 어느 때는 부족한 기술과 만족스럽지 못한 제품으로 주눅이 들어 있는 회사간부들을 모아놓고 "움츠린 자세로라도 버티어가자. 움츠린 자세야말로 뜀박질을 시작할 준비자세가 아니겠느냐"고 격려하기도 했다.

자금동원이 어려운 시기에는 사채를 얻어 쓰기 위해 소위 '문방구어음'이라는 것을 발행하여 동대문 상인들로부터 기천만 원씩을 조달해야만 했다. 이처럼 내가 고군분투하고 있을 때, 유럽 출장 중이던 부사장으로부터 낭보가 날아왔다. 당시 미국의 유명한 오디오 전문메이커인 스코트 사와 협력관계를 맺는데 성공했다는 소식이었다.

스코트 사와의 거래로 우리는 창사 5년 만에 흑자로 전환하는 쾌거를 이루었다. 그렇게 되기까지 내가 겪었던 한 가지 에피소드가 생각난다. 1974년도 일이었다. 유대인 미국 스코트 사의 리비 사장이 오디오 신제품 설계도면을 들고 찾아와 40만 달러 상당의 대량 생산 주문을 했다. 그간 수출이 없던터라 반가운 마음으로 수개월에 걸친 노력 끝에 납기를 맞출 수 있었다. 그러나 물건을 인수하러 온 리비 사장은 갑자기 가격을 깎아줄 것을 요구하며 물건 인수를 거부하는 것이었다.

그 당시 나는 사채를 끌어다 생산한 물건을 인수하지 않으면 당장 회사가 넘어갈 판이었지만, 여기서 약점을 잡힐 수 없다는 판단이 들어 가겠다는 리비 사장에게 가라고 큰소리치며 공항까지 따라가 손을 흔들어주었다.

그런데 비행기에 오르려던 리비 사장이 돌연 내려와 "지금까지 모두 이겼는데 유일하게 당신에게 졌다"며 내가 제시한 가격에 물건을 인수하겠다고 했다.[67]

사람에겐 일곱 번 넘어져도 여덟 번 일어나 끝내 뜻을 이루려는 불굴의 정신이 무척 값진 것이다.

성공할 수 있는 아이디어를 찾아라

아이디어는 여러 가지 형태로 나타나고, 주위에 어디에든 있다. 그것을 찾으러 갈 수도 있고, 우연히 마주칠 수도 있으며, 주어질 수도 있고, 이미 당신 안에 자리잡고 깨어날 준비를 하고 있을 수도 있다. 성공하고 부자가 되기 위해서는 아이디어를 상업적인 세계로 넘겨야 하는 것이 현실이다.

67. 샘터, 1994년 2월호 39-41. 김종철, 오마이뉴스, 2003. 12. 8.

딸의 종이인형에서 아이디어 얻은 '바비인형'

전세계 여자아이들이 가장 좋아하는 장난감 인형인 바비인형은 루스 핸들러가 딸 바바라(애칭 바비)가 가지고 노는 종이인형을 보고 아이디어를 얻었다. 이전까지만 해도 장난감 회사들은 소녀들을 위해 아기인형을 만들었다. 그러나 루스는 바바라가 멋진 옷을 입은 어른 모양의 종이인형을 더 좋아하는 것을 보고, 여자아이들이 엄마 놀이뿐만 아니라 어른이 되는 상상을 하면서 노는 것을 좋아한다는 것을 알게 되었다.

그녀는 장난감 회사를 운영하던 남편 회사의 디자이너들과 기술자들을 찾아가 자신이 생각해낸 '종이인형처럼 아름다운 어른 모습의 인형'을 만들게 했다. 또한 패션 디자이너들을 고용해 바비의 의상들도 만들었다. 이렇게 탄생한 바비인형은 1959년 뉴욕의 장난감 박람회에서 전문가들에게 별 호응을 얻지 못했지만 어린 소녀들에겐 폭발적인 사랑을 받았다. 10년 동안 루스가 만든 바비인형이 벌어들인 수입은 5억달러. 현재 바비인형은 1백14개국에서 여전히 인기리에 팔리고 있으며 전세계 소녀들로부터 가장 사랑받는 인형이 되었다.[68]

양말에 단추, 모조 다이아몬드를 달다

캐런 벨은 말한다. "돈 벌 수 있는 일을 생각해 내려고 머리를 굴렸어요. 그러던 어느 날, 방바닥에 앉아서 내 발을 쳐다보다가 갑자기 양말에 대한 아이디어가 떠올랐어요. 양말은 소자본으로 할 수

---

68. 애슬리 앤 베이어 외, 돈 되는 아이디어, 이렇게 만들었다, 예지출판사(2003).

있는 유일한 품목이었죠."

그녀는 달랑 30달러를 가지고 동네 백화점에 가서, 평범한 숙녀용 흰색 양말 12켤레와 액세서리를 샀다.

"나는 세일 중인 양말들을 사가지고 와서 포장을 뜯고 양말에 단추를 달고 접는 부분에 모조 다이아몬드를 달았어요."

그러고 나서 그녀는 비버리 힐스의 로데오 거리로 달려갔다. 그 거리는 최고급품들이 즐비한 유명한 쇼핑가다. 캐런은 그곳에 있는 부띠끄의 구매 담당자들에게 이 양말을 넘기는 데 시간이 걸릴 것으로 예상했지만, 첫 상품 선전을 마치자마자 일이 다 끝나고 말았다.

"부띠끄 주인은 그 양말이 마음에 들었나 봐요. 그가 내 양말을 60달러에 모두 사겠다고 하자 귀를 의심했죠. 내가 들인 돈의 두 배를 받다니!"

판매가 계속 성공하자 그녀는 점점 더 용감해졌다. 하지만 그녀는 신중했다. "낮에는 직장에서 일하고, 주문에 응하는 건 밤에 했어요. 은행에서 신용 한도액을 얻는 데 어려움이 있었어요. 그래서 친구에게서 5만달러를 빌려서 쓰고 이자까지 갚았습니다."

작은 아이디어라도 그 쓰임에 따라 성공을 불러올 수 있다. 현재 그녀의 양말회사인 K. 벨은 연매출액이 5백만달러에 달한다.

열정을 판매하는 나이키

필 나이트는 자신이 반드시 지켜야 하는 몇 가지 계명을 가지고 있다. 그 중 하나는 "남보다 우월하기 위해서는 모범적이어서는 안 된다"는 것이다. 이 말은 삐딱한 반항아가 되라는 말 이상의 의미를 갖는다. 세상이 수용하고 있는 기존의 패러다임을 따르다가는 한 번도 세상을 앞설 수 없다는 말이다. 세상과 문명의 틀을 넘어서라는 것이다. 나이키의 좌우명처럼 "일단 한 번 해 보라(Just Do It)"는 것이다.

나이트는 대학 시절 중거리 달리기 선수였다. 그러나 졸업 후 그는 달리기 선수가 되지는 못하였다. 하지만 달리기 선수였을 때 느꼈던 신발에 대한 관심이 그를 신발업계에 뛰어들게 했다.

1964년 500달러의 자본금으로 '블루 리본 스포츠'라는 회사를 설립했다. 포트랜드 외곽에 있던 이 회사는 벽만 있는 허름한 매장이었다. 최초의 상표 이름은 '타이거'였다. 주말이 되면 초록색 소형 트럭을 몰고 전국의 신발업자를 찾아다니며 신발을 팔곤 했다. 아디다스 판매 사원들의 비웃음을 받으며, 그는 첫 해에 겨우 1,300켤레를 팔았다.

그러나 15년 후, 1980년에는 아디다스를 제치고 미국 내에서 판매 1위를 차지하였다. 30년이 채 안 되어 1993년에는 1억 켤레를 돌파하였다.

나이키는 신발을 파는 것이 아니라 열정을 판매한다고 말한다(Nike는 그리스 신화에 등장하는 승리의 여신을 의미). 그들은 선수들의 발만을 원하는 것이 아니라고 말한다. 그들이 원하는 것은 승리자들의 영혼을 상품화하는 것이다.

나아가 나이키는 소비자도 똑같이 승자가 되도록 노력하고자 했다. 나이키 신발의 디자인은 공격적이다. 마치 악마의 전사가 착용한 강력한 무기를 연상하게 한다. 이것은 기존 신발의 틀에 반항하는 아웃사이더의 신발이다. 자연스럽게 어떤 정신, 즉 "인생에서 이루지 못한 것들에 대한 변명은 집어치워라"는 저항의 메시지를 전달

하려 한다.[69]

기적의 대걸레

다섯 명의 아이를 둔 엄마 조이는 아이들을 따라다니며 집안을 치우느라 하루 종일 걸레를 손에서 놓을 날이 없었다. 그러던 조이는 1990년 가사 노동에 도움을 줄 수 있는 기막힌 아이디어를 생각해냈다. 일반 걸레에 손잡이 기둥을 만들어 사용하면 청소시간과 노력을 이전보다 훨씬 줄일 수 있지 않을까 하는 것이었다. 그는 이것을 '기적의 대걸레'라고 이름을 붙이고 직원 한 사람을 두고 전화기 한대로 자기 방에서 판매하기 시작했다. 기적의 대걸레는 홈쇼핑 채널을 통해 소개되면서 이내 2백명의 직원을 둔, 연매출 1천7백만달러의 규모를 자랑하는 큰 회사로 성장했다.[70]

샤워커튼과 누빈 솜으로 만든 일회용 기저귀

기저귀를 빨고, 삶고, 헹구고, 널어 말리는 끝없는 반복 작업. 게다가 아이가 하나가 아니라 셋이나 된다면? 1980년 베이비붐이 한창이던 시절, 주부 매리언에게 기저귀 세탁은 가사노동의 대부분을 차지할 정도로 큰 고역이었다. 어떻게 하면 기저귀 빨래로부터 해방될 수 있을까를 궁리하던 그는 몇 차례 시행착오 끝에 샤워커튼과 흡수성 좋은 솜을 넣고 누빈 '보터'라는 일회용 기저귀를 만들었다. 여기에 아기의 오줌이 밖으로 새지 않도록 해주는 커버와 똑딱단추

69. 구본형, 그대 스스로를 고용하라, 김영사(2005), 51-53.
70. 애슐리 앤 베이어 외, 돈 되는 아이디어, 이렇게 만들었다, 예지출판사(2003).

를 달았다.

이 기저귀로 특허를 받은 그는 곧 일회용 기저귀 제작에 착수하려고 하였으나 제조업체의 반응은 냉담했다. 결국 자비를 들여 '보터'를 제작할 수밖에 없었다. 그런데 일회용 기저귀는 나오자마자 주변 백화점 등을 통해 불티나게 팔려 나갔다. 매리언의 발명품은 오늘날 슈퍼마켓마다 없어서는 안될 상품이 되었다.[71]

조그만 구멍가게에서 시작된 바디제품

아니타 로딕은 1942년에 영국의 해변도시 리틀햄프턴에서 이탈리아계 이민 가정에서 태어났다. 2차 세계대전 중에 어머니를 보면서 근검절약 정신을 배웠고 이것은 곧 지역거래, 재활용, 재사용, 리필링과 같은 '바디샵'의 환경보호운동을 탄생시켰다. 반전운동, 인권운동, 환경운동으로 지구 곳곳을 누비면서 개인적이나 정치적인 이유로 셀 수 없을 정도로 많은 상을 수상한 아니타 로딕은 1960년대 평화를 부르짖으며 세계를 떠돌아다닌 히피족이기도 하다.

'바디샵'은 1976년 영국 남부 해안의 작은 마을인 브라이튼(Brighton)에서 처음 개점하였다. 지금은 세계적인 비즈니스 우먼으로 추대되고 있는 아니타 로딕은 당시 평범한 주부에 불과했다. 대장정을 떠나는 남편 로딕을 대신해서 가족을 부양해야 했던 그녀는 25개의 자연산 바디제품을 제공하는 조그만 구멍가게를 시작하였다. 디자이너를 고용해 25파운드에 로고를 만들고, 친구들을 동원해 병에 화장품을 넣고 손으로 라벨을 쓰기 시작했다. '바디샵'의 상징인 단

71. 애슬리 앤 베이어 외, 돈 되는 아이디어, 이렇게 만들었다, 예지출판사(2003).

순한 스타일의 용기와 녹색 컬러 역시 이 시기부터 사용된 것들이다. 돈이 없어서 선택한 값싼 용기와 벽에 생긴 습기 자국을 가리기 위해 칠했던 녹색 컬러가 '바디샵'을 상징하는 핵심 이미지가 될 줄은 그 누구도 생각하지 못한 일이었다.

생애 최악의 날에 건진 대박 '곱창밴드'

우리가 흔히 '곱창밴드'라고 부르는, 머리를 묶는 데 사용하는 헝겊으로 감싼 고무밴드의 원래 이름은 스쿤시. 곱창밴드를 발명한 로미 레브슨은 자신이 기르던 강아지 이름을 따서 새로운 헤어 액세서리에 스쿤시라는 이름을 붙였다고 한다.

로미는 마흔살에 남편에게 이혼당하고 어쩔 수 없이 일자리를 찾아 나서야 했다. 면접 시험을 보러 가기 위해 미장원에 들른 로미는 설상가상으로 염색이 잘못되는 바람에 머리를 완전히 망쳐버리고 말았다. 조금만 건드려도 툭툭 끊어지는 머리카락을 보호하면서 뒤로 묶을 수 있는 묘책이 필요했던 그는 머리카락을 보호할 수 있도록 고무줄을 부드러운 천으로 감싸보자는 생각을 해냈다. 여러 차례 시도한 끝에 완벽한 머리끈을 완성한 그는 스쿤시의 특허를 내고 상품을 만들어 여성지에 광고를 실었다. 이렇게 만들어진 곱창밴드는 지난 10년간 전세계에서 20억개 이상이 팔려나갔다. 불행한 이혼생활과 머리 염색의 실패가 그에게 새로운 인생을 만들어준 것이다.[72]

72. 애슬리 앤 베이어 외, 돈 되는 아이디어, 이렇게 만들었다, 예지출판사(2003).

세계 최대 자장면집 만들기 프로젝트

남상해 회장은 말한다. "워커힐 호텔 조리부장을 그만 두고 나와 처음 개업했을 때부터 지금의 하림각을 세울 때까지 실패가 없었던 나를 두고 어떤 이들은 운이 참 좋았다고 말한다. 맞는 말이다. 그러나 운이란 최선을 다한 노력의 결과물이다."

그가 구체적인 사업 구상을 한 건 워커힐 호텔 조리부장 시절부터였다. 주말이나 휴일에 잠깐 짬이 나면 시내와 시 외곽 지대를 헤매고 다녔다. 곳곳에 중국 음식점이 얼마나 있는지를 눈여겨봐 두었다. 장사가 잘 된다는 식당에 가서는 여러 음식을 시켜 맛을 보기도 했다. 그러면서 그곳을 출입하는 손님들이 어떤 사람들인지 알아두려고 애썼다.

비품 구입도 개업하려는 사람에겐 골치 아픈 문제다. 그는 목재를 구입해서 탁자를 직접 만든 다음 그 위에 식탁보를 씌웠다. 의자는 중고 가구점에서 성한 것들을 골랐다. 식기류는 동대문 시장에서 가장 싼 것들로만 구입하여 윤이 나도록 닦고 끓는 물에 소독했다. 그러니까 비품 구입에는 돈이 거의 안 들어간 셈이다.

문제는 사람이었다. 유능하고 솜씨 있는 주방장을 모셔와야 했다. 중국 음식에 관한 한 최고 기술자는 '복해원'의 남정식이란 사람이었다. 복해원은 지금의 단성사 옆에 있던 유명한 음식점인데, 남씨는 아홉 살 때 그곳에 들어가 30년간 기술을 익혔다는 것이다. 남 회장은 꼭 그 사람과 일하고 싶어했다.

고민 끝에 일단 부딪쳐나 보자 하고 나섰다. 같은 성씨라는 희미한 가능성의 꼬투리 하나만을 쥐고 복해원을 방문했다.

그곳 총지배인을 만났다. 남 회장의 애기를 다 듣고 총지배인은 말했다. "남씨야말로 이 바닥 최고이고 더구나 여기서 잔뼈가 굵은 사람이 그 솜씨로 아무 데다 가려고 할까요? 아무튼 만나나 봅시다."

어렵사리 만난 남 주방장에게 남 회장은 먼저 같은 종씨임을 강조했다. 생면부지인 사람에게 일단 연결할 끈이라고는 그것밖에 없었다. 그런 다음 자신의 경력과 현재의 상황을 자세히 전달했다. "그러니 어쩝니까. 일가친척 좀 도와 주셔야죠. 물론 월급은 여기보다 더 드리지요."

남 주방장은 즉시 답을 주지 않았다. 며칠 후 그는 남 회장의 가게에 와서 입지 조건을 이모저모 살핀 후 시원스럽게 오케이했다. 남 회장은 난세에 제갈공명을 얻게 되었다.

그 뒤 그는 그 어느 곳보다 맛있고 깨끗하고 친절한 중국집을 만들겠다는 포부로 열심히 일했고, 결국 세계에서 가장 큰 중국집 하림각을 만들기에 이르렀다.

봉제 인형, 디자인 입고 날다

"오로라월드가 전 세계에 제품을 판매할 수 있었던 핵심 원동력은 디자인과 브랜드 파워, 그리고 글로벌 네트워크에 있다."

오로라월드의 홍기선 대표의 말이다. 오로라월드는 캐릭터 완구 및 선물용품 분야의 캐릭터 디자인 전문 기업이다. 국내에서는 아직 이름이 낯선 회사지만, 미국 시장에서 브랜드 인지도 3위를 차지할 정도의 '유명 회사'이다. 오로라월드의 '팬시팔스'는 가방 안에 동물 인형을 넣은 콘셉트의 제품으로 미국과 유럽 전역에서 큰 인기를 모아 전 세계적으로 3,000만개가 팔렸다. 이 회사는 캐릭터 완구를 제조, 전체 생산량의 95%를 해외에 수출한다.

이 회사가 설립된 1981년만 하더라도 국내 봉제완구 업체의 상황은 열악했다. 홍 대표는 "하지만 국민소득 1만달러 이상의 선진국일수록 인형에 대한 수요가 높다고 판단, 미국, EU, 일본 등 선진국 시장을 철저히 분석해서 제품 개발에 힘을 기울였다"고 말했다. 오로라월드도 처음에는 OEM(주문자 상표부착 생산)방식으로 제품을 생산했지만, 주문자에게 종속적인 OEM방식의 한계를 깨닫고, 자체 브랜드를 개발해 판매하는 방식으로 전략을 바꿨다. 이 덕분에 국내 완구업체들이 OEM방식에 의존하다 경쟁력을 잃고 자취를 감춘 것과 달리, 오로라월드는 현재 전 세계에 판매되는 제품의 85%를 자체 브랜드로 판매하고 있다.

이러한 성공의 바탕에는 디자인 연구소가 있다. 여기에는 1년에 네 차례 전 세계에 있는 '오로라월드' 디자인 담당자들이 모두 모여 '제품 개발 회의'를 한다. 이 회의에는 미국, 영국, 독일, 일본, 홍콩 등에 있는 리서치센터의 전문가들이 모여 지역별 생활 방식과 시장 트렌드를 분석, 새로운 개념의 디자인 상품을 기획한다. 여기서 나온 제품은 중국, 인도네시아의 디자인 개발 센터를 거쳐 새로운 디자인 패턴, 신소재 등과 접목된다. 오로라월드에서는 디자인 연구 인력이 전체 직원의 40%를 차지할 정도. 이러한 '디자인의 힘'을 바탕으로 60개의 자체 캐릭터 브랜드를 만들어 5만여 종의 제품을 시장에 내놓고 있다.

오로라월드는 기본적으로 고급 캐릭터 브랜드를 지향한다. 따라서 고객층과 가격대에 따라 브랜드를 다르게 가져가는 전략을 취하고 있다. 예를 들어 오로라 클래식, 오로라 베이비 등 비싼 브랜드에는 '오로라'라는 이름을 노출시키지만, 대형마트나 놀이공원에서 판매하는 중저가 제품에는 별도의 브랜드 이름을 사용하고 있다. '오로라=고급 캐릭터 제품'이라는 브랜드 파워를 유지하기 위해서다.[73]

현지인 취향에 맞게 재창조한 악세사리

아프리카의 섬나라 마다가스카르에서 악세사리 코디네이터로 성공한 송금희 씨. 그녀의 인생철학은 "돈이 되는 것은 뭐든지 팔고, 만나는 사람은 누구든 친해진다"는 것이다.

마다가스카르는 세계 10대 빈국으로 꼽히지만, 여느 아프리카 나라들과는 다른 분위기이다. 세 집 건너 하나씩 미용실이라고 할 만큼 이곳 여성들은 멋 내기에도 열심이다. 유행과 멋에 민감한 마다가스카르 여성들의 취향을 보고 송씨는 악세사리 장사를 시작했다. 현재 안타나나리보(마다가스카르 수도)에서 송씨가 경영하는 악세사리 가게는 세 군데. 한국에서 가져온 재료를 현지인들의 취향에 맞게 재창조해낸 송씨의 제품은 이곳 여성들 사이에서 인기만점이다.

또래의 20대 아가씨들보다 보고 싶은 것, 하고 싶은 일도 많던 송씨. 프랑스에서 3년 간 머물면서 인테리어 공부를 하고 돌아와, 아프리카에 지사를 둔 무역회사에 취직했다. 1995년 초 첫 출장으로 다녀간 아프리카의 섬나라를 잊지 못해, '바람쐬고 오겠다'며 그 해 말 짐을 싸들고 다시 이곳을 찾았고, 그렇게 34년째 마다가스카르에 살고 있다. 그녀를 이곳에 데리고 온 것은 자유에 대한 바람, 그리고 이곳에 뿌리내리게 한 것은 자신에 대한 믿음이었다.[74]

---

73. 신은진, 조선일보, 2008. 12. 2.
74. KBS 한민족 리포트 2003년 1월 27일 방영.

지금까지 송금희 씨를 비롯한 여러 백반장자들의 성공담을 살펴보았다. 이를 통해 알게 된 사실은 그들도 시작은 평범했다는 것이다. 직장을 다니는 회사원이거나 가정주부였고, 직장을 잃어 살길이 막막했던 사람이기도 했다. 그러나 그들이 '백만장자'로 많은 부와 성공을 이룰 수 있었던 것은 다음과 같은 원칙을 따랐기 때문이다.

"시간을 낭비하지 않았고, 읽고 배워서 자본의 흐름을 읽어 상세하고 철저한 사업계획서로 전략을 세우고 꾸준히 노력했다."[75]

75. 베티나 플로러스, 앞의 책 참조.

Ⅳ. 시간관리

하버드대학에서는 신입생들에게 '자신에게 맞는 시간관리 기술을 익히는 것'이 가장 먼저 해결해야 하는 과제라고 강조한다. 시간을 계산하고 활용하는 법을 익혀야 대학생활의 계획을 세울 수 있고 성공적인 결과를 얻을 수 있기 때문이라는 것이다. 시간관리가 이토록 중요한 것은 시간관리가 곧 나를 관리하는 일이기 때문이다. 야무지게 시간을 관리하기 위해서는 시간의 실체를 파악하는 것이 필요하다.

> 시간은 비밀이다. 실체가 없으면서 전지전능하다. - 토마스 만/소설가
>
> 시간은 우리 영혼을 만드는 재료다. - 작자미상

1 시간은 존재하는가

시간의 본질을 파헤치는데 평생을 바친 소광희 교수는 "인류의 출현으로 시간은 존재한다"고 한다. 그에 따르면 인간이 출현하기 전 생물에게는 시간이 있든 없든 아무런 의미가 없다. 죽음을 의식하는 인간에 이르러서야 시간은 비로소 존재하게 됐다는 것이다. 죽음을 대비해 유언을 하는 것과 같은 시간의식이 여타 동물에게 없기 때문이다. 철학자에게 시간은 그것이 존재하는 의미가 있을 때에야 시작된 것이다. 그래서 소 교수

는 "시간은 인간이 만들었다고 해도 과언이 아니다"고 말한다. 철학적 관점에서 인간은 시간의 창시자인 셈이다.[76]

뇌가 만들어낸 시간

우리는 시계를 보며 '지금 몇 시다'고 말한다. 하지만 시계는 시간을 재는 도구일 뿐, 시간 그 자체는 아니다. 시간은 뇌가 만들어 낸다. 뇌에 있는 시계로 외부와 내부 변화를 감지해 그 차이를 시간으로 느끼는 것이다.

Q 뇌에 시계가 있다는 건가? 그럼 시간도 뇌 속에 있는가?

A 뇌에는 수면시간을 알려주는 생체시계가 있다. 시상하부의 '시신경교차상핵'에 있는데, 이 부분은 뇌에서 2개의 시신경이 만나는 곳이다. 생체시계가 있다는 것을 알게 된 것은 1960년대 독일 막스플랑크연구소의 실험 덕분이다. 피험자들을 지하창고에 살게 하고 행동을 조사한 결과, 이들은 밤낮을 몰랐는데도 거의 24~25시간 간격으로 잠을 자고 깨어났다.

생체시계가 우리의 하루를 좌우하기는 하지만 우리는 그 시간을 읽을 수 없다. 다시 말해 생체시계로는 시간의 흐름을 느낄 수 없다는 것이다. 그것은 지하창고에 살았던 피험자들을 통해서도 증명되었다. 그들은 기상해서 아침을 먹기까지 10분 정도 걸렸다고 생각했지만 사실은 30분이 훌쩍 지나있었다. 한번은 점심을 먹고

76. 강석기, 박미용, 과학동아, 2004년 1월호, 50-86.

피곤해서 잠시 눈을 붙였는데 사실은 8시간 이상 지난 적도 있었다.

시간간격 시계

Q 그럼 시간을 느끼는 데 영향을 주는 다른 시계가 있는가?

A 그렇다. 정답부터 말하면 '시간간격 시계'. 이 시계를 찾기까지 오랜 시간이 걸렸다. 등굣길에 늘 건너던 건널목의 신호등이 조정되었다고 가정해보자. 빨간불이 들어와 있는 시간이 더 길어졌다. 그러면 우린 금방 알아채고 조급해한다. 이것은 바로 시간간격 시계 덕분이다. 시간간격 시계는 특정 사건들을 다양한 길이로 머리에 저장시킨다.

시간간격 시계는 보조운동영역, 소뇌 그리고 전두엽에 있다. 여기엔 각기 다른 속도로 움직이는 메트로놈이 있다. 그 메트로놈은 모두 자신만의 속도로 똑딱거린다. 그리하여 뇌는 다양한 리듬으로 채워진다. 그 리듬의 변화로 우리는 시간의 변화를 느낀다.

불편한 시간이 길게 느껴지는 이유

유감스럽게도 시간은 우리의 바람과는 반대방향으로 간다. 즐거운 순간들은 쏜살같이 지나가고, 불편한 순간들은 거북이걸음을 한다. 아인슈타인은 "미녀와 함께 있을 때 1시간이 1분 같다. 반면 뜨거운 난로 위라면 1분이 한 시간처럼 느껴질 것이다."고 말했다. 치과치료를 받는 30분은 너무도 더디게 흘러가고, 친구와 신나게 얘기하는 30분은 눈 깜짝 할 사이에 지나가버린다. 이처럼 시간은 상대적이다.

시간의 상대성이 극적으로 드러나는 경우는 중대한 사고나 사건이 발생했을 때다. 영화에서 주인공이 총에 맞는 사고를 당하면 화면이 '슬로우 모션'으로 바뀐다. 마치 갑자기 시간이 느리게 가는 것처럼. 이것은 실험에서도 증명되었다. 대학생들에게 일정 시점부터 사람들이 그들을 놀라게 할 때까지 어느 정도의 시간이 흐른 것 같으냐고 묻자 거의 대부분의 참가자들이 실제로는 30초 정도밖에 걸리지 않았는데도 1분이 훨씬 넘게 걸린 것으로 생각했다.

경험된 시간은 그보다 더 심하게 연장될 수도 있다. 기억연구가 엘리자베스는 형사재판의 증언들을 통해 이 사실을 증명했다. 1974년 살인재판에서 범인이 언제 권총을 뽑았고 언제 방아쇠를 당겼는지에 대한 의문이 제기되었다. 그런데 증인 중 한 명은 방아쇠를 당기기까지 2초 정도가 걸렸다고 했다. 따라서 충동적인 행위였다고 진술했다. 반면 다른 증인은 피고가 권총을 뽑아들고 쏘기까지 최소 5분은 생각했다고 진술했다.

왜 이렇게 차이가 날까?(피고가 희생자를 쏠 것인지 말 것인지 5분이나 망설이는 동안 함께 있던 사람들이 그냥 보고만 있었다는 것은 거의 있을 수 없는 일이기 때문에) 이 경우는 내적인 흥분이 시간 감각을 조작했던 것이다. 아주 긴장된 순간엔 신경이 곤두선다. 자연히 모든 신호에 주의를 집중하게 된다. 주의집중이 잘 된 뇌는 정보를 더 많이 받아들인다. 늘어난 정보를 처리하면서 뇌는 시간이 더 오래 흘렀다고 판단한다.

Q 똑같은 시간인데 상황에 따라 느끼는 시간이 다르다니 참 신기하다.

A 상황뿐만 아니라 뇌의 신경전달물질도 시간을 느끼는 데 영향을 준다. 도파민이 제대로 분비되지 않으면 시간이 천천히 가는 것처럼 느껴진다. 반대로 도파민이 활성화되면 시간이 빨리 가는 것처럼 느껴진다.

시간에 대한 관심도 시간을 느끼는 데 영향을 준다. 결론부터 말하면 시간이 흐르는 것을 의식하면 시간이 천천히 흐르는 것 같고, 반대면 빨리 가는 것처럼 느껴진다는 것이다. 시계 초침의 움직임을 뚫어지게 바라본다고 해보자. 한바퀴 도는데 걸리는 시간, 즉 1분도 꽤 길게 느껴질 것이다. 반대로 재미있는 영화를 보고 있다면 1시간도 순식간에 지나간다. 온 정신이 영화를 보는데 몰두해 있기 때문이다.[77]

Q. 재미있는 일을 하면 집중하게 되고 집중할수록 시간은 쏜살처럼 간다. 그럼 인생이 짧아지는 것 아닌가?

A 좋은 지적이다. 당장은 그렇게 느껴질지 모르지만, 장기적으로는 충실한 경험을 한 시간이 더 길었던 것으로 기억된다. 기억에서 느껴지는 시간은 정보의 양에 비례한다. 시간의 길이와 관련해서는

---

77. 영국 신경심리학자 제니퍼 코울은 우리가 어떤 일에 정신을 빼앗기고 있을 때 머릿속에서 어떤 일이 일어나는지 연구했다. 그녀는 빈 화면에 얼룩이 나타나 빨강색에서 분홍색 사이의 색깔로 여러 번 변하다가 사라지는 장면을 피험자들에게 보여주었다. 그리고 피험자들에게 어떤 색깔의 얼룩이 모니터에 얼마나 머물렀는지를 말하라고 했다. 실험이 반복되자 피험자들은 흘러가는 시간 대신 점점 더 색깔에 관심을 기울였다.
첫 번째 실험을 할 때 코울은 컴퓨터단층촬영으로 운동과 단기기억을 관장하는, 그리하여 시간 감각이 유래하는 두뇌 중추의 활동이 활발해지는 것을 확인했다(그래서 피험자들이 시간이 많이 흐른 것처럼 느꼈던 것이다). 하지만 실험이 반복되고 피험자들이 색깔에 주의를 기울이면서 이런 신호는 약해졌다. 이제 피험자들은 얼룩이 나타나는 시간이 더 짧아졌다고 대답했다. 다시 말해 코울은 시간에 대한 그들의 관심이 말 그대로 꺼져가는 것을 관찰할 수 있었다. 그리고 그들이 더 이상 시간에 관심을 갖지 않자 시간은 마치 무시당한 것에 앙갚음이라도 하듯 질주하기 시작했다.
우리가 일에 몰두할 때도 비슷한 일이 벌어진다. 때로는 배가 꼬르륵거려야 비로소 반나절이 지나간 것을 의식하게 된다. 시간은 순식간에 지나간다. 우리가 일에 몰입하여 시간 신호에 주의를 기울이지 않았기 때문이다. 슈테판 클라인, 시간의 놀라운 발견, 78. 류영주, 뇌과학에 의한 자기계발법(상), 130-133.

나중에 보상받을 수 있다는 말이다. 아무것도 안 한 주말을 생각해 보라. 돌이켜보면 그 시간이 쏜살같이 지나간 것처럼 느껴지지 않았나? 반면 시간을 쪼개 뭔가를 한 날은 하루가 꽤 길었던 것으로 기억됐을 것이다.

빨리 지나간 시간은 추억으로 보상되고, 지루한 시간은 망각으로 보상된다.

똑같은 시간인데 상황에 따라, 관심에 따라 느끼는 시간이 다르다니 참 신기하다. 그런데 이보다 더 신기한 건 '시간을 멈출 수 있다'는 사실이다. 마법의 힘을 빌리지 않고도 시간을 멈출 수 있다. 그건 바로 자기가 좋아하는 일에 푹 빠져드는 것이다. 기분이 좋아질 뿐 아니라 시간조차 존재하지 않는 것 같다. 열정적인 글쓰기로 유명했던 하인츠 콘잘리크는 무려 155권에 달하는 책을 저술했다.

> "나는 내 소설의 등장인물들과 줄거리 속으로 빠져들어 갑니다. 시계가 가리키는 시간도 음식도 휴식도 없지요. 여덟 시간 또는 열 시간 동안 타자기를 두드리고 나면 완전히 지치게 됩니다. 그러면 이제까지 내가 머물던 세계에서 우리의 세계로 다시 돌아오기 위해 20여 분의 시간이 필요하게 됩니다."
>
> - 하인츠 콘잘리크

시간을 느끼는 것은 이성이 발휘하는 능력이다. 이 말은, 시간을 내 맘대로 조절할 수 있다는 것이다. 우린 어떤 시간을 길게 느낄 것인지, 짧게 느낄 것인지를 조종할 수 있다. 기다리는 시간에 잡지를 들추어보면 시간은 금방 지나간다. 우리가 시간에만 주의를 기울이지 않기 때문이다. 또한 치과치료를 받을 때 머릿속으로 다른 생각을 함으로써 긴장을 덜 수도 있다.

Tip ▶▶▶

✔ **나이 들수록 시간이 빨리 가는 이유**

시간은 나이에 따라서도 다르게 느껴진다. 아이들이 느끼는 하루와 어른들이 느끼는 하루는 다르다. 나이가 들수록 시간이 빨리 가는 것처럼 느껴진다. 어른들은 종종 이런 말을 한다.

"어릴 적에는 설날이 지나고 생일이 오기까지 너무나 길었는데 지금은 시간이 얼마나 쏜살같은지……"

왜 그런 걸까? 똑같은 시간인데 왜 나이가 들수록 시간이 빨리 가는 것처럼 느껴질까?

영국 케임브리지대 가이 브라운 교수는 이 현상을 대사율의 차이로 설명한다. 대사율은 일정 시간에 동물이 만들어내는 에너지의 양이다. 아이들은 단위 그램 당 대사율이 성인보다 높다. 따라서 맥박이나 호흡이 빠르다. 동작도 민첩하고 분주하다.

브라운 교수는 "아이들은 어른보다 더 빠른 속도로 사는 것처럼 보인다"며 "이들에게는 세상이 매우 늦게 돌아가는 것처럼 보일 것"이라고 말한다.

기억의 기능도 시간을 느끼는 데 영향을 준다. 기억 속에서 불러올 수 있는 정보가 적으면 적을수록 그 시기를 더 짧게 느낀다는 것이다. 만약 나이가 들어도 계속 색다른 경험을 하고 주의를 집중해 처리할 일이 많다면 상황은 달라질 것이다.

그러나 우리는 시간을 연장하는 기술에는 친숙하지 못하다. 행복한 순간에 우리는 시간 신호에 주목하지 않는다. 그 이유는 시간이 빨리 지나가는 게 싫어서일 것이다. 하지만 기분 좋은 순간들이 결코 영원할 수 없음을 앎으로써 우리는 시간의 귀중함을 깨달을 뿐 아니라 시간의 감각도 변화시킬 수 있다. 시간과 관련된 수많은 놀라운 현상 중 특히 매력적인 것은 시간이 날아가고 있음을 의식함으로써 시간을 연장시킬 수 있다는 사실이다.[78]

78. 슈테판 클라인, 앞의 책, 82. 류영주, 앞의 책, 134-135.

뚝딱뚝딱~ 째깍째깍~ 시계는 지금도 가고 있다. 언제나 쉬지 않는다. 하지만 시간은 내가 어떻게 보내는지에 따라서 짧게 줄어들거나 쭉쭉 늘어날 수도 있다.

시간은 미래 희귀자원

가장 무서운 과소비는 시간의 과소비다. - 전헌호

세계미래회의(WFS) 티머시 맥 회장은 "시간이 가장 값지고 희귀한 자원 중 하나가 된다"며 "미래엔 한정된 시간 안에 경험해야 할 것이 너무 많아 먹는 것과 보는 것 등 경험한 단위에 투자하는 시간이 점점 짧아진다"고 말했다. 그래서 앞으로 시간이 돈보다 값진 자원이 되는 '시간 부족(Time Famine, 시간 기근) 사회'가 올 것이라고 예언했다.

초고속 열차와 비행기, 시공간을 뛰어넘는 인터넷이 등장했지만 도리어 인간들은 갈수록 헐레벌떡하고 있다. 정해진 시간 안에 처리해야 할 정보가 너무 많아졌기 때문이다. 실시간으로 변하는 기술도 따라잡아야 하고, 덩달아 1인당 노동생산량은 엄청나게 늘고, 시간당 임금도 높아졌다. 시간이 돈이라는 얘기다. 값비싼 시간에 여러 가지를 압축적으로 하려 드니 당연히 삶이 팍팍해질 수밖에.

Q. 시간 부족현상은 어떻게 나타나나?

A. 요즘 생일 축하 파티를 어떻게 하는가? 패밀리 레스토랑 직원들이 불러주는 짧은 축하 노래와 인스턴트 음식으로 때운다. 몇 초를 아끼려 붉은 신호등에 횡단보도를 뛰어가고, 맛을 느끼기도 전에 음식을 꿀꺽 삼켜 버리며, 맥도날드 드라이브 스루(Drive Through, 차에 탄 채 음식을 주문하고 받는 서비스)를 찾는다. 운전하면서 휴대전화로 대화하고, 음악을 듣고, 샌드위치를 먹는다. 앞으로는 이런 현상이 더 심해질 것이다.

쫓기면 스트레스가 증가한다. 일본 도요타자동차를 보자. 통계에 따르면 도요타의 20만 근로자 중 12만4000명이 만성 피로를 호소하고 있다. 회사가 어느 부서를 더 잘라야 하는지를 고민하기 때문에 직원들이 스스로 업무량을 늘리고, 생산을 가속화한다. 미국에서도 20~35%의 직장인들이 기계에 감시당하고 있다. 이런 식으로 일에 있어 극도의 효율성을 추구하다 보면 여가의 부족을 느낀다. 인간은 이 불균형을 맞추기 위해 레저에도 효율성을 추구하려고 든다.

이제는 여유 있는 배낭여행 대신, 단시간에 많은 것을 경험하는 '패키지 투어'가 인기를 끌고 있다. 시간이 많이 투입되는 글쓰기나 명상보다 스트레스를 단번에 날리기 위한 드라이브, 쇼핑에 대한 선호가 높아지고 있다. 시간이 아까워 보다 많은 것을 하려다보니 생기는 현상인데, 이러면 오히려 스트레스와 피로가 더 누적된다.[79]

2 시간은 없고, 할 일은 많고–시간 활용법

신입생 시절이 어떻게 지나갔는지 모르겠다. - 대학 2학년

졸업이 목전에 다가왔다. - 대학 3학년

내일모레면 나이가 '계란 한 판'인데 제대로 이뤄놓은 것 하나 없다. - 대학 4학년

Q 할 일은 많고, 시간은 없다!

A 아니다! 무언가를 하고자 하면 시간은 생겨난다. '시골의사'란 필명으로 이름난 경제평론가 박경철. 그는 매일 아침 2시간씩 라디오 방송, 주 1회 TV 프로그램을 진행하는 방송인이고, 신문과 잡지에 고정칼럼만 15개를 쓰는 칼럼니스트다. 전국을 누비며 해야 하는 강연이 월 평균 30건이고, 토요일엔 반드시 안동의 병원에

79. 신지은, 조선일보, 2007. 1. 15 참조.

내려가 본업인 진료를 한다. 더구나 그는 매년 1~2권의 책을 펴내는데, 그냥 가벼운 책이 아니라 항상 베스트셀러 목록에 오르는 깊이 있는 저서들이다.

Q 비결이 뭔가? 한 사람이 하나도 제대로 하기 힘든 수준의 일을 소화하는데.

A 그는 말한다. "전 2000년 0시를 기해 전 다섯 가지를 끊었습니다. 술, 담배, 골프, 유혹, 도박입니다. 이 중 금연이 마지막까지 잘 안 되더군요, 그래도 술 안 먹고 골프 안 하고 딴 마음 안 먹으니까 시간이 많이 남아요. TV는 원래 안 보았고요. 그 시간에 책 보고 글 쓰고 하는 거죠. 책은 하루에 한 권 정도 읽어요. 화장실, 이동하는 차 안 등 토막시간마다 책을 펼치죠. 매년 10월에 책 한 권씩 내는 게 목표이기 때문에 매일 200자 원고지 20~30장 분량의 글을 써서 저장해둡니다. 이렇게 생활하다 보면 1인 다역을 할 수 있어요. 제가 가장 싫어하는 말이 '시간 없다'입니다."[80]

여러분은 어떤가? 혹시 '시간이 없어서' 반드시 해야 할 일을 못하고 있지는 않은가?[81]

시계의 노예에서 시간의 주인으로

효과적인 시간 활용법을 살펴보자. 신체의 리듬, 지각과 사고의 메커니즘을 고려한 시간 활용법이다. 우리는 신체의 리듬과 조화되는 생활을

80. 김난도, 아프니까 청춘이다, 200-202 참조.
81. 김난도, 앞의 책, 202.

통해 정신적으로나 감정적으로 강해질 수 있다.

❶ 제한된 시간에 무엇을 할 것인지 스스로 결정하라.

그래야 힘든 일도 견딜 수 있다. 부담 없는 일을 하며 다른 사람의 리듬에 맞출 때보다는 힘든 일이라도 자신의 리듬에 따라 주체적으로 할 수 있을 때가 더 행복한 법이다. 스트레스는 자신의 시간에 대한 주도권 상실에서 비롯되기 때문이다.

❷ 여유를 만들라.

우리는 그저 빨리 살려고만 한다. 아무 것도 이룬 것이 없으면 시간을 낭비한 것으로 여겨버린다.

주민들이 한가롭게 거닐 수 있느냐 없느냐에 따라 그 지역의 정신건강을 가늠할 수 있다. - 세바스티안 데 그라치아/철학자

우리는 '얼마나 빨리 가느냐'는 전통적인 시간관리법에 얽매여 '어디로 가고 있느냐'는 인생의 나침반을 잃어버리고 있다. '어떤 일을 얼마나 빨리 하느냐'하는 것보다는 '무슨 일을 하고 왜 그 일을 하고 있느냐'를 더 중요하게 생각하라. - 스티븐 코비/컨설턴트

❸ 소중한 것을 먼저 하라.

너의 인생, 너의 삶의 각본, 너의 동기, 너의 소중한 것들, 너의 배경을 기꺼이 검토해 보라. 이 순간 멈추어 서서 마음과 가슴속에서 나오는 내면의 소리를 들으라. 그런 후에 '긴급한 일'이 아닌 네게 '소중한 일'을 하도록 하라.[82]

82. 스티븐 코비, 소중한 것을 먼저하라, 200-201.

자기점검

현재 나의 삶에서 가장 좋아하는 것과 가장 싫어하는 것 혹은 가장 중요한 것과 가장 중요하지 않은 것의 리스트를 작성한 다음, 실제 나의 시간과 에너지를 어느 곳에 바치고 있는지 생각해 보라. 어떤 것에 대해 가장 중요한 일이 아니거나 가장 중요한 일이 되어서는 안 된다고 굳게 마음먹었음에도 불구하고, 가장 중요한 사항이 된 것이 무엇이 있을까?[83]

❹ 순간에 충실하라.

시간의 길이는 우리가 그 시간에 어느 정도의 정보를 받아들여 기억하느냐에 따라 달라진다. 따라서 깨어 있는 지각은 시간을 연장시킨다.[84] 20대에 에이즈 환자가 된 청년이 있었다. 그는 각종 약들로 삶을 견디고 있었는데 이런 말을 했다.

> "저는 1년 후, 10년 후를 계획할 수가 없어요. 기가 막히잖아요. 아직 20대인데…… 저는 1분 후에는 뭐 할까, 10분 후에는 뭐 할까를 생각해요."

우리는 모두 그 청년과 같은 태도로 지금을 살아야 한다. 내가 지배할 수 있는 1분, 10분을 살아야 하는 것이다. 다음 주의 일을 벌써 걱정하며, 심지어 10년 후의 일로 스트레스를 받으며 지금 내 앞의 1분을 오염시켜서는 안 된다. 매 순간을 최상의 것으로 만들자.

83. 로버트 라이시, 부유한 노예, 317-319.
84. 깨어 있는 지각은 기분도 고양시킨다. 뇌 속에서 지각을 조종하는 시스템은 즐거움과 호기심을 유발하는 시스템과 연결되어 있기 때문이다. 그러므로 현재에 집중할 때 우리는 가장 행복하다.

조금씩, 조금씩 부서지는 시간을 속절없이 흘려보내면서 '너무 바빠서 시간이 없다'는 핑계는 대지 말라. - 김난도/행정학자

⑤ 생체시계를 맞추라.

우리 몸에서 벌어지는 모든 일들은 생체시계에 의해 조절된다. 때문에 하루 중 어떤 시간도 다른 시간과 바꿀 수 없다. 우리의 몸은 모든 시간에 고유의 색을 선사한다. 생체시계를 따르는 것은 자연의 박자에 순응하는 것이기도 하다. 효율적인 생체시계 활용법을 소개한다.

- **어려운 판단은 이른 아침에** : 기상 1, 2시간 전부터 스트레스 호르몬인 코티졸이 많이 분비된다. 이 호르몬작용으로 기상직후엔 혈당수치가 올라가고 뇌에 에너지가 충만해지고 자신감이 넘친다. 따라서 이 시간대가 어려운 문제를 풀기에 좋은 시간이다.
- **전략적 결정은 늦은 아침에** : 체온이 올라가고 집중력이 최고조에 달하며 뇌가 정보를 처리하기에 가장 좋을 때다. 오랜 고민거리를 풀기에 좋다. 어려운 문제라도 자신감이나 본능적 판단을 해야 할 때는 이른 아침에, 정밀한 분석이 필요한 일은 늦은 아침이 좋다는 것.
- **설득이나 사과는 식사 전·후에** : 사람은 식사나 귀가 전에는 긴장이 풀리는데 이때 설득하거나 며칠 뒤 약속을 신청하면 성사될 가능성이 크다.[85]

85. 류영주, 뇌와 마음, 214-215. 이지은, 대학생활 매뉴얼A+, 66-67.

지금까지 시간의 실체와 시간 관리법에 대해 알아보았다. 이 내용이 재미있었다면 시간이 빨리 갔을 것이다. 시간은 미스터리다. 누구에게나 주어진 시간은 같지만 뇌가 어디에 관심이 있는지, 정보량에 따라, 또 나이에 따라 느끼는 시간이 다르다니 신기할 따름이다.

대학생 시절은 인생의 황금기, 청춘기다. "금실로 짠 옷은 돈 주고 얻을 수 있지만, 청춘은 다시 얻을 수 없다." 알찬 대학생활 되길 바란다.

V. 건강관리

건강은 인간의 가장 기본적인 덕이요, 제일 소중한 재산이다. 건강이라는 인생의 기초가 튼튼해야만 우리는 활동적인 인생, 승리하는 인생을 건설할 수 있다.

> 건강을 유지하는 것은 자기에 대한 의무인 동시에 사회에 대한 의무다.
>
> - 벤자민 프랭클린/정치인

"돈을 잃으면 조금 잃는 것이요, 용기를 잃으면 많이 잃는 것이며, 건강을 잃으면 모든 것을 잃는 것이다."

돈은 없다가도 벌면 또 생긴다. 그러므로 돈을 잃는 것은 인생의 적은 것을 잃는 것이다. 그러나 용기를 잃으면 인생의 많은 것을 잃는 것이다. 역경을 이기고, 시련을 극복하고 유혹을 물리치고, 목표에 도전하고, 난관을 돌파하고, 신념대로 행동하는 것은 모두 용기가 있기 때문이다. 그러므로 용기를 잃는 것은 인생의 많은 것을 잃는 것이다. 그러나 건강을 잃으면 인생의 모든 것을 잃는 것이다. 건강을 잃기 전까지 우리는 그 소중함을 잘 모른다. 젊은 대학생들은 특히 그렇다. 여러분은 자신의 건강에 얼마나 자신이 있나?

강건하고 원기 왕성한 젊은이에게 큰 인생이 다가온다. 아무리 뛰어난 천재라도 기본 체력이 없다면 무용지물이다. 끝에 가선 결국 체력 싸움이기 때문이다.

1 건강도 스펙

– 체력 받쳐줘야 두뇌 회전도 잘 된다

체력이 나쁘면 머리도 안 돌아간다. 뇌도 팔, 다리와 같이 엄연히 신체의 일부다. 체력이 좋고 기운이 넘쳐야 팔, 다리 등 다른 신체부위의 힘이 강해지듯이, 뇌의 기능도 체력과 기운이 좋아야 계발될 수 있다. 머리를 쓴다는 것은 가장 에너지를 많이 필요로 한다. 뇌는 다른 그 어떤 기관보다 더 많은 영양소를 사용하는데, 우리가 섭취하는 음식의 약 5분의 1이나 된다. 1분당 750mL의 혈액을 공급받아 혈액이 가져온 당과 산소를 사용한다. 엔진이 약한 자동차로는 빨리 갈 수도 오래 갈 수도 멀리 갈 수도 없다. 마찬가지로 약한 체력으로는 뇌를 빨리 돌릴 수도, 오랫동안 돌릴 수도 없다.

체력은 나를 하버드로 보낸 일등공신

튼튼한 체력과 강한 정신력으로, 자신의 가능성에 도전하는 금나나.[86] 그녀는 타고난 건강 체질에 운동을 매우 즐긴다고 한다. 특히 오래달리기를 가장 좋아한다.

4~5일간 계속되는 중·고등학교 시험기간 때였다. 체력이 부족한 아이들은 하루 이틀 벼락치기로 밤샘공부를 하며 버티다가 3일째 되는 날부터 백기를 들었다. 하지만 금나나는 5일 내내 3시간씩 잠을 자며 강행

86. 금나나는 2002년 경북대학교 의대 재학 중 미스코리아에 출전하여 제46회 미스코리아 진(眞)에 뽑혔다. 그 후 미국으로 유학, 하버드대에 진학 생물학을 공부했다. 2007년 한국 로레알-유네스코 여성생명과학진흥상 특별상을 수상했으며, 하버드대 보건대학원(박사과정)을 졸업했다.

군을 해도 끄떡없었다.

"내 체력의 원천은 무엇보다 아버지로부터 물려받은 튼튼한 신체 덕분이고, 또 하나는 왕성한 식욕 덕분이에요. 나는 잘 먹는 아이였죠. 혐오음식만 아니라면 뭐든지 가리지 않고 맛있게 먹었어요. 지금도 나는 먹는 것으로 스트레스를 훌훌 털어버리고 그것으로 동시에 에너지를 충전합니다. 여기에다 운동을 통해 체력을 더욱 보강했어요. 운동을 하며 알게 된 것은, 더 이상 하지 못할 정도로 숨이 차오를 때, 거기서 멈추면 체력은 제자리걸음이라는 것. 육체적으로는 엄청 고통스럽지만 바로 한계점을 뛰어넘는 순간, 체력이 급상승해요. 한계점을 넘은 후 발끝에서 머리끝까지 순식간에 전달되는 짜릿한 느낌은 말로 형용할 수 없답니다."

그래서 금나나는 운동을 꾸준히 하면서도 시기마다 목표량을 늘리는 것을 잊지 않았다. 러닝머신의 경우, 20분에서 시작해서 하루에 1분씩 늘려 100일 만에 2시간을 뛰었다. 체력이 향상되는 걸 몸소 체험했다.

"체력은 나를 하버드로 보낸 일등공신이에요. 그러나 문제는 지금부터에요. 내가 미국에서 생존하려면 미국 아이들이 5시간 공부할 때 나는 10시간 공부할 수 있는 체력이 있어야 해요. 특히 외과는 체력의 한계에 도전하는 학문이라는 말을 수도 없이 들었어요. 보통 2-3시간, 어려운 수술의 경우 10시간 이상을 꼬박 매달려야 하니 보통 체력으로는 불가능해요. 여자 외과의사가 드문 이유도 남자들과의 체력경쟁에서 지기 때문이라고 합니다."

하지만 금나나는 다른 건 몰라도 체력에서만큼은 지지 않을 자신이 있다고 한다. '은근하게, 꾸준히 하다가 마지막에 파워풀한 체력으로 밀어붙이라'는 오래달리기 전략은 그녀의 생존전략이 될 것이다.

운동이야말로 한 인간의 '생산성'을 최고로 유지하는 데 가장 중요한 자기관리 방식이다.

2 운동이 총명한 뇌를 만든다

미국 시카고 네이퍼빌 고교의 아침 풍경은 색다르다. 아침이 되면 학생들은 체육관으로 모여든다. 0교시 체육수업을 받기 위해서다. 학생들은 강도 높은 운동을 한 다음 교실에서 수업을 받는다.

Q 힘든 운동이 다음 수업에 지장을 주지 않을까?

A 학생들은 "운동을 한 뒤, 정신이 밝아져서 더 집중이 잘된다"고 했다. 1999년 TIMSS(수학 · 과학 학업성취도 국제비교평가)에서 과학 1위, 수학 5위의 놀라운 성적을 기록했다. 문학, 수학 등 주요 과목에서도 꾸준한 성적 향상의 효과를 보고 있다.

운동하면 실핏줄 늘어난다

운동과 성적 향상의 관계는 뇌과학으로 증명되고 있다. 뇌가 활동하려면 에너지가 필요하다. 여러 실험에 따르면 운동하면 뇌에 공급되는 혈류량이 많아지는 걸로 나타났다.

실험 1

피험자(중학교 2학년)를 대상으로 15분 동안 운동을 하게 한 뒤, 뇌를 MRI 영상으로 찍자 운동 전보다 더 많은 혈관이 보였다(가천대 뇌과학 연구소의 실험).

실험 2

원숭이 24마리를 대상으로 실험한 결과, 지속적으로 운동하면 뇌에서 특정 부위의 혈관이 증가하고 인지능력이 향상되는 걸로 밝혀졌다(고려대 유임주 · 미국 일리노이주립대 연구진).

연구진은 원숭이 24마리를 세 무리로 나누었다. 한 무리는 20주 동안 운동을 시켰고, 한 무리는 20주 동안 운동시키고 12주를 우리에서 쉬게 했으며, 세 번째 무리는 우리에서 쉬게만 했다.

이후 이들 원숭이의 뇌를 꺼내 약물로 염색한 다음 현미경으로 팔다리의 운동을 총괄하는 '중심앞이랑'의 혈관 부위 변화를 측정했다. 그 결과 꾸준히 운동한 그룹은 운동을 안 한 그룹에 비해 실핏줄(모세혈관)의 수가 15% 많았다. 운동을 한 뒤 쉰 무리는 원래 상태로 돌아갔다.

Q. 혈관과 뇌 활동과의 관계는?

A 혈관이 증가하고 더 많이 성장하게 되면 산소가 풍부한 혈액을 뇌 신경세포에 더 많이 전달할 수 있다. 뇌는 산소를 매우 많이 소비한다. 산소 대사 작용은 에너지의 주요 수단이다. 산소가 원활히 공급돼야 근육이 더 많은 일을 할 수 있는 것처럼 뇌 역시 산소가 원활히 공급돼야 제대로 활동할 수 있다.

운동 → BDNF[87] 촉진 → 뇌세포 퇴화 예방

혈관 증가 → 혈류량 증가 → 산소, 포도당 증가

→ 신경세포 활동 증진

실험 3

캘리포니아대 칼 코트만은 운동이 뇌에서 BDNF 호르몬 분비를 촉진시켜 뇌세포 기능 퇴화를 막아준다고 밝혔다. 특히 전두엽, 측두엽, 두정엽 등 3부위의 기능이 유지될 수 있다. 55세가 넘은 55명을 대상으로 MRI로 이 3개 부위를 조영했다. 그 결과 운동으로 건강한 체구를 가진 사람과 그렇지 않은 사람 사이에 차이가 뚜렷하게 나타났다. 특히 두 가지 형태의 뇌조직인 백질과 회백질에서 차이가 두드러졌다. 신호를 뇌 전체에 전달하는 신경섬유가 들어 있는 백질과 학습과 기억을 관장하는 뇌세포를 돕는 회백질은 나이가 들면서 수축되며 그에 비례해 뇌의 인식기능도 저하된다.

운동 직후, 어려운 과목 공부하라

뇌세포가 더 많이 재생되고 이것이 뇌발달 증진으로 이어진다면 더할 나위 없다. 하지만 뇌세포가 재생됐다고 능사는 아니다. 지속적으로 반복학습을 하는 등 환경 자극이 없으면 세포는 활력을 잃고 생존확률도 떨어진다.

---

87. BDNF는 'brain-derived neurotrophic factor'의 약자로 뇌유래신경영양인자를 말한다. BDNF는 뇌내 시냅스들의 강도를 증가시키고 보조한다.

Q 재생된 뇌세포를 유지하려면?

A 다른 뇌세포들과의 연결, 즉 시냅스를 만들어야 한다. 뇌는 각 부분의 기능을 따로 볼 것이 아니라 뇌세포가 연결된 신경망을 통해 발현되는 기능이 중요하다.[88] 반복 자극을 통해 신경연결을 강화해야 장기적인 학습능력이나 기억력이 향상된다.

실제로 실험에서도 운동을 한 쥐에서 새롭게 생성된 뇌세포는 시간이 지나자 활력이 줄어들고 생존확률도 떨어졌다. 반면, 운동을 지속한 경우 세포 활력이 증가했다. 운동효과가 사라지기 전에 공부를 하라는 것이다. 그렇게 해야 성적 향상에 도움을 줄 수 있다.

운동으로 새로운 뇌세포를 만들고 좀 더 어려운 공부와 반복으로 시냅스를 단단하게 만들라.[89]

규칙적인 운동

Q 운동을 하긴 해야겠는데 시간을 낼 수가 없다.

A-1 시간을 내서 운동하나? 나는 매일 30분씩 속보를 한다. 비가 오나 눈이 오나. 별것 아닌 것 같아도 매일 하니 체중이 유지된다. 매일 세수하잖아. 세수하듯 운동하면 된다. MT 갔다고 세수를 거르지는 않잖아. 꼭 새벽에 할 필요는 없다. 자기 전에 하는 것

88. 뇌세포들이 네트워크로 많이 연결돼 있으면 뇌에서 더 많은 양의 정보를 동시에 처리할 수 있다. 그런 이유로 뇌 크기나 모양보다는 뇌세포의 효과적인 연결이 지능에 더 중요하다고 본다.
89. 이정훈, 과학동아, 2013년 3월호 참조.

도 숙면에 좋다. 무조건 규칙적으로 하면 된다.

A-2 나는 특별히 하는 운동은 없지만 매일 아침 반신욕을 20분 정도 한다. 벌써 3년 됐는데, 체중 관리에도 좋고 정신력도 강해졌다. 반신욕을 하지 않으면 하루가 찌뿌듯해서 견딜 수가 없다.

A-3 나는 매일 아침 108배를 한다. 계절에 상관없이 할 수 있어 좋다. 하루도 거르지 않고 일 년 했는데 장단지가 운동선수 같다.

A-4 나는 매일 산에 간다. 한 3시간 정도 걸리는데, 땀을 흠뻑 흘리고 나면 정신이 다 맑아진다.

이상은 대기업의 CEO급 임원 10여 명을 대상으로 건강 비결을 조사한 결과다. 이들의 건강 비결은 값비싼 회원제 헬스클럽에 가거나 진귀한 보약을 먹는 것이 아니다. 조깅이나 걷기, 등산이나 108배, 반신욕처럼 돈 한 푼 들이지 않고 할 수 있는 운동이다. 그들은 이런 소박한 운동을 거르지 않고 '꾸준히'하는 남다른 비법을 실천했다.[90]

●●● 적용 ●●●

적어도 한 가지 이상의 운동을 꾸준히 한다. 일주일에 3일 이상은 한 시간 이상 땀을 흘릴 정도의 운동을 한다. 걷기, 달리기, 등산을 비롯하여 어떤 운동이라도 좋다.

90. 이상훈, 습관의 기적, 더난(2008), 142-144 참조.

3 명사들의 특별한 건강비법

세계 바둑계의 황제 조훈현 9단. 그는 1,500번의 대국을 통해 한국바둑의 역사를 바꿔놓은 기록의 사나이다. 그는 냉혹한 승부의 세계에서 20년 세월 동안 한국바둑의 정상을 지켜냈다. 한국바둑의 역사를 이끌었을 뿐만 아니라 세계 3대 대회의 그랜드 슬램이라는 신화적인 기록으로 세계바둑의 물줄기를 한국으로 돌려놓았다.

언제나 '승자'였던 그에게도 시련은 찾아왔다. 제자 이창호에게 최고위 타이틀을 빼앗긴 때였다. 그 후 그는 무너졌고 1994년에 대왕 타이틀을 잃으며 마침내 무관의 제왕으로 전락하고 말았다. 사람들은 조훈현의 시대는 갔다고 생각했다.

하지만 조훈현은 빼앗긴 정상의 자리를 되찾기 위해 노력을 아끼지 않았다. 가장 시급한 것은 체력이었다. 바둑에서의 승부는 기량보다는 정신력과 체력의 싸움이다. 보통 10시간의 대국을 두고 나면 체중이 2~3kg 빠진다고 할 정도로 체력은 승부의 관건이다. 조훈현은 시간 날 때마다 산에 올랐다. 체력의 걸림돌은 담배였다. 하루 두세 갑, 대국이 있는 날이면 4갑까지 피웠던 골초 조훈현은 그렇게 좋아하던 담배마저도 하루아침에 끊었다. 자신과 치열한 싸움을 벌였다. 그 결과 1997년에 불사조처럼 다시 일어섰다. 1997년 4월 바둑왕전, 5월 배달왕전, 9월 명인전에서 불굴의 투혼으로 이창호를 누르며 정상의 고지를 탈환했다.[91]

91. 정강진, 성공시대-성공한 사람들의 고난과 역경 그리고 성공, 세진기획(1998), 37 이하.

'신의 목소리' 조수미의 건강비법

"제 별자리는 전갈자리예요. 전갈자리는 예술적 재능을 타고나고 집념도 강해 결국 자신의 세계를 이룩하고 만다고 해요. 무대는 운도 따라야 되고, 언어도 잘해야 하고, 건강해야 하는데 전 삼박자가 잘 맞아왔어요."

성악가 조수미의 말이다. 늘 무대에 서는 가수에겐 건강이 가장 중요하다는 그녀는 목소리를 호수에 비유한다.

"잔물결 하나 일지 않고 잔잔해야만 최상의 목소리가 나와요. 잔바람이라도 불던가 나뭇잎 하나만 떨어져도 호수엔 파문이 일어요. 목소리도 그와 같아요. 몸이 조금만 피곤해도 민감한 사람의 귀엔 차이가 느껴져요. 감기라도 걸리면 그건 최악이죠. 그러니 산책이나 수영이 휴식이라기보다는 목소리를 지키기 위한 투자인 셈이죠."

"지난 몇 년간 단 한 번도 편안하게 쉬어보질 못했다"는 조수미는 쉬어야겠다는 생각조차 없이 앞만 보며 달려왔다. 세계정상에 오른다는 것은 아무리 재능이 뛰어나다 하더라도 쉽지 않다.

정상을 계속해서 지킨다는 것은 정상에 오르는 것보다 열배쯤 어렵다. 잠시라도 마음의 긴장을 풀었다가는 힘들게 오른 산에서 순식간에 미끄러지는 것이다. 그러니 그녀에게 휴식이란 고작해야 집 부근의 공원을 산책한다든가 수영장엘 다닌다거나 쇼핑을 하는 정도였다. 언젠가 지휘자 카라얀이 말했다고 한다.

"너무 연주에만 매달리지 말고 자신에게 헌신하는 시간을 많이 가지도록 하세요."

자신에게 헌신하라는 말은 철저하게 휴식을 취하라는 것이다. 물론 철저한 휴식이란 그 이전에 철저하게 자신의 일에 몰두했을 때만 가능한 것이다. 일에 완전히 몰두했다가 어느 순간 그 팽팽한 끈을 탁 풀어버리는 것, 그것이 바로 진정한 휴식이다. 휴식은 갇혀 있던 정신의 봇물을 트는 것이다.

"아름다운 노래를 부르기 위하여 때로는 머릿속에 떠오르는 악보마저 지우고 철저하게 자신 속으로 침잠하는 일이 필요해요. 무심히 자연을 바라본다든가, 아무 생각 없이 자신의 마음속을 응시한다든가."

조수미는 이탈리아 사르데냐섬을 즐겨 찾는다고 한다. 1년 동안 무대에서 소진할 에너지를 거기서 재충전한다.

"해마다 여름이면 그곳을 찾아 열흘 동안 바닷가에서 낚시를 하며 휴가를 보내요. 전화도 잘 안 되는 섬마을에서 순박한 할아버지, 할머니들과 함께 지내다 돌아오면 제 자신이 깨끗하게 정화되는 느낌이에요. 푹 쉬고 나면 악보들도 머리에 쏙쏙 들어온답니다."

철학자 칸트의 건강비법

임마누엘 칸트는 평상시 자신의 생활습관에 극도로 주의를 기울였다.

칸트는 육체라는 기계를 원활하고 순조롭게 움직이기 위해서 노이로제에 가까울 정도로 끊임없이 자신의 건강 상태를 관찰했다.

칸트는 키가 약 150cm에 체중은 50kg 정도로 왜소했다. 세계적인 철학자였지만 목소리에 기운이 없고 항상 자신감이 결여된 태도를 보였다. 일설에 의하면 그의 흉곽은 새가슴이었고 오른쪽 어깨가 변형돼 있었다고 하는데 어렸을 때 영양실조 때문일 것으로 추측된다. 이처럼 건강체질과 거리가 먼 칸트가 장수했던 것은 무엇보다도 건강을 소중히 여긴 그의 생활태도 덕분이었다(사실 칸트는 건강하지 않았기에 더욱 관심을 가지고 건강을 챙겼다).

18세기 최고의 현인으로 손꼽혔던 칸트는 80세까지 학문에 전념할 수 있을 정도로 건강을 유지했고, 숨을 거둘 때까지도 학문에 대한 생각을 하면서 죽었다. 그것은 결코 우연이 아니다. 시계보다도 더 정확하다는 말을 들을 정도의 규칙적인 생활과 산책 및 노력의 결과였다. 이같은 생활은 마을 사람이 그의 산책 시간을 보고 시각을 가늠할 정도로 규칙적이었고 절제돼 있었다.[92]

칸트는 밤 10시가 되면 반드시 침대에 누워 잠을 청했다. 머리를 사용해야하는 일은 잠자기 15분 전에 반드시 중단했다. 그러지 않으면 깊이 잠들지 못할 가능성이 있기 때문이었다. 다음날의 지적 생활을 위해 충분한 수면을 확보하려한 그의 습관이다.

기상은 새벽 5시 정각. 아침식사로 칸트는 차 두 잔을 마셨다. 그는 늘 소식했고, 술도 포도주 한 잔 이상은 절대 마시지 않았다. 그의 철저

92. 칸트가 살던 쾨니히스베르크 시민들이 그를 보고 시계의 시각을 맞췄다는 이야기는 유명하다. 그가 단 한 번, 장 자크 루소의 『에밀』을 읽느라 산책 시간을 어겼다는 이야기도 있다.

한 식습관에는 예외가 없었다. 매력적인 여인이 식사 자리에서 『순수이성비판』에 대해 물으려 하자, "휴식 공간에서는 일에 관한 대화를 하고 싶지 않소"라며 딱 잘라버렸다는 일화가 있다. 정찬은 정확히 오후 1시에 시작해 3시가 넘어서 끝났다. 평생 결혼을 하지 않았던 칸트는 35년간 단골 식당에서 식사를 했었지만 1790년부터는 자택에서 식사를 하게 되었다.[93]

칸트는 혼자 산책을 즐겼는데 혼자 걷는 것을 좋아한 이유도 건강에 있었다. 동행이 있으면 어쩔 수 없이 말을 해야 하는데, 말을 하면 입으로 호흡을 해야 하고, 입으로 호흡을 많이 하면 기침이 나거나, 감기가 걸리고, 목이 쉬며, 폐에 이상이 생긴다고 믿었던 것이다.[94]

> 내가 생각하는 행복의 조건은 이렇다. 첫째 어떤 일을 할 것, 둘째 어떤 사람을 사랑할 것, 셋째 어떤 일에 희망을 가질 것! - 칸트

생각 나누기

칸트를 떠올리며 '좋은 생활습관'을 갖는 것에 대해 생각해보자!

슈바이처의 건강비법

슈바이처는 아프리카로 떠나기 전까지 유럽 최고의 지성으로 손꼽혔다. 그는 성 니콜라이 교회 목사이자 스트라스부르 대학교 교수로서 『예수 생애 연구사』라는 20세기 최고 신학 명저를 남긴 학자이자 저술가였

93. 점차 학문 토론의 장으로 발전한 칸트의 식사초대 역시 규칙이 있어서 무슨 요일에는 누구와 식사를 한다는 것이 미리 정해져 있었다.
94. 이재담, 조선일보, 2005. 6. 8. 서울아산병원, '철학자 칸트의 웰빙', 2011. 4. 18 참조.

다. 파이프오르간 연주와 바흐 연구에 있어서도 독보적인 음악가였다.

그렇지만 슈바이처는 그 모든 재능과 보장된 기회를 뒤로하고 질병으로 고통 받는 사람들을 치료하기 위해 의사가 될 결심을 했다. 38세에 의학박사 학위를 받은 그는 아프리카 흑인들이 의사가 없어 고통을 당한다는 사실을 알고 1913년에 아프리카 가봉의 랑바레네에 자력으로 병원을 개설했다.

그곳은 무덥고 기후조건이 나빴고 병원에서의 그의 일과는 만만치 않았다. 진료와 회진, 목수일, 약상자 운반, 편지쓰기……. 그럼에도 그는 활기찬 몸과 마음을 유지했다(1965년 9월 4일 90세로 타계). 그 이유 중 하나는 의사로서 다른 사람의 건강뿐 아니라 자신의 건강에도 관심을 갖고 주의하며 생활했던 것에 있다. 그는 항상 좋은 일만을 생각하면서 부지런히 활동하고, 파이프오르간 연주 등 정서적인 활동에도 관심을 보였다.

웃음치료의 창시자 노만 커즌스는 '창조성과 장수'라는 글에서 슈바이처의 건강과 창조성의 관계를 분석했다. 커즌스가 슈바이처를 만났을 때 그는 80세를 넘겼으며, 개인적인 일에 몰두해 있었다. 커즌스는 말한다.

> “
>
> 슈바이처는 어떤 병에도 가장 좋은 약은 자신이 해야 할 일이 있고 여기에 더해 훌륭한 유머 감각을 가지는 것이라고 믿어왔다. 슈바이처의 진수는 목적과 창조성이었다. 몸과 마음을 사용하려는 홍수 같은 동기가 그의 다양한 기술과 흥미들을 활성화시켰다. 랑바레네에 있는 그의 병원에서 일하는 그를 관찰하면서 인간의 목표가 초자연 쪽으로 경계를 확장시키는 것을 느낄 수 있었다. 병원에서의 평소 일과는 진료와 회진, 상당히 힘이 드는 목수일,

무거운 약상자 운반, 답장쓰기, 끝내지 않은 악보에 대한 시간 할애, 피아노 연주 등 이루 다 열거하기가 어려웠다.

나는 슈바이처의 방갈로로 가까이 다가갔는데, 희미한 등불이 비추는 피아노 앞에 앉은 그의 실루엣을 바라볼 수 있었다. 그의 힘찬 손은 작품 전체를 완전히 손에 넣고 있었고, 그는 자신의 무게와 가치를 지닌 각 음표를 완전하게 나타내기 위해 필요한 바하의 요구들을 모두 충족시키고 있었다.

연주를 끝낸 후 그는 건반에 가볍게 손을 얹고 쉬며, 그의 머리는 아직도 머무르고 있는 울림을 잡으려는 듯 앞으로 숙여졌다. 요한 세바스찬 바하는 보통 세 사람 몫을 해야 하는 병원에서의 압박과 긴장에서 그를 자유롭게 해주었다. 그는 음악에서 늘 찾을 수 있었던 창조성과 정돈된 광휘의 세계로 회복되었다.

슈바이처는 회복되고, 재생되고, 향상됨을 느꼈다. 그가 일어났을 때는 이미 구부정한 흔적은 없었다. 음악은 바로 그에게 약이었다. 그러나 음악만이 그의 유일한 약은 아니었다. 유머가 또 한편에 있었다. 슈바이처는 기온과 습도와 긴장을 줄이는 방법인 열대치료의 한 형태로 유머를 즐겨 사용했다. 병원에서 젊은 의사와 간호사들의 삶은 수월하지 않았다. 슈바이처는 그것을 알았고 그들의 정신에 자양분을 공급하는 임무를 맡으려 했다.

나는 젊은 의사들과 간호사들이 그날 저녁 식탁에서 일어날 때까지 기분이 좋았고, 음식에 의해서라기보다는 그 분위기에 의해 더 생기 있게 된다는 사실을 눈치 챘다. 그의 유머는 살아있는 자양분이었다.

”

다음은 슈바이처가 인생에서 중요하게 여긴 가치들이다.

- 이상과 열정을 기억하라[95]
- 감사를 표현하라
- 만남을 소중히 하라
- 타인을 존중하라
- 가슴을 따르라
- 열네 살로 살아라

95. 이 중 슈바이처가 가장 강조하는 것은 좌우명에 해당하는 "이상과 열정을 기억하라"다. 세월은 얼굴에 주름을 만들지만, 열정 없는 삶은 영혼에 주름을 만든다. 나이가 들어 늙는 것이 아니라 꿈의 결핍으로 늙는다고 하지 않던가. 여러분의 생각은 어떤가? 여러분은 '가슴 뛰는 삶'을 살아가고 있나?

VI. 수면관리

대학생 1,845명의 수면 형태를 파악하고 학점을 조사한 결과, 4명 중 1명이 한 번 이상의 수면장애를 겪은 것으로 나타났고 수면장애가 없는 학생에 비해 학점도 낮은 것으로 나타났다.

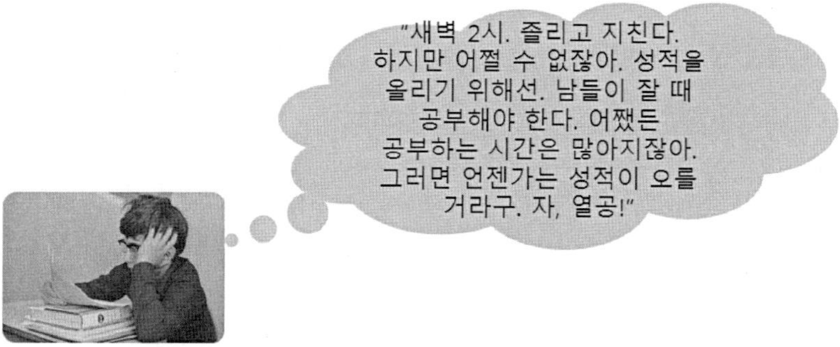

1 잠을 줄이면 성적도 준다

윌리엄 셰익스피어는 잠을 '그날그날의 삶의 최후'라 하였고 새뮤얼 존슨은 잠을 '저항할 수 없는 마취'로 보았다. 이와는 반대로 과학자들은 잠자는 동안 뇌 활동이 활발하다는 사실을 발견했다. 이것은 뇌파검사(EEG)가 잠자는 사람의 뇌파연구에 사용된 1920년대와 1930년대에 대두

되기 시작했다. 이 연구로 잠자는 사람의 뇌파는 하룻밤 동안 다양하게 변화한다는 사실을 밝혀냈다.

뇌파, 눈의 움직임과 근육의 긴장 정도에 따라 잠은 렘수면(REM, Rapid Eye Movement)과 비렘수면(NREM, Non-Rapid Eye Movement)으로 나뉜다. 렘수면은 '빠른 눈 운동 잠'으로 눈알이 빠르게 움직이는 단계를 말한다. 비렘수면은 눈 운동이 일어나지 않는 단계를 말한다.

잠을 청하면 비렘수면 상태가 먼저 나타나고, 비렘수면은 다시 4단계로 나뉜다. 비렘수면의 각 단계는 감각중추가 억제되는 정도에 따라 뇌파의 파형이 바뀌는 현상으로 구분된다.

- 1단계 : 얕은 잠으로 잠을 청하고 30초~7분정도가 걸린다.
- 2단계 : 보통 깊이 잠으로 전체 잠의 약 50%를 차지한다.
- 3, 4단계 : 가장 깊은 잠인 잠에 곯아떨어진 상태. 고단하면 이 단계에 머무는 시간이 증가한다. 이때의 잠을 '서파수면(slow-wave sleep)'이라 부른다. 이때 뇌에서는 성장호르몬이 하루 중 가장 많이 분비된다.[96]

96. 낮에는 특정한 호르몬이 소비되는 반면 깊은 수면 중에는 내분비계에 새로운 호르몬이 생산된다. 앞서 소개한 성장호르몬을 비롯해 T임파구를 강화하는 엔도르핀, 암세포 공격에 효과적인 NK(내츄럴 킬러)호르몬, 코티졸 등이 분비된다. 이 중에서 코티졸은 세포의 활동을 자극하는 호르몬으로 부신에서 분비된다. 이 호르몬은 잠자는 동안 이른 새벽에 분비량이 증가해 아침 6~8시가 되면 최고량에 도달한다. 그리고 저녁에는 코티졸의 농도가 가장 낮아진다. 아침에 깨어나면 몸에서 활기가 넘치고 저녁에 이르면 컨디션이 '가라앉는'것은 코티졸에 의한 현상이다. 류영주, 뇌과학에 의한 자기계발법(상), 114-116.

비렘수면에 이어 렘수면 상태가 나타난다. 렘수면은 약 90분~100분 동안 지속되며 하루저녁에 4~5회 정도 주기가 반복된다. 렘수면은 전체 잠의 20%를 차지한다. 렘수면 중에 깨워보면 꿈을 꾸고 있는 경우가 흔하며, 깨어난 사람들은 꿈을 생생히 기억하는 경우가 흔하다.[97]

2 뇌는 깨어 있다!

과거에 사람들은 잠이 드는 순간 불이 꺼지듯 뇌의 기능이 정지되었다가 잠에서 깨어나는 순간 다시 켜지는 것이라고 생각했다. 꿈은 깨기 직전에 잠깐 꾸는 것이라고 생각해 왔다. 하지만 1950년대 초 수면연구의 개척자인 너새니얼 클리트만은 뇌가 정지된 상태와 같다는 수면의 개념을 완전히 뒤바꾸는 발견을 했다. 즉 잠을 자는 동안에도 뇌가 깨어 있다는 것을 밝혀낸 것이다. 그는 수면의 어떤 시점에서 눈이 빠르게 좌우로 움직인다는 것을 발견했다. 이 단계가 앞서 본 렘수면이다.

렘수면 상태의 몸은 깨어서 활동하고 있는 상태와 거의 같다. 단지 근육이 완전히 풀어져 있는 것만이 각성상태와 다를 뿐이다. 뇌 활동도 증가하여 당대사량이 늘어난다.

렘수면의 특이한 양상에 의해 "잠이 단순히 수동적으로 휴식을 취하는 것이 아니라, 깨어있을 때처럼 능동적으로 움직여가면서 뭔가를 창조적으로 만들어내는 작업을 한다"는 추론이 나왔다. 예를 들어 잠이 기억과 학습에 중요한 역할을 한다(기억증강설)는 보고가 있다. 이 설에 의하면 렘수면 동안에 뇌에서는 낮시간에 받아 들였던 복잡다단한 시청각적 정보

97. 류영주, 앞의 책, 115-116.

들을 일목요연하게 정리하면서 필요한 것은 장기 기억장소로 옮겨서 보관하고 쓸데없는 것은 기억에서 제거해 버리는 활동을 하는 것으로 알려져 있다.[98]

Q. 그래서인지 밤새 졸음을 참으며 벼락치기로 공부한 내용은 시험만 끝나면 싹 잊혀지더라.

A 렘수면 단계를 거치지 않았기 때문이다. 뇌에 일시적으로 저장된 정보로 시험을 치르긴 했지만 제대로 정리가 되지 않았기 때문에 며칠 지나면 그 정보가 흩어져 버리는 셈.

3 암기과목은 렘수면, 체육은 서파수면에서 강화

최근엔 렘수면 외에도 거의 모든 수면 단계가 학습능력과 밀접하게 관련이 있다는 주장이 나오고 있다. 실제로 벨기에 리에주대 필리페 페이뉴 연구진은 3, 4단계의 깊은 잠까지 잘 자고 나면 다음날 공간지각 능력이 더 향상된다는 연구결과를 발표했다.

과학자들은 암기과목처럼 머리를 써서 얻는 지식은 주로 렘수면에서, 길 찾거나 자전거 타기처럼 몸으로 익히는 학습능력은 3, 4단계에서 각각 강화된다고 보고 있다.

98. 새, 쥐뿐 아니라 사람에게서도 렘수면을 방해하면 전날 배운 내용들을 제대로 학습하지 못한다. 또한 학습훈련이 많아지면 렘수면이 길어진다는 보고도 있다. 류영주, 앞의 책, 116-117.

> 이제까지 기억을 공고하게 하는데 작용하는 유전자는 렘수면상태에서만 작용한다고 알려져 있었다. 그러나 서파수면의 긴 시간 동안엔 총을 장전하고 겨누는 과정처럼 개별 기억이 다시 떠오르고 증폭되며, 짧은 렘수면 때 마침내 방아쇠를 당기듯 기억을 공고히 하는 유전자가 작동되는 상호 보완적인 관계다. - 시다르타 리베이로/미 듀크대

4 내 몸에 맞는 생체시계 공부법

생체시계와 인체기관의 관계를 살펴보자. 뇌 뿐 아니라 인체기관도 시간에 따라 기능이 달라진다. 바로 생체시계 때문이다. 생체시계는 햇빛의 양에 따라 호르몬 분비와 체온을 조절한다. 햇빛이 완전히 사라진 오후 9시면 생체시계가 뇌하수체에서 수면을 유도하는 '멜라토닌'을 분비하도록 시킨다. 반대로 빛이 들어오는 오전 7시에는 멜라토닌 분비를 멈추도록 해 잠을 깨운다.

그렇게 해서 '각성'과 '수면'이 이뤄진다. 특히 오전 8시부터 오후 11시까지 생체시계는 수면 충동을 높인다. 오후 11시부터 다음날 오전 8시까지는 오히려 각성 충동을 증가시킨다.

수학 · 과학은 오전 8시에서 오후 2시

Q 하루 중 머리가 가장 맑은 상태는?

A 오전 8시부터 오후 2시까지. 이때는 수면 충동보다 각성 충동이 높은 상태로 집중력과 논리적 추리력이 가장 높다. 그 시간엔 머리를 많이 쓰는 일이나 빠르게 처리할 일을 하는 게 좋다. 보통 수학, 과학 공부가 알맞다. 오후 2~3시에는 졸음이 온다. 각성 충동과

수면 충동이 만나는 시간대이기 때문이다. 따라서 집중력, 기억력이 모두 떨어진다. 억지로 공부하는 것보다 10분 정도 낮잠을 자는 것이 다시 공부를 시작하는 데 도움을 준다.

오후 3시부터는 세로토닌과 엔돌핀 같이 기분을 좋게 만드는 호르몬이 많이 분비된다. 이 때 평소 싫어하는 과목을 공부하는 것이 좋다.

Q 8시 이후엔 수면 충동이 각성 충동보다 높다. 이 시간에 공부하는 것은 효율적이지 않겠다.

A 꼭 그런 것은 아니다. 수면 충동이 각성 충동보다 높다고 해서 공부에 방해가 되는 것만은 아니다.

Q 이 시간엔 어떤 공부가 좋은가?

A 소리에 민감해지기 때문에 영어 같은 어학 공부를 추천한다. 많은 작곡가들이 밤 작업을 즐기는 이유도 이 때문인지 모른다.[99]

99. 신선미, 과학동아, 2011년 6월호 참조.

밤샘 벼락치기는 No!

대학생활을 하다보면 밤을 새야하는 때가 종종 있다. 시험을 위해 공부해야 하거나 제출해야 할 보고서가 있을 때. 그럴 땐 단호한 결의를 하고 새벽 내내 공부를 하다, 아침 해가 뜨기 직전에야 끝낼 수밖에 없다. 하지만 밤을 새는 것은 절대 피해야 한다! 밤을 새는 경우에는 두 가지 문제점이 생긴다. 우선, 새벽 2시쯤 되면 정신은 과열된 토스터처럼 스르륵 꺼진다. 졸음을 꿋꿋이 참으며 책과 노트를 본다고 해서 그것이 '공부'라고 생각한다면, 슬프게도 큰 착각을 하고 있는 것이다. 걸핏하면 밤을 새는 학생은 책을 보면서도 정신이 마비될 것 같은 고통스런 상태에 빠져 자기도 모르게 곧잘 다른 생각에 빠진다. 밤을 새면 아침까지 5시간 더 공부할 수 있을 거라 생각하겠지만, 실제로는 1시간만 공부하고 나머지 4시간은 멍청하게 시간을 낭비하는 셈이다.

그리고 밤샘의 후유증. 밤을 샌 다음 날, 사람들은 모두 바보가 된다. 시험을 잘보고, 수업에 집중하고, 운동을 하는 등의 일을 할 수 있는 능력이 아예 사라지는 것이다. 또한, 하룻밤을 꼬박 새우면 다음날 하루 전체를 제대로 보낼 수 없을 뿐만 아니라 그 이후 며칠 동안도 수면패턴이 흐트러져 자고 싶어도 일찍 잠자리에 들지 못할 것이다.[100]

잠자고 있는 정신은 완벽한 판단력으로 가는 길을 열어준다.

- 키레네의 시네시우스/주교

100. 칼 뉴포트, 대학생활 백서, 이영선 역, 한안(2005), 177-178.

기억력 높이려면 푹 자라

잠을 푹 자면 뇌가 사소한 기억을 스스로 없애 다음날 새 정보를 저장할 공간을 만든다. 워싱턴대 연구진은 사람과 수면 패턴이 비슷한 곤충인 초파리를 이용해 잠과 기억력 사이에 어떤 관계가 있는지 실험했다. 초파리는 뇌세포 사이에서 전기신호를 주고받는 시냅스에 기억력을 담당하는 단백질을 쌓아 놓는다. 시냅스가 일종의 기억력 저장고 역할을 하는 것이다.

> 초파리가 잠에서 깨어났을 때 기억과 관련된 정보를 많이 처리했던 시냅스는 잠을 자기 전보다 약해졌고, 정보량이 적었던 시냅스는 사라졌다.
>
> \- 워싱턴대 연구진

자는 동안 자기 전에 기억하고 있던 내용 일부분을 잊어버리고, 중요하지 않은 기억은 아예 지워버린다는 뜻이다. 이미 저장돼 있던 기억을 없애면 빈 공간이 생겨 자고 일어났을 때 새로운 기억을 저장할 수 있다. 이는 이메일 편지함을 비우는 것과 같다.

우리는 하루에도 수십 통, 수백 통의 이메일을 받는다. 때로는 수많은 이메일 속에서 원하는 메일을 찾는 데 애를 먹기도 한다. 뇌 속도 마찬가지. 우리는 깨어 있는 동안 수많은 새로운 시냅스를 연결하지만, 이 모든 연결이 중요하거나 유용한 것은 아니다. 따라서 수면의 역할은 깨어 있는 동안 연결된 무수한 시냅스의 연결고리들을 중요도에 따라 정리해 주는 것이다.

뇌는 무한대로 새로운 시냅스를 만들 수 없다. 밤을 새우는 벼락치기는 지워야 할 기억을 지우지 못해서 효율이 떨어지는 현상을 불러온다.[101]

101. 이정아, 과학동아, 2009년 5월호 참조.

잠 부족 ▶ 고난이도 일 회피

수면 시간이 줄어들면 낮에 딴 일을 많이 한다는 보고도 있다. 학생을 대상으로 실험을 진행했다. 96명의 학생들은 실험 전날 수면 상태를 모니터링 할 수 있는 팔찌를 찬 채 잠을 잤다. 다음 날 아침, 학생들에게 대학 교수직에 지원한 사람의 42분짜리 시범 강의 동영상을 보여주고 컴퓨터에서 그 사람의 강의 능력을 평가하게 했다.

평가에 사용한 컴퓨터는 인터넷에 연결돼 있었기에 학생들은 동영상을 보며 언제든지 인터넷에 곁눈질을 할 수 있었다. 수면 팔찌로부터 얻은 정보와 학생들이 진행자 몰래 인터넷에 접속한 시간을 따져 보니, 전날 밤에 잠을 많이 못 잤거나 수면의 질이 떨어지는 학생일수록 인터넷을 하며 딴 짓을 많이 했다. 수면 부족이 뇌를 많이 사용해야 하는 일을 회피하게 만들고 뇌가 부담이 덜 가는 방향으로 사람들을 유도해 생산성을 떨어뜨렸던 것이다.[102]

잠은 다음 날 새로운 나로 살아남기 위한 필수적인 과정이다. 7~8시간 이상 충분히 잘 시간을 확보하자.

잠에서 깨어나는 것은 언제나 새로운 탄생과 같다. - 프로이드

잠은 '근심이란 뒤엉킨 실타래의 풀린 끝을 묶는 것'이다. - 셰익스피어

잠에서 깨어났을 때 느끼는 첫 느낌이 그날의 컨디션을 좌우한다.
- 브루노 콤비

102. 유정식, 과학동아, 2013년 5월호 참조.

5 삶의 질은 잠의 질

하루의 활력은 바로 전날 밤 얼마나 질 좋은 잠을 잤는가에 달려 있다 해도 과언이 아니다. 따라서 잠에 대한 세심한 배려가 있어야 한다. 그렇다면 얼마나 자야 건강에 좋을까? 개개인의 생활습관과 건강상태에 따라 다를 수 있겠지만, 다음날 활동에 지장을 주지 않는 정도의 시간이 적정 수면시간으로 생각하면 된다.

에디슨의 수면시간은 하루 3~4시간. 그는 잠은 곧 사치이자 시간낭비라고 생각했다. 하지만 상대성 이론을 발표한 아인슈타인의 하루 수면시간은 무려 10시간. 그는 특히 중요한 연구를 해야 할 때는 11시간까지 잠을 잤다고 한다. 아인슈타인을 보면 많이 잔다고 해서 무능하다고는 말할 수 없다. 자는 동안 새로운 착상이나 발견을 한 사람들을 보면 수면시간이 단순히 낭비 시간은 아닌 것이다. 화학자 케큘레는 육각형 벤젠의 고리의 힌트를 난롯가에서 풋잠을 자면서 꾼 꿈에서 얻었다. 꿈에서 탄소와 수소 원자가 결합된 긴 사슬이 뱀처럼 움직이다가 어느 순간 뱀 한마리가 자신의 꼬리를 물어 고리를 만드는 것을 본 것이다.

> 잠을 거부할 때마다, 잠을 자는 사이에 떠오르는 메시지를 무시할 때마다, 무의식이 고통받고 자기 자신의 일부가 고통받는다. - 브루노 콤비

적절한 잠은 건강을 유지하는데도 필수적이다. 세계 장수촌 연구에서 장수 노인들의 평균 수면시간은 8시간 내외였다. 국내 장수 노인들을 대상으로 한 연구에서도 장수 노인들은 8~9시간 정도의 수면을 취하고 있었다. 하루 4시간 이하의 수면을 취할 경우 7~8시간을 자는 사람보다 향후 6년 이내에 사망할 확률이 남성은 2.8배, 여성은 1.5배로 높게 나타났다.

국내 통계자료에 의하면 성인 남녀 모두 평균 수면 시간이 6.5시간으로 대부분의 사람들이 잠이 부족한 상태다. 잠이 부족하면 집중력이 저하돼 일의 능률이 떨어지고, 면역력이 떨어져 각종 질환에 걸리기 쉽고, 운전 중 사고위험도 증가한다. 실제로 불면증이 있는 사람은 교통사고 발생률이 정상인에 2배에 달한다는 보고가 있다. 1979년 3월 28일 미국 쓰리마일섬의 원자력 발전 사고나 스페이스 셔틀, 챌린저호의 폭발사고도 극도로 수면 부족 상태에 있던 스탭의 판단 미스에 의해 생겼던 것이 밝혀지고 있다.

> 우리가 지금보다 더 많이 병들지 않고 더 많이 미치지 않은 것은 모든 자연의 은총 중에서 가장 축복받았고, 축복을 내려주는 은총, 곧 잠 덕분이다. - 올더스 헉슬리
>
> 잠으로 치유되지 않는 고통은 없다. - 발자크
>
> 산다는 것은 병에 걸린 것과 다름없는데 잠이 그것을 16시간마다 치유해준다. - 샹포르
>
> 자고 있는 인간은 자신의 주변에 시간의 흐름과 세월의 질서를 채워 놓는다. - 프루스트

대학생 25% 수면장애

잠이 안 와 힘들었던 적이 있었나? 깊이 잘 수 없고, 새벽 일찍 잠이 깨어 다시 잠들지 못한 적은 없었나? 통계에 의하면 대학생 4명 중 1명이 한 번 이상의 수면장애를 겪은 것으로 나타났다. 가장 흔한 수면장애는 기면병과 불면증이었고 하지 불안증이 뒤를 이었다. 하지 불안증(restless leg syndrome, RLS)이란 신경학적 수면장애의 하나로 다리와 무릎, 종종 팔

에 발생하는 이상 감각과 함께 사지를 움직이고자 하는 불편한 충동을 특징으로 한다. 환자들은 다양한 방식으로 하지 불안증을 느끼고 표현한다. 욱신거림, 따끔거림, 가려움, 잡아당기는 듯한 감각을 호소한다.[103]

기면병이란 하루를 보내는 동안 대화, 회의, 식사 그리고 다른 일상적인 활동 중에 졸음이 쏟아짐으로써 고통받는 병이며 이러한 장애는 사람을 점점 쇠약하게 만든다. 불면증은 잠드는 과정에 문제가 있는 것이고, 기면병은 깨어있는 상태를 유지하는 것에 어려움이 있는 것으로 이러한 측면에서 기면병은 불면증(insomnia)의 반대인 것으로 생각할 수 있다.[104]

103. 하지 불안증의 원인은 알려져 있지 않지만, 이를 연구하는 사람들은 운동반사와 감각을 제어하는 뇌의 경로에서 발생하는 기능 장애와 관련이 있다고 생각한다. 이런 몇몇 경로는 근육 활동, 천연 아편물질의 생산과 체내 철 농도를 조절하는데 도움을 주는 신경전달물질인 도파민 이동의 영향을 받는다. 도파민, 철, 아편계 물질의 체내 증가는 하지 불안증을 감소시킬 수 있다. 로렌스 J. 엡스타인 M.D., 수면건강과 수면장애, 박용한 외 역, 조윤커뮤니케이션(2008), 198-201.

104. 기면병은 뇌가 수면과 각성 주기를 적절히 조절하지 못해서 발생하는 만성적인 중추신경계의 장애다. 렘수면에 문제를 일으키게 되고 또한 수면과 각성이 적절한 타이밍에 일어나지 못하게 된다. 기면병에서는 수면의 여러 단계를 규칙적으로 거친 후에 렘수면이 나타나게 되는 정상적인 과정이 일어나지 않고, 특이한 시점에서 갑자기 렘수면이 들이닥치게 된다. 그래서 낮에 일상 활동을 하던 도중이라 하더라도 갑자기 잠에 들어 바닥에 누워버리게 되는 상황이 발생하기도 한다. 로렌스 J. 엡스타인 M.D., 앞의 책, 211-212.

6 잘 자는 법

잠이라고 하는 생리현상은 무리하게 윽박지를 것이 아니라 우리가 나름대로 존경을 표해야 하는 어려운 손님과 같다. 현명하게 대해야 보답을 받는다.

- 정도언/수면전문가

❶ 잠에 대한 지나친 집착을 버리라.

불면증이 있는 사람들 대다수가 잠에 대한 애착이 너무 강해서 "잠이 오지 않으면 어떡하지…"하는 불안감에 시달린다. 그런데 이 불안감이 불면증의 원인이 될 수 있다. "오늘은 어떻게 해서든지 잠을 자야한다"는 강박관념이 자율신경을 흥분시켜 각성상태가 지속된다. "잠들지 않아도 괜찮아"하고 편안한 마음으로 누워 있다 보면 의외로 잠이 빨리 온다. 의식적으로 자려고 노력하지 않는 상태에서는 잠이 올 정도로 몸과 마음이 이완되기 때문이다.

❷ 매일 같은 시간에 일어나도록 하라.

아침 기상시간이 일정해야 수면-각성 주기의 리듬이 일정하게 유지된다. 뇌 속에는 수면-각성 주기를 조절하는 생체시계가 있다. 보통 시계처럼 이 시계도 밥을 주어야 제대로 갈 수 있다. 그 시계밥 중에 가장 강력한 자극이 일정한 기상시간이다.

❸ 침대나 침실은 오직 수면을 위해서만 사용하라.

침대에서 책도 읽고 TV를 보기도 하는데, 이처럼 침대에서 다른 일을 하면 할수록 우리 뇌는 침대를 잠을 자는 곳이라기보다 일하는 곳으로 잘못 기억하기 때문이다.

④ 빛을 완전히 차단하라.

불을 켜놓고 자면 수면 호르몬인 멜라토닌이 잘 분비되지 않는다.

⑤ 잠자기 3~4시간 전에 심한 운동은 NO! 하지만 오후 늦게 규칙적인 운동을 하는 것은 숙면에 도움이 된다.

심한 운동은 자율신경계의 각성수준을 높여서 수면을 방해한다. 반면 목욕은 도움이 된다. 목욕은 심신의 긴장을 풀어주기 때문이다. 그러나 뜨거운 탕에 들어가서 하는 목욕은 심신을 자극하고 교감신경계의 활동을 활발하게 하기 때문에 도리어 잠을 달아나게 만든다. 자기 전에 목욕을 할 때는 40~42도 정도의 미온탕에 들어가는 것이 좋다.

⑥ 그래도 잠이 오지 않는다면 따뜻한 우유를 마시라.

우유에는 잠을 촉진하는 물질이 다량 함유되어 있다. 그밖에 숙면을 도와주는 먹을거리를 소개한다.

- 치즈, 바나나, 생선 : 트립토판이 함유된 음식으로 숙면을 도와준다. 트립토판에는 숙면을 유도하는 특성의 아미노산이 들어 있기 때문이다.
- 양파 : 혈액순환을 원활하게 해주는 양파도 숙면을 도와준다.
- 상추 : 흔히 상추쌈을 먹은 후에는 졸립다고 하듯이 상추에는 최면 효과를 가진 성분이 있다. 이외에 라벤더, 로즈마리는 숙면을 유도하는 향기를 지닌다고 알려져 있다.

잠을 못 잔 지 십칠 일째다

－무라카미 소설『잠』

“잠을 못 잔 지 십칠 일째다”라는 문장으로 시작되는 이 소설은 어느 날 갑자기 잠을 자지 못하게 된 가정주부의 일탈에 관한 이야기다. 불면증과는 다른 증상으로, 잠을 못 잤다고 피곤하거나 일상생활에 지장이 있는 것이 아니다. 작품 속의 ‘나’는 치과의사인 남편과 초등학생 아들을 키우고 있는 평범한 가정주부다. 어느 날 악몽을 꾼 이후부터 잠이 오지 않는다.

“나는 잠이 오지 않게 된 그날부터 그동안 못 읽었던 19세기 러시아 소설들을 읽으며 밤의 시간을 영유해나간다. 톨스토이의 ‘안나 카레니나’에 빠져들어 주인공과 브론스키의 존재에 대해, 그리고 톨스토이의 위대함에 심취한다.”

“잠을 못 잔다고 일상이 엉망이 되지도 않는다. 밤이 되면 가족들은 다 잠이 들고, 나는 조용히 침실에서 빠져나와 브랜디를 마시며 러시아 고전문학에 빠져든다. 그러다 갑갑해지면 조용히 차를 몰고 드라이브를 간다. 어느 누구도 나의 일탈을 눈치채지 못한다. 오히려 나는 ‘자신의 인생을 확장해나가고 있다’고 생각한다. 훗날 어떤 대가가 따르더라도 그 시간을 의지대로 쓸 것이라 마음먹는다.”

“한 달쯤 그 ‘불면증 비슷한 것’이 이어졌다. 그동안 나는 단 한 번도 제대로 된 잠을 자지 못했다. 밤이 되어 침대에 들어가, 자아, 이제 그만 자자, 생각한다. 그러면 그 즉시 마치 조건반사처럼 잠이 깨버린다. 아무리 노력해도 잘 수 없었다. 잠을 자려고 의식하면 할수록 거꾸로 눈이 말똥말똥해졌다. 술이나 수면제를 시험해봤지만 효과는 없었다.

새벽녘이 되어서야 겨우 졸음 비슷한 것이 찾아온다. 나는 잠의 테투리쯤을 손끝에 아주 조금 느낀다. 하지만 얇은 벽으로 나누어진 바로 옆방에서 내 의식은 생생하게 깨어 나를 지그시 지켜본다. 내 육체는 흐느적흐느적 옅은 어둠 속을 헤매며 계속 나 자신의 의식의 시선과 숨결을 바로 옆에서 감지한다. 나는 자려고 하는 육체이고 동시에 깨어나려고 하는 의식이었다.”

"밤이 되면 맹렬한 각성이 찾아왔다. 그 각성 앞에서 나는 완전히 무력했다. 나는 강한 힘으로 각성의 핵에 바짝 고정되었다. 그 힘은 너무도 강력했기 때문에 내가 할 수 있는 것은 아침이 올 때까지 가만히 각성하고 있는 것뿐이었다. 밤의 어둠 속에서 나는 내내 눈을 뜨고 있었다. 뭔가를 생각하는 것조차 가능하지 않았다. 시계가 시간을 새기는 소리를 들으면서 어둠이 조금씩 깊어가고, 그리고 다시 옅어지는 모습을 그저 빤히 바라보고 있는 수밖에 없었다.

하지만 어느 날, 그것은 끝났다. 아무런 징조도 없이, 아무런 계기도 없이, 진짜로 갑작스럽게 종료되었다. 아침식사 자리에서 느닷없이 정신이 아득해지는 졸음을 느꼈다. 나는 아무 말 없이 자리를 떴다. 뭔가를 테이블에서 떨어뜨렸던 것 같다. 누군가 내게 뭔가 말했던 같기도 하다. 하지만 아무것도 기억나지 않는다. 나는 비틀거리면서 내 방에 갔고 제대로 옷도 갈아입지 않은 채 침대에 들어가 그대로 깊은 잠에 빠져버렸다. 그로부터 스물일곱 시간을 끊임없이 잤다. 어머니가 걱정스러워서 몇 번이나 나를 흔들었다. 뺨을 때리기까지 했다. 하지만 나는 깨어나지 않았다. 스물일곱 시간, 한시도 눈을 뜨지 않았다."

해설 : 긴 시간 동안 잠을 못 자면 '플래시(flash) 수면'이라고 해서 순간적으로 잠에 빠진다. 이것은 뇌가 자기방위를 위해 강제로 만든 수면으로, 대부분 본인도 깨닫지 못하는 사이에 이루어진다. 이런 강제적이라 할 시스템을 준비하면서까지 뇌는 잠을 필요로 한다.

탐구마당

낮잠, 공부를 위한 에너지 충전

-브루노 콤비, 『하루 15분 낮잠 기술』[105]

건강 증진에 관심이 많은 저자는, 이 책에서 지금까지 낮잠이 게으른 습관이라는 부정적 이미지를 벗어나 새롭고 긍정적인 이미지를 심어준다. 이를 위해 인간의 생체리듬을 파악하고 효과적으로 낮잠 자는 방법과 낮잠이 건강에 미치는 영향, 낮잠으로 향상되는 창조력 등의 내용을 소개한다.

낮잠으로 인해 '창의성', '집중력', '업무 효율성'이 향상되고 몸과 마음이 건강해지는 좋은 습관이라는 사실을 미국, 캐나다, 프랑스 등 여러 연구진의 연구결과를 바탕으로 서술한다.

> 낮잠을 통해 얻는 것이 적어도 여섯 가지나 된다. 기분이 편안해지는 것, 나중에 얻는 만족감, 하루 종일 일이 효율적인 점, 밤 잠 시간 단축, 건강해지는 것, 장수. 예부터 낮잠은 태만과 연관지어 왔는데 이와 정반대로 잘만 이용하면 낮잠은 능률의 원천이 되며, 인생이나 일, 즉 크게 말하자면 국가 경제의 생산성까지 끌어올릴 수 있다. -브루노 콤비

피카소는 침대 옆에 양철판을 놓은 채 붓을 손에 들고 낮잠을 즐겼다고 한다. 낮잠에 투자한 시간은 불과 몇 초. 잠이 들어 손에 들고 있던 붓이 양철판 위에 떨어져 생기는 굉음으로 잠에서 깨기까지다.

105. 이 책의 다음 부분을 참조했다. 4-7, 57, 69, 85-88, 94, 176-181, 187-188, 224.

Q 그것으로 도움이 됐을까? 낮잠의 상쾌함이 그것으로 충분했을까 말이다.

A 그런 것 같다. 피카소가 평생 동안 상당수의 사람들과 교류를 하고 노년까지 정열적인 작품 활동을 한 비결도 순간의 낮잠이지 않았을까. 가벼운 낮잠은 맑은 정신과 가벼운 몸으로 오후 업무에 임할 수 있게 한다. 낮잠의 기술을 익히면 푹 자고 일어난 아침의 상쾌함을 하루 2번씩 느낄 수 있다.

조화와 안락함의 세계로 이끄는 낮잠

낮잠에 대한 얘기를 하자니 놀림거리가 되지 않을까 싶다. 낮잠 또는 낮잠 자는 사람을 소재로 한 우스갯소리가 얼마나 많은가. 나른해서 아무런 의욕도 일지 않는 오후 시간에 취하는 잠깐의 휴식, 고대부터 계승되어온 라틴 민족의 이른바 '나태함'은 언제까지고 웃음거리로 남을 것이다. 그러나 수면과 나태함을 혼동해서는 안 된다! 휴식은 심각하게 생각해보아야 할 문제다. 휴식의 질에 따라 우리 생활은 윤택해지기도 황폐해지기도 한다. 수면을 신성하게 생각하는 종교도 많다.

> 수면은 '신과 인간의 친구'다. -샤를 페기/시인
>
> 잠에 의한 변신으로 우리는 신과 동등해진다. -로베르 데스노스/시인

고대인은 꿈의 열쇠가 바로 안정과 행복에 이르는 열쇠라는 점을 인지하여 낮잠을 장려했다.

낮잠 만세!

Q. 낮잠은 밤에 자는 잠을 희생하는 게 아닐까?

A 그 반대로 낮잠은 생물체의 자연 리듬에 맞도록 잠자는 시간을 나누는 것이다. 그렇게 하면 밤에 자는 시간이 짧더라도 신체에 무리가 없게 된다. 낮잠에서 깨어나면 대단한 에너지와 함께 뭐라 말로 표현할 수 없는 행복감을 온몸 가득 느낄 수 있다. 그 느낌은 엄청난 것이었기 때문에 이 꿈같은 '도구'에 관해서 책을 써야겠다고 다짐했다. 돈이 전혀 들지 않으면서 건강한 생활을 하는 데 큰 도움이 되는 도구, 낮잠에 관해서 말이다.

Q. 혹시 이 책도 낮잠 자다 생각해낸 건가?

A 그렇다. 이 책은 몽환적인 분위기에서 탄생했다. 1989년 9월의 화창한 어느 날, 카리브 해에 있는 말티닉 섬에서 나는 낮잠에 관한 책을 써야겠다고 생각했다. 며칠 동안 그 섬에서 지냈는데, 그 시간을 이용하여 내 인생과 내가 쓴 책들 그리고 앞으로 계획에 대해 분석하기로 마음먹었다. 그날 오후, 언제나 그랬듯이 고운 모래가 깔린 백사장에서 햇볕을 한껏 받으며 식후의 낮잠을 30분 정도 즐겼다.

Q. 원래 잠을 즐기는 편인가?

A 그렇다. 나는 잠자는 걸 무척 좋아한다. 잠은 윈드서핑과 함께 내가 좋아하는 '스포츠'인데 말티닉에서는 이 두 가지를 실컷 할 수 있었다.

앞서 나아가기 위해

인생에서 앞서 나아가기 위해서는 사물의 가장 기본이 되는 것을 무기로 인생의 문을 열어젖혀야 한다. 특히 건강에 관한 한 이 방법이 효과적이다. 배가 고플 때 음식을 먹고, 자신의 몸에 맞는 음식을 고르고, 자고 싶을 때 자고, 신체 리듬을 중시하는 방법 말이다.

Q 모든 동물이 본능적으로 행하는 이 방법을 다시 한번 배워야 한다는 것이 현대사회의 패러독스가 아닐까.

A 건강을 손에 넣기 위해서는 시간이 갈수록 정교해지는 약품에 의존하지 않으면서 그저 자신의 몸, 자신의 욕구, 자신의 신체리듬을 파악하는 것이 중요하다.

본능의 약초가 자라나는 화원으로 치료약을 찾으러 가자.

- 쥘 라포르그/시인

수면의 본능을 조정하기 위해서는 자연에 순응해야 한다.

- 프랜시스 베이컨/철학자

본능의 요구에 따른 수면이 최고의 수면이다. - 브루노 콤비/작가

현명해지는 데 필요한 지식의 수는 매우 적다. 게다가 매우 간단한 것들뿐이다. - 루이 라벨/철학자

잠을 죽인 대가

얼마 전, 중국 상하이 과학원의 류 시이가 프랑스를 방문했다. 그는 서양인의 수면에 관한 행동이 염려스럽다고 했다. "서양인은 충분히 수면하고 있지 않다. 게다가 학생들은 일주일에 몇 번씩 새벽녘까지 춤을 추며 논다. 대체 어찌 되려는 것인가?"라고 했다.

우리는 잠을 죽인 대가로 대체 어떤 행복을 손에 넣으려고 하는가? 그런 짓을 해놓고는 국민의 반 이상이 일생 동안 적어도 한 번은 수면제를 필요로 하고, 정신안정제, 진정제, 커피, 담배, 그밖의 약품을 대량으로 소비한다는 사실에 놀라워해야 하는 것인가?

자기 신체의 소리를 듣지 않고, 생리적 욕구를 만족시키지 않으면서 몸을 혹사하는 사람이 많다. 그리하여 병이 나고, 스트레스를 받는다. 그러면 또 이를 고쳐달라고 의사를 찾아가 기적의 약을 요구한다.

> "나는 학창시절에 점심을 먹은 뒤에 15분은 반드시 낮잠을 잔다는 규칙을 줄곧 지켰다. 그 결과 나는 항상 시험에 쉽게 합격했다. 여러 가지 시험에 합격할 수 있었던 것은 낮잠을 자는 습관 덕분이라고 나는 확신한다. 물리 문제의 해답이나 수학의 증명 방법이 낮잠을 자는 도중에 떠오른 경우가 종종 있었다."
>
> -브루노 콤비

낮잠으로 효율이 오른다

인간의 주의력, 즉 효율은 하루 중 오름과 내림을 반복하다가 오후가 시작될 무렵에 급격하게 떨어진다. 낮잠 시간에 일의 생산성이 떨어지는 것이다. 그렇다면 일하는 것을 잠시 멈추고 휴식한 다음에 활기차게 일을 재개하는 편이 좋을 것이다. 그렇게 하면 일의 효율성이 높아지며 생체리듬을 존중할 수 있게 된다. 실험에 의하면 낮잠은 활력이나 만족감을 높여주고 반사 신경을 예민하게 만들어준다.

Q 반사 신경이 예민해지면 어떤 이점이 있는가?

A 생산 속도가 빨라지고 노동 재해의 위험성이 낮아진다. 낮잠이 주

는 만족감은 인간관계를 원활하게 해주고, 회사 내외의 커뮤니케이션을 용이하게 한다.

동료 중에 불평불만을 입에 달고 사는 사람이 있었다. 그는 매일 밤 나이트클럽에 갔다가 새벽에 잠을 자는 습관이 있었다. 많은 커피와 담배의 도움을 빌리지 않고는 정신을 차릴 수도 없는 지경이었다. 항상 신경이 곤두서 있고, 행복해 보이지 않았으며, 일의 능률도 오르지 않았다. 어떤 반응을 보일지 두려웠기 때문에 동료들은 말을 걸지도 못할 정도였다. 그가 정상적으로 잠을 자고, 적어도 짧은 낮잠으로 수면 부족을 해소했다면 그의 성격은 어떻게 달라졌을까?

기본적인 생리 욕구가 만족되지 못하면 어떤 동물이라도 쉬이 성질이 난폭해지고 예측 불가능한 반응을 보이며, 위협적이고 때로는 같은 종의 동물이라도 위험을 느낀다.

낮잠은 결실이 많은 투자

낮잠은 하루에 초기 투자의 약 10배가 되어 돌아오는 투자다. 효율을 업무 시간으로 환산하여 5배, 단축 가능한 수면 시간으로 환산하면 4.5배. 이런 투자 대상이 어디 있단 말인가? 낮잠 중의 그리고 낮잠을 자고 난 뒤의 안락함은 말할 것도 없고, 장기적인 특전도 있다. 건강과 장수가 그것이다. 앞서 말했듯, 낮잠은 하루 10배, 장기적으론 12배가 되어 돌아오는 투자다. 우리는 자신의 인생과 건강의 관리자들이다. 자신의 시간을 효율적으로 운용하여, 가능하면 건강 자본을 축내지 않도록 애쓰면서 기쁨과 행복을 최대한으로 끌어올리는 일은 모두 자신의 손에 달려 있다.

낮잠이 그것을 도와줄 것이다.

우리는 끊임없이 경쟁하느라 스트레스가 많은 세상에 살고 있다. 그런 만큼 좀 더 빨리 활기를 되찾을 수 있는 방법을 익히는 것이 중요하다.

좋은 낮잠 구별법

Q 좋은 낮잠의 기준은?

A 낮잠에서 깨어났을 때의 정상적인 상태는 활기차고, 에너지가 넘치며, 우주 정복이라도 할 수 있을 기분이다. 이외에 다음과 같은 점이 있다.

- 의식의 감도가 높다. 매우 강하면서 편안한 활기가 전신에 넘친다.
- 시간이 늘어난 기분이다. 낮잠을 잔 뒤에는 시간의 흐름이 다르게 느껴진다. 시간이 늘어난 느낌으로, 매 순간 충실하게 보낼 수 있다.
- 컨디션이 좋다. 모든 면에서 낙관적이 되어, 안정되고 편안함을 느끼며 동시에 의욕을 느낀다.
- 낮잠을 자고 난 후에는 누구에게나 상냥하게 대하고 싶다.

VII. 식사관리

대학생들의 불규칙한 식사습관이 문제가 되고 있다. 많은 학생들이 아침을 거르거나 빵이나 우유 등으로 간단히 대신하기도 한다. 또한 계속되는 연강에 점심때를 놓쳐 늦은 오후가 돼서야 뒤늦은 점심식사를 하기도 한다.

특히 자취를 하는 학생들은 일반 학생들보다 식사를 거르기가 쉽다. 타향에서 4여년 동안 대학생활을 하다 보면 골병이 드는 학생들이 많다. 그 주된 이유는 불규칙한 식습관이다.

아침, 점심, 저녁 세 끼를 챙겨 먹도록 하자. 특히 아침을 거르지 않도록 하자. 뇌를 활동시키는 에너지가 잠자는 중에도 계속 소비된다. 아침이 되면 이 에너지가 고갈되기 때문에 아침밥을 통해 에너지를 공급해야 한다.

1 아침 거르면 뇌도 '꼬르륵'

우리가 먹는 음식은 포도당의 형태로 몸에 영양을 공급한다. 대뇌 활동에도 포도당이 필수적인데 천 억개에 이르는 뇌세포의 에너지원도 바로 포도당이다. 포도당은 식사 후 12시간이 지나면 없어지는데 만약 아침을 거르면 전날 저녁식사로부터 약 15시간 정도 영양공급이 안된 상태

식사 거르면 학습의욕 뚝 - 71.43%

대학생 설문조사

❖ '일주일 동안 아침식사를 며칠정도 먹는가?'

3~4일 정도 먹는다는 학생이 26.1%로 가장 많았으며, 매일 먹는 학생과 하루도 먹지 않는 학생이 19%로 비슷한 수치를 보였다. 다음으로 하루 세 끼 규칙적인 식사를 하냐는 질문에는 54.76%가 '아니오'라고 답해 많은 학생들이 식사를 제 때에 하지 못하는 것으로 조사되었다.

❖ '시간표로 인해 점심을 거르거나 늦게 먹는가?'

66.67%가 그렇다고 답하였고, '식사를 거르고 수업을 들으면 학습의욕이 떨어지는가?'에 대한 질문에는 71.43%가 그렇다고 답하여 대학생의 식습관에서 규칙적인 식사를 하기 힘든 이유로 시간표 상의 이유가 있음을 알았고 적당한 영양섭취와 학습의욕간에 비례적인 상관관계를 찾을 수 있었다.

가 지속된다(3시간 정도의 '포도당 공백 시간'이 생김). 따라서 뇌기능이 떨어지고 집중력이 저하되는 것이다.[106] 아침 식사를 뜻하는 영어 'Breakfast'는 'break'(깨다)와 'fast'(공복)가 합쳐진 말이다. 밤 사이 긴 공복을 깨고 뇌

106. 뇌는 포도당만 에너지로 사용하는 고급 특수기관으로 24시간 무휴로 활동한다. 그런데 뇌에는 포도당 저장 창고가 없기 때문에 필요량을 항상 일정하게 공급해주어야 한다. 공급이 안 되면 수분 내에 뇌기능이 완전 정지되는 위험한 상황이 벌어진다. 뇌를 많이 써야 하는 정신 근로자는 특히 아침에 당 공급을 충분히 해주어야 한다. 뇌는 시간당 5mg을 쓰는 대식한(大食漢)이다. 포도당 공급원은 간장이나 근육에 저장된 글리코겐인데 이 역시 60mg, 12시간 분량밖에 되지 않기 때문에 아침이면 거의 바닥이 난다. 이시형, 이시형처럼 살아라, 비타북스(2012), 156.

에 영양을 준다는 것이다.

미국 학생들을 대상으로 한 연구에 의하면, 아침 식사를 규칙적으로 하는 학생이 그렇지 않은 학생에 비해 이해력·집중력·기억력 등 모든 면에서 나았으며, 공부하려는 의욕도 컸다. 우리나라 대학생 3,600명을 대상으로 한 연구에서도 아침 식사를 하는 수험생의 수능성적이 평균 294점이었던데 반해 일주일에 2회 이하로 아침 식사를 하는 수험생의 경우 평균 275점으로 19점이나 낮았다.

2 아침밥이 몸짱 만든다

아침 식사는 정상 체중을 유지하는 데도 도움이 되는데, 허기진 상태에서 밥을 먹으면 폭식하기 쉽기 때문이다. 뇌에서 출출함을 느껴 이에 대한 보상 심리로 과식하게 된다. 몸 속 위장의 흡수율도 높아지면서 몸 안에 저장되는 지방과 콜레스테롤 양도 늘어나 비만으로 이어질 수 있다.

아침을 거르는 사람의 경우, 아침을 규칙적으로 먹는 사람에 비해 비만인 사람이 많다는 것은 이같은 사실을 증명한다. 미국심장협회 회의 발표에 따르면 매일 아침식사를 하는 사람이 비만에 걸릴 확률은 1주일에 2회 이하의 아침 식사를 하는 사람에 비해 2분의 1정도인 것으로 나타났다. 그러니까 매일 꾸준히 아침 식사를 하는 것만으로도 어느 정도 비만을 피할 수 있다는 것이다.

일본 스모 선수의 살찌는 비결을 아는가? 많이 먹기 때문이 아니다. 비결은 아침을 굶는 데 있다. 이들은 아침을 굶고 11시쯤 엄청난 양을 먹는다. 굶었으니 더 먹을 수 있다.

Q 더 먹기 위해 아침을 굶는다?

A 배고픈 사람은 당연히 더 먹는다. 겨울 보일러 기름을 생각해보자. 기름 보급차가 내일 아침 틀림없이 온다는 걸 알면 아낌없이 불을 때어 훈훈하게 잘 지낸다. 우리 몸도 마찬가지다. 내일 아침 먹을 게 확실하다면 신진, 기초대사를 최대로 가동해 에너지 소비가 많아져 살이 찔 수 없다. 그러나 내일 아침을 굶는다는 걸 뇌가 알고 있는 이상, 대사를 줄여 내일 점심까지 버텨나갈 수밖에 없다. 대사가 줄면 에너지 소비가 줄어든다.

몸은 음식 섭취량이 크게 줄어들면 급격히 위기감을 느끼면서 지방 축적률을 높인다. 심지어 기초대사량까지 크게 떨어뜨린다. 대사량이 줄어든다는 것은 체중을 줄이더라도 조금만 먹으면 금방 체지방이 생긴다는 것을 의미한다. 그래서 굶는 다이어트를 자주 한 사람들은 그렇지 않은 사람보다 기초대사량이 적고, 지방 축적률은 높다.

Q 굶는 다이어트가 실패하는 이유인가?

A 그렇다. 다음 언제쯤 틀림없이 먹을 게 들어온다고 뇌를 안심시켜야 한다. 그러면 에너지도 아낄 것도 없고 또 이를 지방에 비축할 필요도 없어 대사를 활발하게 할 수 있게 된다.[107]

당신의 배고픔 신호를 미리 막아 주면 충동적인 행동으로 지방이 배에 급행으로 쌓이는 것을 피할 수 있게 된다. - 마이클 로이젠/의학자

107. 이시형, 이시형처럼 살아라, 153-156 참조.

3 아침밥, 이렇게 먹자!

Q 건강한 아침 식사를 하려면 어떻게 해야 할까?

A 가장 좋은 것은 영양이 골고루 담긴 식단을 짜는 것이다. 하루 섭취 칼로리의 3분의 1이상을 아침으로 먹는 것이 좋다. 아침 식사는 임금님처럼 저녁 식사는 걸인처럼이란 말도 있듯.

적은 양이라도 밥과 떡, 시리얼 등 당질 식품을 먹어 뇌의 에너지원인 포도당을 공급하는 것이 중요하다. 밥, 국, 생선류나 우유, 햄, 계란 등의 식단에 과일을 첨가한다면 포도당은 물론 다른 영양소까지 골고루 섭취할 수 있다.

오랜 기간 아침을 거른 경우라면, 신선한 나물과 과일로 입맛을 돋우어 보라. 일찍 일어나는 습관을 들이는 것도 좋다. 식욕중추는 위와 머리가 깨어 있어야 자극 받기 때문이다.

아침밥이 보약이다. 오늘 아침에 거른 한 끼는 평생 어디서도 다시 찾아 먹을 수 없다!

요약

건강관리는 평소 생활습관에서부터 시작한다. 위에서 제시한 올바른 식습관과 운동, 규칙적인 수면만 잘 취해도 건강 유지에 큰 도움이 된다.

바른 생활습관을 잘 지키는 학생과 그렇지 못한 학생들 사이에 건강과 학업성취의 차이가 있다. 바른 생활습관을 지키면 신체건강은 물론 정서적으로도 안정이 돼 머리도 잘 돌아간다. 자연히 삶에 의욕을 갖게 되고 도전의식 속에서 열심히 대학생활을 할 것이다.

탐구마당

대학생 다이어트, 어떻게 할까?

Q. 21살 대학 새내기입니다. 체중을 줄이고 싶고 대학생활도 즐기고 싶은데 참 힘드네요. 신입생 환영회, 개강파티, 동아리 모임 후 술자리가 잦습니다. 아침은 주로 거르는 편이고 우유나 빵, 선식으로 대충 때울 때도 있어요. 점심은 학교 식당에서 일반식을 하는데 식사량을 줄이려고 하는 편이구요. 운동도 규칙적으로 하려고 노력은 한답니다.

Q. 저는 꽤 바쁜 대학생입니다. 20학점을 3일에 꾹꾹 눌러 담고 남은 4일은 아르바이트로 채웠습니다. 대외활동도 계획 중인데, 이번 방학에 '해외탐방'과 '국토대장정'을 하려고 합니다. 평소와는 다른 새로운 것에 도전해보고 싶고, 취업 시 도움이 될 것이라고 생각하기 때문입니다.

학교와 집이 꽤 멀고, 아르바이트로 바쁩니다. 하루 네다섯 시간 이상 잔 적이 거의 없고, 운동은 별로 하지 않아요. 패스트푸드와 탄산음료를 주식처럼 먹고 삽니다. 체중에 문제가 생기기 시작했어요. 원하는 수준에서 7kg 가까이 상회했답니다.

대학생 85%, "다이어트 경험"

대학생을 대상으로 새해 계획에 대한 설문조사를 실시한 결과, 다이어트라고 응답한 학생이 38.4%로 가장 많았다. 그 다음으로 '영어 공부'로

22%였고 '운동'(12.3%), '독서'(4.7%)가 그 뒤를 이었다(포털 알바몬, 2013년 설문결과).

대학생들은 다이어트에 실패한 이유의 1위는 '의지부족'(48.5%)이라고 답했다. '잦은 술자리나 약속'(20%), '스트레스로 인한 식욕'(18.1%) 때문에 실패했다는 대답도 있었지만 상대적으로 적은 비율이었다. 반면 '영양부족 등 건강상 문제'(8.2%) 등 무리한 다이어트 때문에 그만 둘 수밖에 없었다는 대답도 있었다.

다이어트를 하는 이유로는 '본인의 만족을 위해'한다는 답변이 33.6%로 가장 많았고, '다양한 스타일의 옷을 입고 싶어서'(26.7%) 다이어트를 한다는 답도 적잖은 비율을 차지했다. '건강 관리를 위해'(9.7%)라고 답한 학생들도 있었다(포털 알바몬, 2014년 설문결과).

대다수 대학생들이 원하는 다이어트에 성공하려면 여러 방법이 있는데 먼저 식사량을 줄이고 운동을 하는 게 기본이다. 필자는 최근 『똑똑한 다이어트』라는 제목의 책을 저술했는데, 그 중 일부를 발췌한다.

다이어트 ①계명
– 다이어트엔 적당한 당은 필수!

다이어트는 '인내' '자제'가 대표적으로 많이 필요한 영역이다. 웬만한 자제력이 아닌 이상 버티기 어렵다. 여기서 말하는 자제력이란 자기의 욕망을 스스로 억제하는 힘, 수시로 느끼는 허기를 달래는 힘이다. 그런데 자제력이 활약하려면 포도당(glucose)이 필요하다.

배고픔을 참고 음식을 조절하는 데는 어떤 한정된 '연료'같은 게 사용된다. 이 연료가 실제 우리 몸의 에너지원인 포도당과 유사하지 않을까. 호주 커틴대학 연구진에 의하면, 의지력을 쓰고 난 뒤 포도당 성분의 드

링크를 마신 사람들은 계속 의지력을 발휘할 수 있었지만, 무 칼로리 감미료를 마신 사람들은 여전히 의지력이 방전된 모습을 보였다. 의지력을 발휘하는 데는 에너지가 필요한 것이다.

→ 우리 뇌는 상당한 양의 포도당을 소모하는데 의지력은 이런 뇌 활동 중에서도 특히 많은 양의 에너지를 소모하는 고급 인지능력이다. 게임으로 치자면 MP 소모가 많은 고급 기술.[108]

핵심

1. 의지력의 리소스는 포도당. 의지력은 유독 많은 당분을 필요로 하는 뇌 활동으로 이뤄지는 기술이다.
2. 포도당은 뇌세포 활동에 없어서는 안 될 필수 영양소. 뇌세포는 포도당만을 에너지원으로 쓰기 때문이다.

Q. 뇌의 밥은 포도당인가?

A 그런 셈이다.[109] 포도당이 혈액 속에 들어가면 혈당이 올라간다. 그러면 당을 분해해 에너지로 사용한다. 식사를 하지 않으면 혈액 안의 당분이 감소해 '당분을 주세요!'라고 뇌가 비명을 지르기 시작한다.

이처럼 의지력을 발휘하려면 포도당이 필요하다. 게다가 의지력의 총량조차 한정돼 있다. 쓴 만큼 닳아 없어진다는 것. 배터리처럼 일정한 에너지를 갖고 있다가 고갈되고 다시 충전되는 과정을 반복한다. 따라서 다이어트에 성공하려면 의지력을 잘 비축해야 한다. 가뜩이나 모자란 의지

108. 박진영, 과학적으로 다이어트하기, 과학동아, 2014년 8월호 참조.
109. 사실 뇌는 '포도당 도둑'이다. 그런 의미에서 다이어트 비법 중 하나는 머리를 많이 쓰는 것이다.

력을 여기저기 헤프게 쓰지 않아야 한다. 남의 일에 참견 말고, 복잡한 일에 휘말리지도 말자(이것저것 생각이 많을 때 단것을 더 찾게 되지 않던가).

사소한 일에 에너지를 흘리지 말고 적절한 당분을 지속적으로 보충하자.

Q 나는 아침 조금 먹고 저녁은 안 먹고 밤에 강가에서 운동한다. 운동할 시간이 없으면 먹고 싶은 것 있더라도 참는다.

A 무작정 굶거나 식욕을 지나치게 억누를 경우 되레 낭패를 볼 수 있다. 그 이유도 앞서 말한 의지력과 관련 있다. 지나치게 억누르면 중요한 순간 컨트롤할 에너지가 모자란다. 어디선가 풍겨오는 고소한 치킨 냄새에 와르르 무너지게 될 수도 있다. 실제로 만성적으로 식욕을 억제하며 다이어트를 하는 사람들은 그렇지 않은 사람들에 비해 에너지 소모를 겪게 되면 훨씬 쉽게 음식의 유혹에 넘어간다는 보고가 있다.[110]

굶는 다이어트 → 폭식증

무작정 굶는 다이어트는 폭식증이라는 섬뜩한 부메랑이 돼 돌아올 수 있다. 오랫동안 굶거나 고열량 음식을 불규칙하게 섭취하면 포만감과 배고픔을 조절하는 호르몬 분비에 이상이 생기는데 반복되면 뇌의 '회로'에까지 영향을 미친다. 심한 경우 마치 약물에 중독된 뇌처럼 비정상적으로 활성화되면서 뇌가 먹는 것을 계속 명령하는 상태, 즉 음식 중독이 돼버리는 것이다.

110. 박진영, 앞의 책, 같은 곳 참조.

극단적인 다이어트를 삼가는 자제력이 필요하다. 이런 일을 막기 위해서라도 적당히 당분을 섭취해가며 다이어트를 하자. 우리 뇌 안에 '식탐'이 있다는 걸 인정하자.

극단적인 다이어트로 자제력을 소진하기보다 당분을 충분히 섭취한 다음 확실하고 장기적인 전략에 따라 자기 절제를 해나가는 것이 바람직하다.

다이어트 ②계명
– 다이어트에 집착하면 '병'된다

'뚱뚱한 것은 나쁜 것'이라는 인식이 퍼지면서, 뚱뚱한 사람들이 사회적으로 손가락질을 받게 됐다. 이 때문에 다이어트는 '건강을 위해 하는 것'이 아닌 '누구나 해야 하는 것'이 됐다.

문제는 체중 감량이 필요 없는 사람도 다이어트에 열을 올린다는 것이다. 대한적십자사의 통계에 따르면 여성 10명 중 4명이 영양부족과 체중미달로 헌혈 부적격 판정을 받았다. 실제로 독일 예나 프리드리히 실러대학 의학심리연구소가 736명의 남녀 고등학생과 대학생을 대상으로 비정상적인 식습관에 대해 조사한 결과, 여성의 28.5%, 남성의 12.6%가 비정상적인 식습관을 가지고 있는 것으로 밝혀졌다.

그들은 다이어트, 단식, 운동 또는 체중감량 보조식품을 먹었고, 왜곡된 신체 인식을 가지고 있었다. 그들은 자신의 체질량지수(BMI)를 실제보다 더 높게 받아들여 자신을 뚱뚱하다고 생각했다. 이러한 잘못된 인식에서 비롯된 비정상적인 식습관을 통한 다이어트는 폭식증이나 거식증 같은 섭식장애를 유발할 수 있다.[111]

111. 강경훈, 조선일보, 2014. 6. 27.

뚱뚱함이 비만을 말하는 건 아니다

'뚱뚱'의 의미는 사전 그대로 '살이 쪄서 몸집이 옆으로 퍼지고 굵은 모양'을 의미한다. 하지만 뚱뚱함이 곧 의학적으로 '체질량지수(BMI) 25 이상'이라는 비만을 말하는 건 아니다. 단지 주관적 판단일 뿐이다. 그런데도 사람들은 BMI와 무관하게 자신이 뚱뚱하다고 생각해, 다이어트를 위해 본능과 싸운다. 이는 비만, 뚱뚱함이 의학의 문제가 아닌 문화의 문제이기 때문이다. 기성복이, 이성이, 세상이 보는 눈이 비만 기준에 영향을 미친다.

> 이 시대, 뚱뚱한 사람은 '게으르고 절제심이 없으며 자기 관리를 하지 않는 무능한'자로 취급되지 않는가. - 소설 『아름다움이 나를 멸시한다』 중

비만과 뚱뚱함의 문제가 이렇게 문화와 다른 사람의 판단을 기준으로 하면 어김없이 생기는 폐단이 있다. 소설 『아름다움이 나를 멸시한다』에서 주인공은 서른다섯 번째 생일날, 가족을 버린 아버지가 위독하다는 전화를 받고 다이어트를 결심한다. 어렸을 때부터 아버지에게는 뚱뚱한 모습만을 보인 그는 이제 돌아가실 날이 멀지 않은 아버지에게 달라진 모습을 보여주고 싶어 한다. 다이어트 이론서를 구독하고, 체중계를 사고…… 3일이 지나자 어지럽고, 집중력이 떨어지고, 의욕이 사라진다. 그런데도 주인공은 계속 실행한다. 하지만 아버지 때문에 시작한 다이어트의 결과를 보여주기도 전에 아버지가 세상을 뜬다.

'자신이 건강해지기 위해'하는 다이어트가 아니라 '누구에게 인정받고, 외롭지 않기 위해' 시작한 다이어트는 그 누군가가 사라질 경우 오히려 허무함과 패배감으로 남는다. 이 허무감과 패배감은 폭식을 부르고, 이전

보다 더 뚱뚱해지는 결과로 이어지는 것이 보통이다. 소설 속 주인공은 어느 정도 살이 빠진 모습으로 아버지의 장례식을 찾지만 그곳에서 폭식을 한다. 비만이라는 고독을 극복하려 하지만 결국 고독함을 넘지 못한다.

무리한 다이어트 우울증 유발

무리한 다이어트는 비만세포에 있는 세로토닌을 낮춰 우울증과 자살을 유발할 수 있다. 인제대 박영민 연구진은 자살 의도가 강한 우울증 환자의 혈중 중성지방 수치가 자살 의도가 전혀 없는 우울증 환자에 비해 더 낮게 나타났다고 밝혔다.

연구진은 우울증 환자 73명을 자살 의도가 강한 20명과 자살 의도가 전혀 없는 53명으로 나눠 분석한 결과, 자살 의도군의 평균 혈중 중성지방 수치가 107mg/dl로 자살 비의도군의 156mg/dl보다 30% 정도 낮았다고 설명했다.

연구진은 또 혈중 중성지방과 저밀도콜레스테롤(LDL) 수치가 너무 낮을 경우 세로토닌 기능이 떨어진다고 밝혔다. 세로토닌은 주로 중추신경계에 존재하며 행복의 감정을 느끼게 해주는 물질로 뇌・내장조직, 혈소판, 비만세포에 포함돼 있다. 심한 다이어트를 할 경우 뇌를 구성하는 주요 지방 수치 저하를 유발해 세로토닌 기능을 떨어뜨려 결국 우울증과 자살의 위험성을 높일 수 있다.

저체중은 합병증(예: 폐 질환, 심장마비 등의 심혈관 질환, 근육감소로 인한 골밀도 약화, 영양실조 등)을 유발해 비만보다 사망률을 높인다는 보고도 있다. 캐나다 성미카엘 병원 연구진이 51가지 성인 체질량지수 데이터를 분석한 결과, 저체중 성인의 조기 사망확률이 평균 체형 성인보다 '약 2배(1.8)', 비만 체형 성인보다 '1.2배' 높은 것으로 나타났다.

요즘은 과체중, 비만 문제에만 관심이 쏠린 나머지 저체중에 대한 인식이 상대적으로 부족하다. 이 보고는 마른 체형을 고집하는 현 세태에 건강문제를 재인식시키는 계기가 될 것이다.[112]

생각을 바꿔야 다이어트에 성공한다

먹는 것은 심리 상태와 긴밀한 관계가 있으므로 비만에서 벗어나려면 생각부터 바꿀 필요가 있다. 비만을 부정적으로만 보면 절대 비만에서 벗어날 수도, 날씬해질 수도 없다. 비만을 받아들이고, 순응하고, 타협하자. 비만을 인정하고 나를 위한 다이어트를 해야 비만을 극복할 수 있다. 매일 다른 사람을 의식하면서 끊임없이 다이어트해온 여성보다는 중년 넘어 나온 뱃살 때문에 건강이 걱정돼 나를 위해 다이어트를 시작한 남성의 다이어트 성공률이 더 높은 것을 보면 알 수 있지 않은가.[113]

기대를 버리는 것도 다이어트 성공 지름길이다. 다른 사람에게 예쁘게 보일 것을 기대하는 등 결과나 혜택을 기대하는 마음가짐보다는, '건강을 위해 체중을 유지하겠다'는 구체적인 목표에 집중하는 게 더 효과적이다. 미국 예일대 토마스 콜디츠 연구진은 매해 미국 육군사관학교에서 신입생도를 대상으로 실시하는 설문조사의 내용을 입수해 분석했다. 연구진이 특히 주목한 것은 입학 동기였다. 예를 들어 '장교가 되고 싶었다'는 항목에 '그렇다'고 답한 사람이 있는 반면, '안정적인 직업'이나 '높은 수

112. 조우상, 나우뉴스, 2014. 4. 2.
113. 유형준, 조선일보, 2014. 7. 28.

입'에 이끌렸다고 대답한 사람도 있었다. 연구진은 전자를 '내재적 동기로 군인이 된 경우'로, 후자를 '도구적 동기로 군인이 된 경우'로 분류했다. 그리고 생도들의 사관학교 졸업, 조기진급, 장기복무 여부와 같은 졸업 후 성취도를 조사해 상관관계를 분석했다.

분석결과, 내재적 동기를 가진 생도들은 사관학교를 평균보다 20% 더 많이 졸업했고 20% 더 많이 조기진급을 했다. 반면 내재적 동기와 도구적 동기가 섞인 생도의 경우에는 장기복무 비율이 평균보다 10% 낮았고, 조기진급도 20% 가량 적었다. 연구진은 "도구적 동기와 내재적 동기가 함께 있으면 도구적 동기가 내재적 동기를 방해해 오히려 역효과가 나타난 것"이라고 설명했다.[114]

다이어트에 성공하려면 기대를 버리고, 나를 위한 다이어트를 하자.

다이어트 ③계명
– 푹 자야 날씬해진다

잠과 비만은 '일촌 관계'

숙면도 다이어트에 도움이 된다. 컬럼비아대학 스티븐 헤임스필드가 1만8천여명의 성인을 대상으로 수면시간과 체중변화의 연관성을 조사한 결과다. 잠자는 시간이 하루 7-9시간 수면을 취하는 사람을 기준으로 할 때, 비만이 될 확률은 수면시간이 평균 6시간이면 23%, 5시간이면 50%, 4시간 미만이면 73% 더 높아진다.

114. 송준섭, 과학동아, 2014. 8.

Q 잠을 더 자는 것이 살찌는 걸 막는다니 잘 이해되지 않는다. 수면 중에는 칼로리 연소가 적지 않은가?

A 하지만 먹는 것은 깨어있을 때란 사실을 간과해선 안 된다. 인간은 진화과정에서 밤이 짧고 먹을 것이 풍부한 여름에 체내에 지방을 저장함으로써 밤이 길고 먹을 것이 적은 겨울에 대비했다. 따라서 잠을 덜 자게 되면 음식 섭취량을 늘리고 지방을 저장하는 메커니즘이 작동하는 것인지도 모른다.[115]

Q '지방을 저장하는 메커니즘'이라니?

A 호르몬을 예로 들어보자. 우리 몸에는 다양한 호르몬이 분비되고 있다. 이 호르몬들이 정상적으로 분비되고 균형을 이룰 때 우리 몸은 건강한 상태를 유지하게 된다. 수면 호르몬으로 멜라토닌이 있다. 멜라토닌은 아침 햇빛을 보고 신체활동을 시작한 지 14~16시간이 지나면 마치 타이머를 맞춰놓은 것처럼 알람이 울린다(멜라토닌이 분비되면 서서히 잠이 온다). 멜라토닌은 허벅지, 복부, 팔뚝 등의 지방을 녹이는 역할을 한다. 또한 식욕을 억제하는 렙틴 호르몬 분비를 도와 과식을 막을 수 있다. 지방을 없애는 렙틴과 배고픔을 느끼게 하는 그렐린 같은 호르몬은 수면과 깊은 관련이 있다.

- 그렐린: 배고픔을 알려 밥을 먹게 한다.
- 렙틴: 배부름을 알려 밥을 그만 먹게 한다.

115. 과학동아편집부, 과학동아, 2004. 12.

젊은 남성을 대상으로 한 연구에서 하루에 잠을 2시간만 자게 했더니 렙틴 수치가 평균 18% 줄어든 반면 그렐린 수치는 28% 증가했다. 늦게까지 잠을 안 자고 있으면 그렐린은 증가하고 렙틴은 감소해 몸은 자연적으로 더 많은 칼로리를 원하게 돼 비만을 유발할 수 있다.

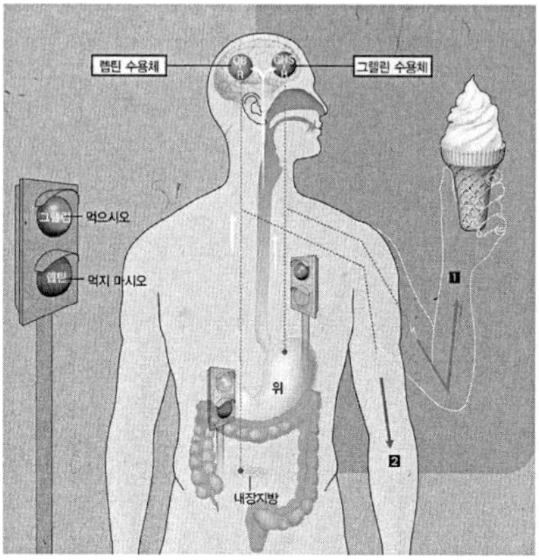

일러스트레이션·조선일보

늦게까지 깨어 있는 경우 야식을 찾게 되는 것은 당연한 일이다. 하지만 문제는 그렇게 섭취되는 야식은 그대로 몸에 쌓여서 체중을 증가시킨다는 것. 우리 몸의 생체시계가 낮 동안엔 에너지를 소비하는 것에 맞춰져 있지만, 밤에는 휴식에 적절한 상태로 바뀌면서 에너지 저장이 일어나기 때문이다.[116]

한 밤의 '식탐' 참아주세요

분명 밤늦게 먹는 음식이 건강에 좋을 리 없다는 걸 알면서도 밤 10시만 되면 슬슬… 야식의 유혹 앞에 쉽게 무너진다. 특히 쫄깃한 족발과 고소한 치킨, 얼큰한 라면국물, 매콤한 떡볶이는 밤에 먹을 때 더 맛있게 느껴진다.

하지만 야식 먹는 게 습관이 돼버린 듯 매일 밤 반복하고 있다면 '야식증후군'을 의심해봐야 한다. 야식증후군은 영어로는 night eating syn-

116. 한미영, 조선일보, 2013. 12. 2.

drome, 말 그대로 밤에 먹는 증후군이다. 증상은 낮에는 식욕이 없고 밤에 활발히 움직이면서 식욕이 당긴다. 또 하루 종일 먹는 음식의 양 중 밤에 먹는 것이 반 이상을 차지하거나 잠이 들었다가도 식욕을 느껴 잠이 깰 때도 야식증후군에 해당된다.

Q 그런 사람은 성격 탓 아닐까. 평소 성격이 털털해서 살 찔 수밖에 없고, 식욕도 좋아서 밤에도 먹는 걸 찾을 것 같은데.

A 그렇게 생각하기 쉽지만 노르웨이 트롬소 의대 그레테 베켓벳에 의하면, 이는 스트레스에 대한 비정상적 반응일 뿐이다. 이들은 평소에 스트레스 호르몬인 코티솔의 분비가 정상인에 비해 더 늘어나 있다. 스트레스로 음식을 더 찾게 되는 이유는 음식에 든 당이 세로토닌을 자극해 스트레스를 해소해주기 때문이다. 스트레스를 받게 되면 자기도 모르게 음식에 손이 간다.

Q 치료법은?

A 야식증후군이 스트레스 호르몬 분비 이상으로 나타나므로 이로 인한 비만을 막기 위해선 생물학적 시계를 정상으로 돌리는 치료법이 우선 급선무다. 다음 지침을 참고하라.

- 밤 8시 이후엔 아무것도 먹지 않는다.
  위에서 음식물이 소화되려면 적어도 3~4시간이 필요하다. 11~12시에 잠자리에 든다고 가정했을 때 8시 이후엔 아무것도 먹지 않는 게 좋다.
- 하루 3끼를 규칙적으로 섭취한다.
  배가 고플 때까지 기다렸다가 식사를 하는 것이 아니라 정해진 시간에 적정량의 음식을 섭취하는 것이 중요하다.

- 밤참을 찾게 만드는 스트레스를 해소한다.

  스트레스 해소에는 마술적인 방법이 있는 것은 아니며 자신만의 방법을 스스로 찾아야 한다. 먹을 생각을 잊고 밤 시간을 보낼 수 있는 자신만의 취미생활이나 오락거리를 만드는 것도 방법이다. 눈을 감고 조용히 명상을 하거나 음악을 들으면 심신의 안정에 도움이 된다.

야식으로 자주 먹는 음식에도 문제가 있다. 야식의 단골 메뉴로 꼽히는 치킨, 족발, 라면 등 기름지고 자극적인 음식들을 자주 섭취하면 고혈압, 당뇨병, 고지혈증, 동맥경화증 등 성인병의 발병률이 증가하며 체지방이 축적되어 비만으로 이어지기 쉽다.[117] 그럼에도 배고픔을 견디기 어렵다면 칼로리가 낮으면서도 포만감을 주는 것을 먹는 것이 좋다.

❖ 추천 음식

- 베어 먹을 수 있는 채소류 : 당근, 오이, 브로콜리 등.
- 살짝 익힌 채소류 : 좋아하는 것으로 선택해 다진 마늘, 붉은 고추 등과 함께 올리브유로 살짝 익힌다.
- 스틸컷 오트밀 : 몸에 좋은 곡물을 선택한다.

과일은 포도나 바나나보다는 토마토나 딸기를 먹는 게 바람직하다. 그러나 야식은 다이어트의 적이니 밤 식탐은 참아 달라.[118]

117. 대학생들은 다이어트를 중단하게 만드는 다이어트 의지 파괴 음식 1위로 '치맥'(39%)을 꼽았다. 2위는 '야밤에 먹는 라면국물'이 16.5%로 뒤를 이었다. 그밖의 다이어트 의지 파괴 음식에는 '피자', '떡볶이', '햄버거', '아이스크림' 등이 있었다(포털 알바몬, 2014년 설문결과).

118. 채지영, 더사이언스, 2002. 8. 20.

잠 모자라면 기름진 음식 선호

수면이 부족할수록 건강한 음식보다 자극적인 음식(짜고 달고 기름진)을 좋아하게 된다는 연구도 있다. 하버드대 수전 레드라인 연구진은 16~19세 청소년 240명을 대상으로 수면 패턴과 식습관을 조사했다. 이 청소년들의 18%는 체질량지수 30이 넘거나 또래 가운데 체질량지수 상위 5% 이내의 비만이었다. 연구진은 이들의 수면시간을 3일 이상 체크하고 그 평균을 구했다. 또한 이들이 잠을 안자고 깨어있을 때 어떤 음식을 먹는지 모니터링했다.

그 결과 청소년들의 34%만 주중에 하루 평균 7.55시간 이상 잤다. 잠을 적게 자는 청소년은 잠을 충분히 자는 청소년에 비해 지방질 칼로리를 2.2% 정도 높게 섭취했다.[119]

---

119. 잠을 적게 자는 청소년은 자극적인 음식을 또래보다 이른 새벽에 먹는 경향이 많았다. 연구진은 먹는 시간대의 불균형이 신진대사 과정에 스트레스를 주고 대사증후군을 일으킨다고 보고 있다.

대사증후군 : 여러 가지 신진대사(대사)와 관련된 질환이 함께 동반된다(증후군)는 의미에서 만들어진 용어로, 고중성지방혈증, 낮은 고밀도콜레스테롤, 고혈압 및 당뇨병을 비롯한 당대사 이상 등 각종 성인병이 복부비만과 함께 동시 다발적으로 나타나는 상태를 말한다.

대사증후군 예방법 : 생활습관 개선이 가장 중요하다. 육류, 고열량 고지방의 인스턴스 식품, 단 음식 등을 피해야 한다. 탄수화물 섭취는 전체 식사 칼로리의 50% 미만으로 낮추는 것이 좋다. 흰쌀 같은 다당류 탄수화물보다는 도정하지 않은 곡류인 현미, 잡곡밥을 먹으면 도움이 된다.

한편 세계 의학계는 한국을 대사증후군 비정상 국가로 보고 있다. 대사증후군 환자가 서구 선진국 수준에 육박하고 있기 때문이다. 고려대 김신곤 교수는 한국의 특이성을 과속 질주하는 소형차에 비유했다. 그는 "우리 국민은 서구인들처럼 육류를 많이 먹지만 대사능력은 그들보다 떨어진다. 마치 1200cc 소형차를 타고 시속 200km로 달리는 격"이라며 "한국인의 식습관은 이미 동양인의 체형으로는 감당할 수 없는 수준으로 서구화됐다"고 지적했다. 유근형, 동아일보, 2013. 8. 16.

토막지식

원기를 회복하는 데 필요한 충분한 잠을 못 잘 경우, 몸은 정상적인 양의 세로토닌과 도파민을 분비하지 못한 신경에게 보상해줄 수 있는 다른 방법을 찾게 된다. 그 보상은 세로토닌과 도파민을 즉각 분비시키는 기름지고 단 음식에 대한 욕망 충족으로 이뤄진다.

기름진 음식이 끌리는 이유

Q 기름지고 짜고 단 음식(지방 · 소금 · 설탕)은 본능적으로 끌린다. 그 이유는 무엇인가?

A 진화심리학자들에 의하면 인류는 원시시대부터 이 세 가지 맛을 매우 좋아했다. 그것이 생존에 유리했기 때문이다. 지방을 섭취해야 칼로리를 비축해 식량 부족에 대비할 수 있었고, 소금은 수분을 몸에 보존해 탈수 증세를 막는 데 도움이 됐다. 설탕은 먹을 수 있는 달콤한 과일과 그렇지 않은 과일을 구분하는 데 필요한 기능을 제공했다.

이 세 가지뿐 아니라 편리성과 다양성도 인류 식습관에 영향을 미쳤다. 인류 조상은 적은 노력을 들여 음식을 확보하는 게 생존에 더 유리한 환경에서 살았다. 너무 많은 시간과 노력이 든다면, 생존 가능성은 줄어들게 된다. 또 다양한 음식을 한 번에 먹을 수 있다면 여러 영양소를 섭취할 수 있는 기회를 얻는 셈이다. 인류 조상 처지에서 기름지고 짜고 단 음식을 편리하고 빠르게 먹을 수 있다면 최선이었을 것이다. 문제는 원시시대에 적합했던 이러한 생존 방식이 현대에 와서 부작용을 낳고 있

다는 점이다. 바로 포만시대가 낳은 과잉 섭취에 대한 문제다.[120]

다시 본 주제로 돌아가면, 숙면은 건강한 다이어트에 필수조건이다. 잠과 체중은 뗄래야 뗄 수 없는 관계다. 뉴욕 성누가병원 마리피에르 세인트 온지 연구진은 정상 체중의 남녀 25명을 상대로 5일 동안 수면시간을 4시간으로 제한했다. 그 결과 이들은 평소 같으면 먹고 싶으면서도 살이 찐다거나 충치가 생긴다는 이유 등으로 피했던 정크푸드에 더 식욕을 느꼈다.

MRI로 뇌를 촬영한 결과, 과자 · 사탕 · 피자 같은 음식을 보여줬을 때 뇌 보상중추가 활성화됐다. 반면 이들에게 4일 동안 하루 9시간씩의 충분한 수면시간을 갖게 했을 때엔 이들 식품을 봐도 보상중추가 활성화되지 않았다.

연구진은 "잠이 부족하고 피로하면 그 음식을 먹으면 살이 찌거나 건강에 좋지 않다는 사실을 인지하고 있음에도 불구하고 통제하지 못하고 손을 뻗게 된다."고 말했다.

잠과 비만은 '일촌 관계'다. 충분한 숙면은 다이어트의 성공 열쇠다.

120. 이상건, 주간동아, 2014. 3. 24.

다이어트 ④계명
– 스트레스는 다이어트의 적

스트레스를 받으면 심장이 쿵쾅쿵쾅 뛰고, 침이 바싹 마르고, 근육이 굳어진다. 소화 작용이 정지되기도 한다. 그래서 스트레스를 받으면 식욕을 잃어버린다는 사람도 많다. 하지만 그 반대의 경우도 많다. 스트레스를 받으면 충동적으로 먹는 사람도 있다. 혹은 어릴 때 습관이 갑자기 튀어나오기도 한다. 등굣길에 막대사탕을 물고 간다. 한 조사에 의하면 스트레스 과식을 할 때 가장 선호하는 음식은 달거나 탄수화물이 많이 든 음식이다. 빵이나 과자를 비롯해 사탕, 아이스크림 등. 사실 빵이나 과자를 씹어 먹을 때 뭔가 특별한 만족감이 든다. 하지만 이것은 순간적이고 덧없는 것이다.

토막지식

음식 섭취로 스트레스를 풀 경우, 뇌 보상중추를 자극하게 된다. 이때 만족을 느낀 보상중추의 약발이 떨어지면 가라앉은 기분을 향상시켜 고요함과 편안함을 느끼기 위해 또 다시 음식에 손을 대게 된다. 이러한 스트레스와 불안감의 신경화학적 작용 때문에 작심하고 세운 계획을 지키기가 더욱 힘들어지는 것이다.

이보다 흥미로운 것은 배고픔과 포만감의 화학물질이 분비되는 시상하부 바로 옆의 유두체다. 이 부분은 음식에 대한 기억을 저장하고 있는데 배고프다는 신호를 받게 되면, 뇌는 이 부분에 저장된 기억을 뒤지게 되며 그로 인해 건강에 좋지 않은 음식을 포함해 예전에 먹었던 음식에 대한 욕망이 샘솟게 된다.[121]

스트레스는 실제 배고픔과 상관없이 뇌에 허기를 전달하고, 불필요한 섭취를 유도하므로 결국 다이어트에 가장 큰 적이 된다.

121. 마이클 로이젠 외, 내몸 다이어트 설명서, 230-231.

스트레스를 겪고 있다면 ……

코티솔과 인슐린 분비 증가 → 식욕 증가 → 고칼로리의 단음식과 기름진 음식 탐닉 → 지방 비축 → 간에서 더 많은 지방과 염증 촉진 화학물질이 나옴 → 인슐린 저항성 유발 → 췌장으로 하여금 더 많은 인슐린을 분비토록 함 → 배고픔을 느끼게 함 → 폭식

스트레스는 정상치 이상으로 호르몬을 분비시켜 배고픔을 느끼게 하고 지방을 저장하게 만든다. 그로 인해 염증이 증가하고 결과적으로 더 많은 스트레스를 받게 된다. 그러면 다시 똑같은 일이 반복된다. 이러한 스트레스 작동방식이 체중 증가에 막대한 영향을 미친다.

삶에서 스트레스 자체를 없앨 수는 없다. 따라서 스트레스 과식을 피하는 요령을 알고 있으면 좋을 것이다.

- 스트레스 과식을 하게 될 듯싶으면 잠깐 휴식을 취하자. 심호흡을 하고 스트레스 상황에서 빠져나오자. 그리고 스트레칭 체조를 하자.
- 몸에 해로운 스트레스 음식을 모두 치우자.
- 특정 음식을 갈망하고 있는지를 생각해 보자. 그 갈망이 어디서 왔는지 자문해 보자. 내가 진정으로 원하는 것은 무엇인가? 진정으로 원하는 그것을 이 특정 음식을 먹음으로써 얻으려 하고 있지는 않은가? 이 음식에 중독되어 있지는 않은가?
- 건강한 식습관을 갖는 것도 중요하다. 식사 전에 자기 몸에 귀 기울여서 정말 음식을 먹고 싶은지 결정하라. 그리고 식사 전에 잠시 멈

추고 현재 순간을 인식해보라. 음식을 입에 넣을 때마다 냄새와 맛과 결을 음미한다.

먹는다는 것은 하나의 수련이 될 수 있다. 음식을 한 입 한 입 천천히 즐기면서 먹자. 그 음식을 자각하고, 내가 지금 음식을 먹고 있다는 사실도 자각해 보자.[122]

배부른데 또 음식을 찾는다면

Q. 배불리 먹고 왔는데도 금방 또 먹고 싶을 때가 있다. 왜 그런가?

A. 두 가지 이유를 생각할 수 있다. 첫째, 맛있는 걸 보았을 때다. 배는 포만인데 즉 동물의 1차 본능적 식욕은 충족되었지만 맛있는 걸 본 순간 전두엽에서 제2의 식욕이 촉발하기 때문이다.

Q. 공복감인가?

122. 류영주, 뇌과학에 의한 자기계발법(하), 21-23. 식사 시간은 행복감을 느낄 수 있는 시간임과 동시에 일로 찌들어 버린 뇌에 있어선 좋은 재충전의 시간이 된다. 식사를 할 땐 먹는 것에만 의식을 집중할 수 있는 환경을 만드는 것이 좋다. 그러기 위해선 맛있는 것을 먹되 미각을 돋우는 향이 나는 것을 먹는 것이 좋다. 그렇게 하면, 의식하지 않아도 맛과 향에 마음을 빼앗겨 다른 것에 신경을 쓰지 않게 된다. 사람의 뇌는 먹는 것의 즐거움과 행복을 느낄 수 있도록 프로그램 돼 있다. 맛있는 것을 즐거이 먹으면서 소박한 행복감을 맛보자.

요리를 해서 오감을 자극하는 것도 뇌에 좋은 자극이 된다. 요리를 만들고 있을 땐 뇌 전체가 활성화된다. 오감 전체가 움직여서 요리를 만든다. 맛을 보고, 향을 맡고, 보다 맛있게 만들기 위해서 노력하고, 모양을 예쁘게 만들기 위해서 궁리를 한다. 부드러움을 손으로 감지하고, 보글보글 소리를 들으면서 완성 여부를 판단할 것이다. 어느새, 미각 · 후각 · 시각 · 촉각 · 청각 등 모든 뇌 기능을 사용한다. 게다가 순서를 생각하며 요리를 함으로써 논리적인 사고를 하는 부분의 뇌도 사용하게 된다. 그런 점에서 요리는 뇌 전체를 사용한 총체적인 창조 활동이라고 말할 수 있다. 히사쓰네 다쓰히로, 해피 브레인, 150-152.

Tip ▶▶▶

✔ 천천히 식사를 해서 뇌에 포만감을 보낸다

배가 고플 때 사람들은 종종 '뱃속이 비었다'고 말한다. 말 그대로 뱃속이 텅 비었음을 떠올리는 사람들이 많겠지만, 사실 공복감이란 것은 뱃속이 비었다고 오는 느낌이 아니다. 혈액의 당분, 즉 혈당이 내려가는 것을 뇌가 감지하고 '공복감'을 유발한다. 공복감이란 '뇌가 당분을 필요로 하고 있는 상태'다. 그 필요를 충족시켜 주는 행위가 식사를 하는 것이다.

식사를 하면 혈당이 올라간다. 그런데 아쉬운 게 있다. 뇌는 그 정도로 기뻐하지 않는다는 것. 영양분으로 가득한 혈액이라도 뇌에 들어가지 않는다면 아무런 의미가 없다. 그래서 식사할 때는 최대한 많은 혈액을 뇌로 보낼 방법을 궁리해야 한다.

어떻게 할까? 우선, 과식하지 않도록 하라. 과식하면 위의 활동을 활발하게 하기 위해 뇌보다도 위에서 혈액을 사용하게 된다. 위의 부담을 덜기 위해 과식을 피하려면, 시간을 들여서 천천히 식사를 해야 한다. 식사를 한다고 해서 바로 포만감이 오는 것은 아니다. 밥을 먹고 포만감을 느낄 때까지 시간이 걸리기 때문이다. 식사를 한 후 위장 안에 음식물이 소화되고 영양분이 흡수되어 혈액 중의 당분 양이 증가해야, 비로소 포만감이 생긴다. '더 이상 먹지 않아도 괜찮아'라는 포만감 말이다. 이렇듯 식사를 하고 나서 포만감을 얻기까지 시간이 걸린다.

단, 과식을 방지하기 위해서는 천천히 시간을 두고 식사를 하는 것이 필요하다. 그렇게 하면, 어느 정도 먹었을 때 포만감이 생겨서 그 이상 먹지 않아도 된다. 그렇게 해서 위의 부담을 경감시켜 뇌에 혈액이 유입되게 해 준다.[123]

A 배고프다고 느끼는 감이지 진짜 배고픈 상태는 아니다. 공복은 시상하부의 동물적 본능에서 오는 진짜 배고픔이다. 공복이 아닌 공복감에 속으면 안 된다. 처방은 5분만 참는 것이다. 잠시 눈을 돌려 다른 일을 하노라면 그만 생각이 사라진다.

---

123. 히사쓰네 다쓰히로, 앞의 책, 72-74.

Q 식욕이 생기는 또 다른 이유는?

A 마음이 편치 않을 때 자극되는 보상성 식욕발동이다. 그래서 마음 다이어트란 말도 있다. 다이어트를 위해서는 마음을 잘 다스려야 한다. 뭔가 먹고 싶을 때는 이것이 진짜 신체적 허기인지 마음의 허기인지부터 잘 생각해봐야 한다. 포만인데도 또 먹고 싶을 때는 마음에 문제가 생겼다는 뜻이다. 어딘가 마음이 편치 않다는 증거다. 그 원인을 찾아 적절한 대책을 강구하지 않으면 안 된다.[124]

마음의 허기가 느껴지는 이유

마음의 허기가 느껴지는 가장 큰 원인은 무엇일까? 『식욕 버리기 연습』의 저자 마리아 산체스에 따르면 불안감, 외로움, 억울함, 우울함, 화남, 열등감 등에서 오는 스트레스라고 진단한다. 즉, 식욕을 조절하고 불필요한 과식을 방지하기 위해서는 스트레스 조절이 가장 중요하다.

- 자신의 감정 상태와 식욕 간의 관계를 알기 위해 '감정일기'를 써보라. 불안감, 외로움, 억울함, 우울함 등이 일어나는 상황과 그때마다 일어나는 식욕을 기록하는 것.
- 무리한 절식은 삼간다.
  감정 조절로 인해 과식을 피했다고 해도 작심삼일이면 아무런 의미가 없다. 너무 무리하게 절식을 하는 것보다 조금씩 꾸준히 해 습관으로 만들어 나가는 것이 중요하다. 무의미하게 먹는 음식은 피하되, 끊기 힘들 정도로 좋아하는 음식은 적당량 먹는 게 좋다.[125]

124. 이시형, 이시형처럼 살아라, 비타북스(2012), 134-135.
125. 방정훈, 아시아투데이, 2014. 6. 27.

Q 나는 도넛 애호가다. 매일 아침마다 도넛 한 개에 커피 한 잔을 마신다. 배가 출출해지는 오후 4시쯤 되면 반드시 도넛을 한 개 먹어야 그 다음 일을 할 수 있다. 다이어트를 하겠다고 결심한 나는 목표를 달성할 때까지 도넛을 '절대 먹지 않겠다'고 스스로에게 다짐을 했다. 그리고 두 달 동안 거짓말처럼 도넛을 단 한 개도 먹지 않았다. 그러던 어느 날 갑자기 도넛을 먹고 싶은 욕구가 강하게 생기기 시작했다. 참으려 하면 할수록 그 욕구는 더 강해졌다. 결국 그 욕구를 이겨내지 못하고 한 번에 도넛을 다섯 개나 먹어치웠다. 의지력이 이토록 약한 나, 나는 스스로를 자책한다. 나는 다이어트를 포기해야 할까?

A 다이어트를 결심하다가도 자기가 좋아하는 음식을 끊어야 한다면 어떻게 하나, 하는 마음에 주저하는 사람들이 있다. 건강을 챙기려면 먹거리가 가장 중요하다는 것은 누구나 잘 알고 있다. 하지만 건강을 위해 '먹는 즐거움'을 완전히 포기하고 산다는 것은 '삶의 질'측면에서 보더라도 바람직한 건 아니다. 그러니 건강을 챙기되 내 몸을 '달래가면서' 다이어트를 하자. 일주일에 하루를 정해 한 끼나 두 끼 정도 먹고 싶은 음식을 마음껏 먹는 것이다. 평소 도넛을 좋아하는 사람이라면 일요일 아침에 느지막이 일어나서 브런치로 커피 한 잔과 도넛을 맘 편히 먹으면서 휴일의 여유를 즐길 수 있다.[126]

"사실 나는 정크 푸드를 좋아한다. 햄버거와 콜라가 너무 먹고 싶을 때가 있다. 그럴 땐 햄버거와 콜라, 감자튀김을 먹은 다음 조깅하러 나간다. 나는 다른 사람들처럼 내가 먹고 싶은 것을 참아 가면서 다이어트할 수는 없다. 그건 내게 너무 가혹하고 괴로운 일이다. 다만 내가 먹었던 양만큼 어떻게든 활동으로 충당하려고 한다. 그럼 되는 것 아니겠나?"

\- 드류 베리모어/미국 배우

126. 박용우, 앞의 책, 249-250, 참조.

- 음식이 일시적으로 달래주는 결핍감을 채울 수 있는 다른 일을 찾으라.
  대부분의 사람은 겉으로 보이는 자신의 외모로부터 자아만족을 얻는다. 그러나 그런 자아만족은 잠깐 동안만 지속될 뿐이다. 그러므로 우리는 진정한 내면의 기쁨을 얻을 수 있고 열정의 대상이 될 수 있는 가족, 직업, 취미 등을 찾아내 그것에 집중해야 한다.[127]
- 나에게 집중한다.
  내가 먹는 것을 눈으로 관찰하고, 내 몸 구석구석을 돌본다. 그 누구도 아닌 나 자신을 위해 먹고 생각하고 생활하자. 내 몸이라는 멋진 기계가 자연의 법칙에 따라 움직이게끔 끊임없이 관심을 갖고, 좋은 사람을 만나고, 아름다운 이야기를 나누고, 매시간을 즐긴다면 다이어트는 저절로 따라오는 보너스다.

"나는 일주일에 세 번 점심시간에 운동을 하고 있는데, 운동하는 시간이 쉬는 시간인 셈이다. 쉬는 시간의 개념을 달리하는 것만으로도 먹는 것과 멀어질 수 있다. 같은 맥락에서 내가 종종 하는 처방 중에는 문화처방이 있다. 일주일에 한 번쯤은 나만의 날을 가져보는 것. 전시나 공연을 보는 것도 좋고, 아무것도 하지 않은 채 거리를 걷는 것도 좋다. 잠시 나를 찾는 시간을 갖는 거다. 그러다 보면 대학생활에서 오는 스트레스와 가족 간의 갈등 같은 것들이 별 게 아니라는 생각을 하게 될 거다. 스트레스를 잡으니 비만과 더불어 우울증과 불면증 같은 정신질환이 호전되는 것은 물론이다."

- 유은정/의학자

마음 치료는 성공적인 다이어트의 열쇠다.
먹고, 사랑하고, 행복하라.[128]

127. 마이클 로이젠 외, 앞의 책, 252.
128. 조영재, 유은정, 여성중앙, 2014. 4.

다이어트 ⑤계명
– 긍정 마인드를 가져야 다이어트 성공

"긍정적으로 생각하고 사회적 교류를 활발히 하면 기분을 좋게 해주고 식욕을 감소시켜 주는 세로토닌 수치가 증가하게 된다."

- 마이클 로이젠/의학자

Q. 난 날씬하지도 않으면서 자제력까지 제로다. 도대체 잘난 게 하나도 없다. 내가 할 수 있는 게 뭔가.

A 이와 같은 자기비하와 과한 걱정은 다이어트의 적이다. 미디어를 통해 지나치게 마른 몸매가 아름다움으로 부각되면서 여성 스스로 자신의 몸을 비하하고 몸무게에 집착하는 경향이 생겼다. 건강한 식습관과 운동을 생활화하는 라이프스타일 자체가 가치 있는 것이다. 규칙적으로 운동하고 건강하게 먹으려는 습관을 들이는 것이 중요하다. 이런 일을 하는 것만으로도 몸매를 위해 무언가 노력하고 있다는 좋은 기분이 들 것이다.[129]

심리적으로 안정적이며 스스로를 사랑하고 긍정적인 마인드를 가진 사람이 다이어트에 성공할 확률이 높다. 식습관코치인 캐런 R. 쾨닝은 죄책감, 수치심, 무력감, 불안감, 실망감, 혼란, 외로움 등 자신의 내면에 숨어 있는 7가지 '감정'이 다이어트를 방해하는 진짜 주범이라고 한다. 자신의 심리적인 어려움을 직접적으로 해결하면 스트레스를 받더라도 쉽게 풀어낼 수 있고, 술·음식물·약물 등에 의존할 일이 줄어들게 된다.

129. 문세영, 코메디닷컴, 2013. 12. 9.

"30년 가까이 사람들을 치료하면서, 나는 음식과의 관계를 치유하기 위해 용기와 인내, 열망을 보여준 이들을 놀라울 정도로 많이 만났다. 그들은 대부분 나를 찾아오기 전까지 수십 년 동안 음식과 체중에 대한 강박을 겪었다. 나와 대화를 나누고 인지행동 치료 모델에 관한 설명을 들으며, 이들은 신념이 감정을 낳고, 감정이 행동을 낳는다는 것을 이해했다. 그리고 자신들이 바꿔야 할 게 식습관만이 아니라는 것을 깨닫고 눈을 반짝였다.

다이어트에 성공하기 위해서는 감정을 효과적으로 적절하게 처리하는 법을 배워야 한다. 모든 감정이 다 중요하지만, 식이장애는 특히 더 문제가 되는 감정들이 있다. 죄책감, 수치심, 무력감, 불안감, 실망감, 혼란, 외로움. 이 7가지 감정들에 편안해져야만, 음식과 체중에 대한 강박에서 영원히 벗어날 수 있다. 감정을 인정하고 찾아내고 표현하고 이해하고 따르는 훈련을 하면, 감정을 조절하기 위해 음식에 의존하던 행동을 멈출 수 있다."

- 캐런 R. 쾨닝

교육상담가 김명찬은 그 자신이 특별한 다이어트 없이 자기분석(Self Psychological Analysis)을 통해 3개월간 18kg를 감량했다. 이후에도 요요 없이 생활하고 있는 그는 "체중을 줄이기 위해서는 자신의 문제를 들여다보라"고 애기한다.[130]

"나는 어려서부터 음식을 가리지 않고 잘 먹는다는 이유로 과도한 칭찬을 받았다. 그래서 식사 시간이 되면 나도 모르게 과식하는 습관이 생겨났다. 한편으로는 스트레스를 받을 때마다 말로 표현하는 법에 서툴다보니 대화로 해결하기보다 먹는 것으로 풀 때가 잦았다.

이런 와중에 심리 상담을 통해 스스로 질문을 던지기 시작했다. '누구를 위해서, 무엇을 위해서 그렇게 많이 먹는 거니?' 하는 탐색 질문이었다. 그 질문에 답해 나가는 과정에서 많이 먹는 것이 내 몸을 위한 선택인지는

130 박찬은, 매일경제, 2014. 2. 19.

잘 모르겠지만, 적어도 내 기분을 풀어 주고 좋게 해 주는 심리적인 선택이라는 것을 통찰하게 되었다.

생리적인 필요보다는 심리적인 필요에 의해 먹게 된다는 점을 통찰하게 되자 새로운 선택을 하고 싶은 마음이 자연스레 생겨났다. 몸무게가 84kg까지 불어나면서 아침에 일어날 때마다 허리와 무릎이 아프고, 몸이 무겁게 느껴졌기 때문이다. 더는 이 상태로는 내 마음은 잠깐 위로받을지 몰라도 몸은 망가지고 있다는 것을 느끼게 되었고, 먹을 것으로 마음의 위로를 찾고 싶지 않다는 생각이 들었다. 이런 깨달음이 오면서 식사할 때 밥 양은 전보다 1/3로 줄였고, 대신 나물 반찬이나 채소 위주의 식단 그리고 단백질을 좀 더 섭취하기 시작했다. 재미있는 사실은 이 모든 변화가 그리 애쓰지 않고 자연스럽게 일어났다는 점이다.

'나를 보호하는 최선의 전략이 무엇인가?' 하는 질문에 답을 하는 과정에서 변화는 더는 저항의 대상이 아니었고, 나를 위한 자연스러운 선택이 되었으며 그 결과 3개월 동안 어렵지 않게 18kg을 감량하게 됐다." - 김명찬

부정적인 생각의 연결고리를 끊어라. 비관적인 생각은 행복한 기억을 훔치고 비만을 부른다.

감정 코칭이 필요하다

Q. 물만 먹어도 살찌는 체질이라 스트레스가 심하다.[131]

131. 과학적 사실을 하나 짚고 넘어가면, 물만 마셔도 살찌는 체질은 의학적으로 근거 없는 말이다. 순수한 물에는 칼로리가 전혀 없다. 건강한 사람이라면 물을 아무리 많이 섭취해도 몸에 칼로리가 쌓이지 않는다. 오히려 물은 다이어트에 도움이 된다. 매일 2리터 이상의 물을 마시면 1년에 약 5kg의 지방을 없앨 수 있다는 연구결과가 있다.
 Q. 하지만 물을 많이 마시니 몸이 잘 붓더라.
 A 물을 많이 마셔서가 아니라 음식을 짜게 먹기 때문이다. 비만이 에너지 섭취와 소비의 불균형에서 오듯, 부종은 염분 섭취와 배출의 불균형에서 온다. 물은 몸의 기능을 정상으로 유지하는 데 필수적이다. 세포 사이의 신호를 전달하고 체온을 일정하게 유지하는 등 각종 체내 대사에 물이 사용된다. 단식하는 사람도 물이 없으면 며칠을 견디지 못한다.

A 바로 그 스트레스가 너를 살찌게 할 수 있다. 감정을 조절하고 호르몬의 균형을 되찾으면 지방이 분해되는 것은 물론 고질적인 셀룰라이트로부터도 해방될 수 있다. 지금 너는 식단보다 감정을 조절해야 한다.[132]

다이어트를 해도 살이 찌는 사람들이 있다. 분명 남들보다 적게 먹고 운동도 열심히 하는 것 같은데, 체중계 숫자는 늘 그대로이거나 심지어 더 늘어나기도 한다. 이들은 치킨이나 족발 같은 기름진 음식을 달고 사는데도 날씬한 몸매를 유지하는 사람들을 보면 한숨만 나온다. 다이어트의 정도를 지키고 있는데도 변화가 없다면 감정 조절이 필요한 것은 아닌지 되짚어봐야 한다.[133]

Q 다이어트에 물이 중요한 이유는?

A 체내 불순물과 노폐물을 제거하는 '해독작용'을 한다. 허기 신호를 누르는 데에도 도움을 준다. 작용기전은 충분히 밝혀지지 않았지만 물을 마시면 포만감을 유도하는 팽창 수용체를 활성화시키기 때문이라는 주장도 있다. 갈증을 허기로 느껴 음식 섭취로 이어지는 경우가 있는데, 이를 막아주기 때문이라고도 한다. 수분 섭취가 많으면 대사가 활발하게 이루어져 기초대사량을 유지하는 데도 유리하다.

Q 물을 얼마나 마시는 게 좋은가?

A 하루 2리터, 혹은 여덟 컵 정도. 아침에 일어나서 찬 물을 한 컵 마시면 위장관을 깨워주는 효과가 있다. 아침식사 후 소화도 잘 되고 변비 예방에도 도움이 된다.

Q 식사 중엔 어떤가?

A 식사 중이나 식후에 물을 많이 마시면 소화액이 희석돼 좋지 않다고 하지만, 다이어트 중일 땐 포만감을 위해 식사 중이나 직후에 많이 마셔도 괜찮다. 식사 전에도 허기를 느낄 때 물 한 컵을 마시면 허기 신호를 없앨 수 있다. 박용우, 앞의 책, 230-233 참조.

132. 콜라겐 섬유, 지방, 수분, 노폐물이 결합된 셀룰라이트는 미세혈액순환과 림프순환 장애로 인해 생긴다. 스트레스 호르몬인 코티솔 분비가 계속되면 노폐물이 배출되지 못하고 남아서 셀룰라이트가 된다.

133. 양보람, 그라치아, 2013. 12. 16.

체중감량의 승패가 결정되는 곳

포만중추가 위치한 시상하부는 마음과 육체가 함축적으로 연결된 부위다. 시상하부의 죽마고우인 뇌하수체가 다양한 메시지를 전달하기 위해 신체의 다른 부위에 화학물질을 보내기 때문이다. 음식에 대한 생리학적·심리적 필요성이 긴밀하게 연결된 이곳에서 체중감량 경기의 승패가 결정된다고 할 수 있다.

잘 알다시피 우리가 감정을 달래기 위해 먹을 때 손에 들고 있는 것은 샐러리가 아니다. 감정의 지배를 받아 통제력을 상실한 우리는 말초적인 감각을 충족시키기 위해 먹는다. 그 결과, 대용량 쿠키를 한 톨도 남기지 않고 먹어치우게 된다. 그것은 단순한 쿠키가 아니라 녹말, 설탕, 소금이 지방과 함께 범벅된 욕망의 대상이다.[134]

감정 호르몬과 식욕

세로토닌과 도파민처럼 긍정적인 기분과 관련된 물질이 우위를 차지하고 있다면 화학적으로 향상된 상태다. 반면, 그런 물질이 낮다면 화학적으로 가라앉은 상태라고 할 수 있다. 가라앉은 상태는 불안하게 만들고 결국 긍정적인 호르몬의 수치를 높이기 위해 단순당 같은 음식을 찾게 된다.

마약이 작동하는 방식도 이와 마찬가지다. 마약 사용자는 호르몬의 향상된 상태를 원해서가 아니라 가라앉은 상태를 피하기 위해 약물을 복용하는 것이다. 우리는 신경화학물질의 안정된 상태를 유지하기 위해 끊임없이 싸우는 중이라고 할 수 있다. 이러한 화학물질의 수치가 높아지면

134. 마이클 로이젠 외, 앞의 책, 217.

체중이 줄고, 수치가 낮아지면 궁극적으로 체중이 늘어나는 음식을 먹게 된다.

두개골 아래에서 벌어지는 일이 허리둘레에서 일어나는 일에 지대한 영향을 미치는 이유가 바로 여기에 있다.

음식에 대한 욕망을 조절하는 감정 방식을 알게 되면 좀 더 쉽게 욕망에 저항할 수 있게 되거나 욕망을 완전히 떨쳐버릴 수 있다. 충족감을 주는 기분 좋은 호르몬의 수치를 일정하게 유지하도록 하라. 아울러 '뇌에는 친절하지만 허리에는 불친절한' 음식을 찾게 만드는 상황, 즉 호르몬이 갑자기 상승하거나 뚝 떨어지는 일이 절대 생기지 않도록 하라.[135]

'행복'을 느껴야 다이어트 성공!

다이어트에 성공하기 위해선 행복해야 한다. 많은 사람들이 다이어트 과정에서 스트레스를 받는다. 하지만 다이어트를 견뎌내야 하는 힘겨운 싸움으로 여길 경우 성공하기 어렵다. 한데 대부분의 다이어트 방법이 비정상적인 식욕억제, 지독한 운동과 같은 가학적인 형태다. 그런 상황이 일주일 이상만 반복돼도 우리 몸은 세로토닌 결핍현상에 시달리게 된다. 세로토닌 결핍현상은 가장 먼저 엄청난 식욕증가로 나타나 다이어트를 유지하기 힘든 상황을 초래한다(세로토닌 결핍 → 배고픔 느낌 → 탄수화물 갈망).[136] 따라서 다이어트에 성공하고 싶다면 무엇보다 뇌가 행복

135. 마이클 로이젠 외, 앞의 책, 222-223.
136. 뇌에서 세로토닌 수치가 떨어지면 우리 몸은 배고픔을 느끼게 되고 스스로를 보호하기 위해 십대 소녀들이 톱스타에 열광하듯 탄수화물을 갈망하게 된다. 장시간 아무것도 먹지 않으면 세로토닌 수치가 급감하게 되고 우리의 신체 기계가 음식을 달라고 아우성치게 되는 것이다. 마이클 로이젠 외, 앞의 책, 218.

감에 충분히 젖어 들어 과도한 식욕에 시달리지 않게 만들고, 또 제대로 에너지를 소비할 수 있는 신진대사를 높이는 것이 무엇보다 중요하다.[137]

세로토닌의 마법

10대 후반부터 발표하는 앨범마다 전 세계 팬들의 주목을 받으며 성공을 누빈 브리트니 스피어스는 어린 나이에 가수를 넘어 영향력 있는 유명 인사가 됐다. 유명세로 인한 압박감으로 일탈 욕구를 자제하지 못해 충동적인 결혼과 이혼 등 어려운 시기를 보내며 체중이 점점 불어나기 시작했다. 아이를 낳은 후에는 163cm에 70kg, 체질량지수 26.35의 경도 비만이었다. 춤과 외모를 끝없이 가꾸어야 하는 댄스 가수로서 심각한 타격이었다. 불안한 생활과 사건들이 꼬리를 물고 이어졌다. 이 과정에서 그녀는 약물 복용과 알코올 중독에 빠져들었다. 엎친 데 덮친 격으로 무면허 운전을 하다가 교통사고를 일으켰고, 중독 증세를 치료하러 들어간 재활원에서 탈출하는 장면이 파파라치에게 포착되기도 했다. 악재가 계속 겹치면서 브리트니는 술과 마약, 담배와 정크 푸드에 둘러싸여 지냈다. 자신을 통제할 힘이 이미 그녀 안에서 사라져 버린 것이다.

> "그때는 내 기분을 통제할 수 없었어요. 아무 생각 없이 쇼핑하고, 배가 고프지 않아도 먹을 것을 잔뜩 사서 하루 내내 먹었어요."

10대 후반부터 가요계의 스타로 살아오며 대중을 사로잡았던 스타, 브리트니의 삶이 가십과 온갖 추문으로 한순간에 무너져 내리기 시작했다.

---

137. 헬스조선편집팀, 2013. 10. 29.

감정의 폭풍이 만들어 낸 중독에서 빠져나오기

브리트니의 개인 트레이너는 한 매체와의 인터뷰에서 브리티니의 현재 상태가 매우 불안정함을 말했다.

> "브리트니는 현재 자기 몸을 제대로 관리할 수 없는 상황이에요. 건강 관리에 전혀 집중하지 못하고 있죠."

결혼은 이미 두 번이나 깨졌고 사랑하는 아이들마저 잃어버릴 위기. 브리트니의 삶은 완전히 질서를 잃어버리고 말았다. 우울한 감정이 폭풍처럼 밀려왔다. 모든 상황이 내 탓이라는 '자책감', 이렇게 그냥 망가진 채 살아 버릴까 하는 '자기 파괴적인 감정', 어떤 일에도 집중할 수 없는 '극심한', '불안감', 내 인생이 대체 무엇 때문에 이렇게 되었나 하는 '원망' 등이 뒤섞였다. 이런 상황에서 자신을 통제하는 능력은 한없이 약해져만 갔다. 브리트니는 약물에 중독되고 과도한 음주, 무절제한 식사를 계속하게 되었다. 아무도, 그녀 자신조차 말릴 수 없었다.

신경생리학자들은 첫사랑의 감정이나 일의 성취에서 오는 일시적인 행복감과 짜릿함은 오래가기 힘들다고 한다. 엔도르핀, 도파민 같은 일시적인 행복감에 관련된 호르몬은 지속적인 감정보다는 어느 한순간의 느낌과 더 밀접하다. 그리고 어느 정도 '중독성'을 가지고 있다. 마치 술이나 약물처럼, 너무 오래 이어지면 오히려 몸에 나쁜 영향을 끼친다. 왜 호르몬은 이렇게 작용하는 걸까? 행복감을 주는 호르몬이 계속 나오면 왜 안 좋은 걸까? 이 호르몬 현상을 큰 관점에서 바라보자. 호르몬이 우리에게 가르쳐 주는 것은, 인간은 좋은 일과 슬픈 일 모두를 경험할 때 자연스럽게 성장하게 된다는 사실이다. 아무리 좋은 호르몬이라도 끝없이 나오면 몸을 망친다. 사람은 항상 기쁘고 좋은 일만 경험할 수는 없다. 때로는 고통스럽고 어려우며 힘겨운 과정도 반드시 거치게 된다. 그리고 이런 기쁨과 슬픔의 반복 속에서 마음은 더욱 단단하고 성숙해진다.

그러나 불안한 상황에 놓여 있는 사람들은 끊임없이 몰두할 무언가를 찾게 된다. 알코올이나 약물 중독, 쇼핑 등 중독성 행동에 빠져 심리적이고 생물학적인 자연의 질서를 거부하려고 한다. 중독성 행동이 고통을 감소시키고 즐거움을 연장시키기 때문이다.

전성기를 되찾아 준 세로토닌의 마법, '무드 다이어트(Mood Diet)'

가수로서 완벽한 삶을 살았던 브리트니는 한 인간으로서는 생각지 못했던 어려움과 인내를 겪어야 했다. 바로 아내와 어머니로서의 삶이었다. 브리트니는 굉장히 고통스러운 과정을 통해 본질적인 자기 자신의 모습이 무엇인지 마주 보게 됐다.

결혼 생활이 그녀에게서 많은 것을 앗아 갔지만 한편으로는 삶을 살아가는 과정에 대해 가르쳐 주기도 했다. 화려한 쇼와 이벤트 대신 남편, 아이들과 어울려 매일 살아가는 법을 알게 된 것이다. 그 생활은 기쁨도 있고 슬픔도 있는 자연스러운 시간이었다. 이혼 후에도 그녀가 아이들과 함께하는 시간을 소중히 여기고 어떻게든 양육권을 얻고자 노력했던 것도 같은 맥락에서 이해할 수 있다.

하루하루를 충실하게 살고 그 안에서 기쁨을 찾는 방법을 알아 가면서 그녀의 삶도 안정을 되찾기 시작했다. 더불어 다시금 전성기 때 보여 줬던 탄력 있는 몸을 만들기 시작했다. 브리트니가 한 다이어트는 '무드 다이어트(Mood Diet)'다. 무드 다이어트는 자신의 정서와 감정 상태를 안정되고 편안하게 유지하는 다이어트 방법이다. 세로토닌의 분비를 촉진하는 데 초점을 둔다. 세로토닌이 활성화된 사람은 평상심을 잘 유지할 수 있다. 상황의 변화나 감정의 기복에 흔들리지 않고 안정적인 생활을 한다. 세로토닌은 일시적으로 분비되는 엔도르핀이나 도파민과 달리 평상시에 꾸준하게 분비된다. 햇볕을 많이 쬐고, 긍정적으로 생각하고, 많이 웃을 때 더욱 분비가 촉진된다. 또한 특별한 스트레스만 없다면 지속적으로 분비되어 삶의 안정감을 형성해 주는 역할을 한다. 세로토닌의 특징은 무언가를 성취하고 얻어 냈을 때 얻어지는 것이 아니라, 현재의 자기 삶을 받아들이고 그 안에서 즐거움을 느끼고 편안해할 때 나온다는 점이다. 특히 사랑하는 이들과 함께 있을 때 효과가 배가된다.

무드 다이어트는 세로토닌 분비를 촉진하는 식단과 생활습관을 들여 평화로운 상태를 습관화하는 것이다. 브리트니는 하루 섭취 칼로리를 총 1,200kcal에 맞추고 식단을 다시 짰다. 견과류, 과일, 저지방 요구르트, 연어 샐러드, 닭고기와 채소, 달걀흰자 등으로 식사를 하며, 춤 연습을 두세 시간씩 함으로써 몸에 탄력을 만들면서 자연스럽게 세로토닌 분비를 촉진했다.

전문가들은 세로토닌 분비가 촉진되면 생활을 억지스럽게 바꾸는 방법을 실천하지 않아도 저절로 체중이 감소되고 몸이 가벼워져 다이어트법으로 강력 추천한다. 탄수화물을 최대한 줄이기 위한 브리트니의 식단에서 세로토닌 분비를 촉진시키는 음식인 생선, 초콜릿, 돼지고기, 우유 등을 추가하는 것이 좋다. 또 그녀의 운동법은 일반인이 하기에는 부담스러우니 가벼운 스트레칭을 하거나 주변을 돌아다니고, 낮 시간에 10분 이상 햇볕을 쬐고, 음악을 들으면서 노래를 크게 따라 부르거나 책을 큰 소리로 읽는 것만으로도 세로토닌 분비를 활성화시킬 수 있다.[138]

138. 김명찬, 심리로 보는 다이어트 성공법, 넥서스(2013), 96-111.

다이어트 ⑥계명
– 알아차리지 못하게 다이어트 하기

자신이 다이어트를 하는 것을 알아차리지 못하는 것도 다이어트의 한 방법이다. 먹는 환경을 바꾸는 것이다. 20% 적게 또는 많게 전략(먹기 전 20%를 덜어내거나 채소를 20% 늘리는 방법)을 쓰고, 대형마트에서 대용량 제품을 사지 않으며, 1인분을 사전에 정해두는 등의 방법을 쓰는 것만으로도 칼로리 섭취를 상당량 줄일 수 있다. 그릇을 작은 것으로 바꾸는 것도 효과적이다. 주부 윤 씨는 최근 가족들 모르게 전보다 50cc가 작은 밥그릇을 사용하기 시작했다. 그 결과 두 달 새 가족들 체중이 평균 3kg이나 줄었다.

> "너무 조금 담으면 아이들이 밥이 너무 조금이라고 뭐라고 하고 하니까, 나도 봤을 때 담다 만 것 같고, 그래서 그릇을 바꾸면 어떨까 해서 바꾸어 봤는데…"
>
> -윤 씨

미국 이스턴 일리노이드 대학의 실험을 재연해봤다. 한 그룹은 피스타치오를 먹되 껍질을 그대로 쌓아 두도록 했고, 다른 그룹은 먹는 즉시 껍질을 치우도록 했다. 껍질을 쌓아둔 채 계속 확인한 사람들은 그렇지 않은 사람들보다 평균 23% 적게 먹었다.

포만감에는 시각적인 효과도 작용하는 것이다. 뇌가 느끼는 포만감에는 양뿐만 아니라 시각적인 효과도 작용한다. 식 재료의 크기가 조리하는 음식량을 좌우한다는 연구결과도 있다. 작은 용기의 식용유는 리터당 3,600원, 큰 용기의 식용유는 리터당 3,200원이다. 하지만 음식을 만들 때 이 큰 용기의 식용유를 사용하면 최대 50% 더 식용유를 사용하게 된다.[139]

139. 조동찬, SBS 뉴스, 2013. 6. 4.

시각적인 것은 우리가 매일 먹는 음식의 양을 조절해주는 매우 중요한 요소다.

Tip ▶▶▶

✔ **유혹당하기 쉬운 음식은 보이지 않는 곳에**

언제나 쉽게 먹을 수 있도록 식탁 위에 간식거리를 내놓는 집이 있다. 음식이 눈에 띄면 배고프지 않아도 하나씩 집어 먹게 되는데, 이는 음식에 대한 조건반사 때문이다. 음식은 '먹을 것'이라는 인식이 이미 형성돼 있기 때문에 먹을 것을 보기만 해도 시각적 자극이 식욕을 깨운다. 당장 먹지 않아도 음식에 대한 욕구가 저장됐다가 다시 분출한다. 다이어트를 할 때는 시각적 자극이 아예 없도록 안 보이게 하는 게 상책이다.

서서히 식단을 바꾸자

다이어트를 할 때는 당근, 오이, 파프리카, 샐러리 등 채소 스틱과 물을 자주 마시도록 하자. 말린 과일은 당분이 많아 적절치 않다. 건강을 생각하면 호두 · 잣 · 아몬드 · 땅콩 등 견과류도 좋지만, 많이 먹는 건 좋지 않으므로 하루에 한 줌 정도만 먹자.[140]

그런데 식단을 바꾸기가 쉽지 않다. '다이어트 식단'으로 바꾸니 신경이 날카로워지고 스트레스도 늘어난다. 그 이유는 음식은 감정적 보상 효과와 스트레스를 줄이는 효과가 있기 때문이다. 펜실베이니아대 트레이시 베일 연구진은 쥐에게 고지방 음식을 금지시키자 스트레스를 받을 때 증가하는 물질이 분비됐다고 밝혔다.

실험

연구진은 쥐에게 지방과 탄수화물 함량이 높은 먹이를 4주간 꾸준히

140. 한미영, 조선일보, 2013. 12. 2.

먹이다가 갑자기 일반 식단으로 바꿨다. 이때 쥐의 대뇌에서 각성 또는 걱정 상태에서 분비되는 신경호르몬을 촉진시키는 물질이 증가했다. 이는 쥐가 먹이를 바꾼 것만으로도 스트레스를 많이 받는다는 것을 뜻한다. 고지방 음식을 못 먹어 스트레스를 받던 쥐들은 옆에 저칼로리 먹이가 있는데도 위험한 곳에 있는 고지방 먹이를 얻기 위해 애썼다.[141]

음식은 감정적 보상 효과와 스트레스를 줄이는 효과가 있다. 그러니 건강을 유지하면서 서서히 식단을 바꾸는 것이 좋을 듯하다. 게다가 식단 조절을 너무 무리하게 하면 영양 불균형으로 인한 영양결핍, 탈모뿐만 아니라 체지방과 함께 근육량까지 정상범위 이하로 떨어져 기초대사량 저하, 요요 현상 등 부작용이 따르게 된다.

Q 몸에 무리가 가지 않으면서 효율적으로 체중을 줄일 수 있는 식단을 추천한다면?

A 우리가 매일 먹는 한식을 권한다. 다만 기름진 음식이나 육류 섭취를 줄이고, 흰살 생선이나 등푸른 생선, 콩류나 달걀 등으로 단백질을 보충하는 것이 좋다. 또 맵고 짠 음식이 많기 때문에 간을 싱겁게 하는 것이 좋으며, 찌개류보다는 맑은 국물 종류로 바꾸길 권한다. 녹황색 채소류는 식이조절 시에 부족하기 쉬운 비타민이나 무기질을 보충할 수 있으므로 샐러드로 먹거나, 간을 싱겁게 한 나물류를 먹는 등 채소 위주의 반찬을 섭취하는 것이 좋다.[142]

---

141. 과학동아편집부, 과학동아, 2007. 6.
142. 정지행, 한국경제매거진, 2012. 1. 16.

음식은 양보다 질!

점심식사를 마요네즈가 듬뿍 뿌려져 있는 햄버거에 감자튀김과 콜라 한 잔으로 때우는 경우와 공기밥 2/3 공기를 넣은 비빔밥을 먹은 경우를 비교해 보자. 풍성한 채소가 곁들여진 비빔밥은 영양소도 풍부하고 먹은 후 포만감도 느끼지만, 섭취 칼로리는 간식처럼 적당히 때운 햄버거 식사의 2/3에도 미치지 않는다.

칼로리밀도가 높은 기름기 많은 음식 대신 칼로리밀도가 낮은 채소가 듬뿍 들어 있는 건강식을 배부르게 먹으면 섭취 칼로리는 자연스럽게 줄어들게 된다.[143]

평소 '생각 없이' 먹던 음식들이 바로 비만의 주범일 수 있다. 졸음을 쫓기 위해 하루에닐곱 잔 마신 커피, 직장 동료들과 먹은 과자나 스낵, 이 모든 게 알게 모르게 살찌게 한다. 목 말라서 마신 청량음료들을 녹차나 물로 바꿔 마셔도 하루 150칼로리 이상 줄일 수 있다.[144]

Tip ▸▸▸

✔ 고추를 먹어라

오전에 고추를 먹으면 오후에 섭취하는 음식량이 줄어든다. 고추에 들어 있는 캅사이신 성분이 전반적인 칼로리 섭취량은 줄여주면서 신진대사는 촉진시켜 주는 촉매제 역할을 하기 때문이다. 이 성분은 장에서 보내는 감각 정보가 뇌에 전달되지 못하도록 하는 효과도 있다. 캅사이신은 배가 고픈 장이 뇌에게 보내는 메시지를 아예 살해하거나 적어도 기절시킴으로써 효과적으로 식욕을 감소시키는 데 기여하는 것이다.[145]

---

143. '칼로리밀도'란 단위 음식 무게당 칼로리를 의미한다. 위장은 계산기가 달려 있어 칼로리로 음식의 양을 정하는 것이 아니라 음식의 양으로 포만감을 표시한다. 가령 냉이나 도라지 같은 채소 100g을 먹으면 40칼로리의 에너지를 얻지만, 삼겹살 100g을 먹으면 250칼로리의 에너지를 얻는다.
144. 박용우, 신인류 다이어트, 김영사(2007), 79-80.
145. 마이클 로이젠 외, 앞의 책, 101.

식사량

– 밥 어느 정도로 먹을까.

최근 '1일 1식'이란 책이 화제가 되었다. 하루 한 끼만 먹어도 건강을 유지할 수 있다는 내용이다. 또 아침을 거르는 것이 자연으로 돌아가는 건강법이란 주장을 담은 '1일 2식'이란 책도 나왔다. 끼니의 횟수에 대한 논쟁이 뜨거워졌다. 하지만 식사의 횟수보다 더 중요한 것이 있다. 매번 배부르지 않을 정도로만 먹어야 한다는 점이다(매 끼니의 80% 먹기). 과식이나 폭식을 피하고 늘 공복 상태처럼 배고픔이 조금 남아 있는 정도가 가장 적당한 음식량이다. 영양소가 부족하지 않되 열량을 제한하면서 식사하는 게 중요하다.[146]

> "적게 먹어서 걸린 병은 다시 먹으면 낫지만 많이 먹어서 걸린 병은 편작이나 화타(扁鵲, 華陀 중국 역사상 양대 명의)가 와도 고치지 못한다."
>
> -중국 격언

절식은 자연치유력을 높이기도 한다. 실험에서 영양분을 충분하게 섭취하고 편하게 지냈던 쥐보다, 영양분 섭취가 적고 뇌 활동을 많이 한 쪽이 자연치유력이 높은 것으로 드러났다. 때론 몸에 엄격함을 가르쳐 주자.

사람의 경우도 마찬가지다. 응석받이로 자란 아이보다 조금은 엄격하게 자란 아이 쪽이 자생력이 강하지 않는가. 몸을 아끼는 것도 중요하지만, 너무 편하게 해주면 강한 몸으로 성장하지 않는다. 때론 시련을 주는

146. 김지연, 동아일보, 2013. 3. 13. 하지만 절식과 소식을 배고프게 먹기로 오해해선 안 된다. 소식은 내 몸에서 소비하는 에너지만큼 음식을 먹는 것이다. 내 몸에서 나오는 신호에 충실하고 늘 '건강을 챙기는 마음으로' 음식을 선택한다면 배고플 이유도, 영양소가 부족해질 이유도 없다. 박용우, 앞의 책, 83.

것도 필요하다.

절식은 자연치유력을 높인다

게다가 어느 정도의 절식이라면 우리 몸은 그 상황을 견뎌낼 수 있고, 뇌도 그 상황에 따라 대응을 한다. 식사를 하지 않으면 혈액 안의 당분이 감소해 "당분을 주세요!"라고 뇌가 비명을 지르기 시작한다. 그래도 식사를 하지 않으면, 몸은 여분의 지방분을 태워서 당분을 만들어 낸다. 계속 굶으면, 뇌는 당분 대신 지방분이 탈 때 나오는 케톤체를 에너지원으로 사용하게 된다.

어느 정도의 공복은 우리 몸도, 뇌도 견뎌 낸다. 다이어트를 지나치게 계속하면 과부하로 오히려 스트레스가 심해지지만, 어느 정도의 절식이라면 뇌는 '영양인자'를 받을 수 있어서 오히려 기뻐한다.

Q '뇌유래신경성장인자(BDNF)'를 말하는가?

A 그렇다. BDNF는 스트레스 호르몬의 분비를 억제하는 등 다양한 작용을 한다. 해마 안에 BDNF가 많을수록 부신피질자극 호르몬 방출호르몬(CRH)의 분비가 억제되었다는 보고가 있다. CRH를 원숭이 뇌에 주사하면 원숭이는 곧 우울한 상태가 된다. 한편 쥐 해마에 BDNF를 주사해서 해마의 움직임을 높이면 우울한 상태가 진정되는 것을 볼 수 있었다.[147]

BDNF는 스트레스 호르몬의 분비를 억제함으로써 뇌를 우울한 상태로부터 보호해 주는 성분임으로, 때론 절식하는 것도 뇌에 도움이 된다.

---

147. 히사쓰네 다쓰히로, 해피 브레인, 49-50 참조.

'맛' 제한 다이어트

식단에 다양한 맛을 포함시키지 않는 것이다. 미국 예일대 데이비드 카츠는 인간의 뇌가 '포만'감을 느껴야 사람들이 수저를 놓게 되지만 다양한 맛을 느끼게 될 경우 이같은 포만감이 쉽게 오지 않는다고 밝혔다. 그 이유는 각각 다른 맛 별로 느끼는 감각부위가 다르기 때문이다. 따라서 느끼는 맛을 추가하면 또 그 맛에 대해 포만감이 올 때까지 먹는 과정이 계속되고 쉽게 포만감이 느껴지지 않아 과식을 유발하게 된다.

현대인의 식단은 여러 가지 맛으로 범벅돼 있다. 그러니 특정한 맛을 중심으로 식단을 짜는 것이 식사조절을 위해 현명한 방법이다. 가령 나물맛 날, 생선맛 날, 김치맛 날 등으로 정해 놓고 이를 중심으로 식단을 짜는 방식이다.

"음식 선택의 기회가 많아지면 마치 끝없이 이어지는 빨리먹기 대회에 참여한 것처럼 식욕이 당길 것이다. 하지만 음식 선택의 기회가 줄어들면 자동적으로 식욕이 감소한다."148

- 마이클 로이젠/의학자

토막지식

[맛 중추]

미각은 전두엽의 일부와 섬엽(insula, 전두엽 속에 파묻혀 밖에선 안 보이는 뇌 일부)이란 곳에 퍼져 있는 맛 중추로 전달된다. 우리는 궁극적으로 이런 뇌 부위를 사용해 맛을 느낀다. 미각 신경회로가 손상되면 맛을 모르거나 혹은 맛을 이상하게 느끼게 된다. 예컨대 맛 중추에 뇌졸중이 생긴 환자 중에는 단맛을 떫은맛으로 느끼는 사람이 있다. 입맛이 아예 변하는 환자도 있는데, 예컨대 생전 고기를 안 먹던 사람이 고기를 즐기며, 생선을 즐겨먹던 사람이 이를 피하기도 한다.

---

148. 연구결과, 매일 한 끼 이상을 동일한 식단으로 섭취한 사람이 다양한 식단으로 섭취한 사람보다 체중이 더 줄어들었다.

그런데 섬엽 및 부근의 전두엽이 주된 맛 중추이지만, 여기보다 더욱 앞쪽에 있는 안와 전전두엽 역시 맛과 관련된 일을 한다. 그런데 재미있는 것은 섬엽은 미각을 전달시키면 항상 활성화되는 데 반해 안와전두엽은 우리가 배가 고플 때만 활성화된다는 사실이다. 전문가들에 의하면 안와전두엽의 미각 담당 세포는 음식의 냄새 혹은 모양만으로도 흥분된다. 즉 음식을 먹을 때 맛 외에도 냄새, 모양 등이 어우러져 음식 맛이 향상되는데 이런 정보가 종합되는 곳이 바로 안와전두엽일 가능성이 크다는 것. 맛 중추는 섬엽 근처이지만 뇌에서 진짜 근사한 식당은 섬엽이 아니라 안와전두엽인 셈이다.

맛 중추를 즐겁게 자극하되 비만해지지 않으려면 맛있는 것을 먹되 배부르기 전에 그치는 습관을 들이자.[149]

다이어트 ⑦계명
– 굶을수록 살찌는 체질된다

다이어트가 지닌 가장 큰 문제점은 '요요 현상'이다. 이는 체중이 줄어들었다가 다시 늘어나는 현상으로 다이어트를 시작한 사람들 중 대부분이 겪는다고 알려져 있다. 무리한 다이어트를 하고 굶어 죽을 정도로 공복감을 느낀 다음에는 포기하고 과식을 한다. 그것은 우리 뇌의 '자동 기억조절 장치' 때문에 발생한다.

뇌는 체중을 기억할 뿐 아니라 체중이 일정하게 유지(setting point)되도록 끊임없이 조절을 한다. 굶어서 단시간에 살을 뺐다가 곧바로 돌아오는 것은, 뇌가 예전 체중으로 돌려놓아 버리기 때문이다. 만일 평소보다 식사량을 줄이면 몸은 '에너지 고갈 상태'로 인식, 평소보다 소비량을 줄인다. '어! 밥이 왜 조금만 들어오지? 큰일 났다. 최대한 지방으로 많이 축

149. 김종성, 춤추는 뇌, 68-70.

적해 두고 소비량도 줄이자! 그래야 버틸 수 있어!!'

이 상태에서 평소 식사량으로 돌아오면 어떤 일이 생길까? 몸은 '에너지 과잉 상태'로 변한다. 요요 현상은 장기적으로 볼 때 오히려 체중을 늘리게 된다. 뿐만 아니라 면역계에도 악영향을 준다. 요요 현상을 겪으면 면역계의 근간이 되는 백혈구의 킬러세포가 급감해 외부에서 침입하는 바이러스에 저항력이 감퇴된다는 연구가 있다. 미국 연구진은 비만이거나 건강에 별 문제가 없는 여성 114명으로부터 혈액을 추출해 분석한 결과, 과거에 살을 빼려다 실패하고 요요 현상을 겪은 여성의 경우 백혈구 수치가 한 번도 살을 빼려 하지 않은 여성에 비해 낮다는 사실을 발견했다. 특히 요요 현상을 5번 이상 경험한 경우 백혈구가 최고 1/3이나 적어 면역계에 심각한 영향을 준다는 결과가 나왔다.

Q 왜 이런 현상이 나타나는가? 요요 현상을 겪을 때 몸이 질병에 취약해지는 원인은 무엇인가?

A 진화심리학자들에 의하면 이는 원시시대에 생겨난 것이다. 원시시대는 먹을 것이 귀했다. 따라서 원시인은 칼로리가 높은 단것이나 고기가 생기면 될 수 있는 한 많이 먹어 지방으로 저장했다가 먹을 것이 부족한 시기를 대비해야 했다. 그렇게 하는 사람은 살아남을 수 있었다. 그런 이유로 우리 몸은 살이 빠지는 것에 저항하도록 프로그래밍 돼 있다는 것이다.

Q 건강을 위협하는 질병을 만들어서라도 말인가?

A 그렇다. 우리 몸은 지방이 많을수록 생존 가능성이 크다는 원시시대의 경험을 바탕으로 지방의 수위를 유지하려는 강한 본능을 갖고 있고, 그것이 요요 현상으로 이어질 수 있다.

요요 현상 방지법

아침 밥 챙겨먹기

자극적인 음식 피하기

짜게 먹지 않기

물을 충분히 마시기

비타민, 미네랄 섭취하기

특히 마지막 항목에 주목해 보자. 3대 영양소(탄수화물, 단백질, 지방)를 태워주는 비타민, 미네랄(칼슘, 크롬, 철, 마그네슘, 셀레늄, 아연 등)이 꼭 있어야 섭취한 음식을 에너지로 만들 수 있다. 다이어트로 인해 식사량을 줄여 이런 균형이 깨지면 우리 몸은 영양분을 저장만 시키고 저장한 에너지를 이용하지 못하는 상태가 된다. 그러니까 아무리 조금 먹더라도 비타민과 미네랄이 없다면 영양소가 타지 않게 되는 것이다.

"밑불 없는 불길처럼 오래 타지 못했다"는 말이 있다. 밑불이란 불을 태울 때에 불씨가 되는, 본래 살아있는 불이다. 굵은 나무장작에 바로 불을 붙이는 경우는 없다. 밑불이라고 해서 작은 나무조각이나 마른 풀 같은 것에 먼저 불을 붙여서 나무 사이의 빈공간에 넣어 나무들이 잘 탈 수 있도록 한다.

이처럼 우리 몸의 에너지 대사에서 비타민과 미네랄은 섭취한 영양소들이 잘 탈 수 있도록 돕는 밑불의 역할을 한다. 만약 밑불이 나무에 잘 옮겨 붙지 않으면 불이 활활 타오르지 않듯이 비타민과 미네랄의 부족은 에너지 대사에 악영향을 끼쳐 비만으로 이어지는 것이다.

굶거나 적게 먹고 무조건 살을 빼겠다는 다이어트보다 내 몸에 꼭 필요한 영양소를 제대로 알고 충분히 섭취해서 내 몸의 체중조절 기능을 정상으로 되돌리는 것, 이것이 바로 요요 현상 없이 다이어트를 가능하게 하는 중요한 열쇠 중의 하나다.

토막지식

[필수 미네랄인 칼슘]

칼슘은 세포와 세포 사이에 메시지를 전달하는 미네랄이다. 밖에서 칼슘이 들어오면 시냅스는 자기 주머니를 터뜨려 신경전달물질을 방출하고, 이 물질은 다른 신경세포를 향해 헤엄쳐가서 메시지를 전한다.

신경전달물질을 담아두는 시냅스가 뇌의 신경망을 얼마나 잘 짜느냐는 뇌 기능에 아주 중요하다. 이를 위해서는 뇌의 칼슘 이온 농도가 알맞아야 한다.

다이어트 ⑧계명
– 뇌 건강에 좋은 식단을 짜라

"내가 먹는 것이 바로 나다(I am what I eat)." -서양 속담

'머리' 좋은 사람이 성공하는 건 다이어트에서도 예외가 아니다. 적절한 영양섭취는 몸의 기능을 최적화시켜 뇌질환, 심혈관 질환 등을 예방하고 뇌 능력을 최대한 발휘할 수 있게 한다. 뇌는 우리가 섭취하는 영양의 질에 따라 기능이 좌우된다. 영양을 제대로 공급받지 못하면 뇌 기능은 떨어지며, 닳고 해어지고 너덜너덜해진다. 늘 패스트푸드를 달고 사는 사람이 있다고 해보자.[150] 그 사람은 건강에 좋은 음식(예: 영양분을 골고루 갖춘 밥 · 반찬)을 즐기는 사람보다 음식을 절제하는 자제력을 제대로 발휘

150. 패스트푸드는 살찌는 지름길! 맥도날드의 빅맥 햄버거가 560kcal이고, 곁들여 먹는 프렌치프라이 작은 크기가 210kcal, 콜라 한 잔이 150kcal이니 적게 먹는다고 해도 900kcal는 가볍게 넘는다.

하지 못한다.

게다가 뇌는 식성이 아주 까다롭다. 늘 프리미엄급 최고급 식사만 하려고 한다. 따라서 다이어트에 성공하려면 뇌에 최고급 연료를 공급해 뇌 기능을 최대치까지 끌어올려야 한다. 뇌세포는 두 겹의 지방막으로 둘러싸여 있고 기다란 축색돌기는 지방으로 코팅돼 있다. 따라서 구조물을 유지하고, 제 기능을 하려면 음식에 들어 있는 지방을 반드시 섭취해야 한다. 탄수화물은 뇌에 필요한 연료를 계속 공급한다.

탄수화물, 뇌 연료

탄수화물은 에너지를 내게 해준다. 탄수화물이 든 음식을 먹게 되면 이 음식물은 빠른 속도로 포도당으로 분해된다. 분해된 당은 혈류를 통해 돌면서 몸의 모든 세포의 기본적인 에너지원이 된다. 몸 기관 중 특히 뇌는 많은 양의 포도당을 필요로 한다.

탄수화물이 부족하면 뇌의 중요한 신경전달물질을 형성하는 특정 단백질(아미노산)이 줄어든다. 그래서 고단백 식사를 하면서 탄수화물을 적게 섭취하는 사람이 피로를 더 잘 느끼고 기분도 쉽게 나빠진다.

고기를 주로 먹으며 체중을 감량하는 다이어트(황제 다이어트)를 하는 사람이 몸무게는 줄어들지만, 소화가 잘 되지 않고 몸에 힘이 없다는 보고가 있다. 몸의 주된 에너지원인 탄수화물을 섭취해야 몸이 제대로 돌아간다. 현미, 통밀, 귀리기울 등의 홀 그레인(whole grain, 도정하지 않은 곡식)[151]

151. '홀(whole)'이라는 뜻은 '전부'라는 의미를 지니고 있으며 '그레인(grain)'은 곡식알들을 의미하므로, 결국 '홀 그레인' 은 겉껍질만 벗긴 채 도정하지 않은 곡식알, 즉 '전곡'을 의미한다. 미 식품의약국은 각종 영양소와 섬유질 섭취를 위해선 '홀 그레인'으로 만든 빵이나 시리얼을 먹으라고 권하고 있다.

에 함유된 복합 탄수화물은 뇌 기능에 꼭 필요한 필수영양소를 공급한다.

좋은 탄수화물, 나쁜 탄수화물

곡물은 가장 중요한 탄수화물 공급원이다. 하지만 그것에서 얻는 에너지는 우리가 섭취하는 총 에너지양의 24%를 차지한다. 그런데 곡물로 얻는 에너지에서 홀 그레인이 차지하는 비중은 겨우 3.5%다. 지난 200년 동안 서구사회에서 정제당의 섭취는 8배 증가했다. 최근에는 탄산음료에 함유된 고과당 옥수수 시럽 섭취량이 1970년 1인당 0.28kg에서 1997년에는 1인당 27kg이상 증가했다.

단당류는 잠깐 힘을 내게 할 수는 있다. 하지만 일시적 효과일 뿐 곧 혈당이 심각하게 떨어지고, 뇌는 더 굶주리게 된다. 복합 탄수화물은 느리고 지속적으로 에너지와 주요 영양소를 공급한다. 단당류는 식물 칼로리로 알려져 있다. 그렇지만 뇌에게는 공허한 약속일뿐이다. 단당류는 신경세포로 하여금 오지 않을 전화를 기다리게 한다. 첫 만남 후에 애프터 신청을 하지 않는 남자처럼.

단당류는 급격한 혈당 상승을 일으키기도 한다. 빠른 속도로 단당류를 공급하면 혈당이 급격하게 상승한다. 때문에 인슐린이 더 많이 분비되고 당뇨병 및 심혈관계 질환을 불러온다.

단당류는 짧은 시간 동안 뇌에 에너지를 공급하지만 궁극적으로는 뇌 기능을 떨어뜨린다.

홀 휘트(whole-wheat · 통밀)나 귀리(Oat), 현미(Brown rice), 야생쌀(Wild rice), 통보리(Barley), 호밀(Rye) 등이 여기에 속한다. 마켓에서 빵, 시리얼, 쿠키, 머핀 등을 구입할 때도 곡물명 앞에 '홀(whole)'이 사용되어 있으면 도정되지 않은 곡식이 포함돼 있다는 뜻이다.

토막지식

혈중에 갑자기 많은 양의 당이 생기면 췌장에서 인슐린이 갑자기 많이 분비된다. 인슐린은 당을 세포 안으로 운반하는 호르몬이다. 잠깐 혈액 속의 당이 증가한 것인데 이를 알길 없는 췌장은 인슐린을 계속 내놓게 되고, 넘치게 나온 인슐린은 충직한 머슴처럼 계속 혈중 당을 세포 속에 나른다. 인슐린이 대책 없이 부지런히 일한 결과, 단당류를 섭취한 뒤 2~4시간이 지나면 혈중 포도당은 오히려 보통 때보다 더 떨어진다. 저혈당 상태가 된다. 이때부터 다시 급격한 배고픔을 느끼고, 또 급격히 혈당을 높여주는 단 것을 찾는다. 악순환이다. 이왕 탄수화물을 먹으려면 앞서 말한 홀 그레인에 함유된 복합탄수화물을 먹도록 하자.

단백질, 신경전달물질의 원료

단백질은 뇌세포를 포함한 모든 세포에 중요한 구성성분일 뿐 아니라 신경전달물질을 만드는 원료(아미노산)를 제공한다. 단백질이 풍부한 음식을 먹게 되면 소화를 통해 아미노산 분자들로 분해된다. 이것이 다시 신경전달물질의 골격을 형성한다. 이때 제공받는 아미노산 중에는 고위 정신기능을 주관하는 도파민과 각성과 혈압을 조절하는 노르아드레날린과 아드레날린의 합성 원료인 티로신과 감정, 수면, 진통 작용을 조절하는 세로토닌의 합성원료인 트립토판이 포함돼 있다.

지방은 범죄자?

지방은 모든 세포막의 구성성분으로서 특히 뇌세포막의 정상 기능 유지에 필요하다. 이노시톨 인지질은 신경세포를 포함한 거의 모든 세포의 신호전달에 핵심적 역할을 담당한다. 한 신경세포에서 다른 신경세포로 신호가 전달될 때 이 인지질이 부족하게 되면 신호전달 기능에 차질이 빚어져서 세포가 교신하는 데 지장이 오게 된다.

하지만 지방은 마치 범죄자로 취급된다. 무지방 열풍이 일면서 전 사회가 지방이라는 범죄자를 잡으려고 혈안이 된 듯하다. 진짜 '범죄자'는 지방 중에서도 포화지방과 트랜스 지방산이라는 가공 지방이다. 이 나쁜 녀석들은 여러 질병을 유발하고, 뇌 건강에도 해롭다.

포화지방과 트랜스 지방은 고체 지방이다. 때문에 실온에서 단단해진다. 마켓에 진열돼 있는 고깃덩어리에서 보이는 흰 부분이 바로 포화지방이다. 버터, 치즈, 마가린, 우유, 빵 등에도 포화지방이 들어 있다.

트랜스 지방은 원래 액체 기름이었던 것을 마가린이나 제빵에 사용하기 위해 가공해서 고체 기름으로 만든 것이다. '식물성 경화유' 또는 '쇼트닝'이라고도 부르는 '가짜 기름'이다. 포화지방과 트랜스 지방은 염증을 심화시키고, 혈당 조절을 어렵게 하며, 혈액 순환을 좋지 않게 한다.

뇌 건강에도 해롭다. 시냅스의 접속 불량을 일으켜 정보전달에 지장을 준다. 그러니 당장 뇌 기능도 떨어지면서 학습장애, 집중력 부족, 정서불안이 따른다.

필수 지방산, 오메가-3 · 오메가-6

Q 우리에게 꼭 필요한 지방은?

A 오메가-3 지방산과 오메가-6 지방산. 우리 몸에서 만들 수 없고 음식을 통해 섭취해야 하기 때문에 필수 지방산이라 하는데, 이 필수 지방산은 뇌가 촉촉하게 유지되도록 기름을 쳐주는 역할을 한다. 그리고 신경세포막을 형성한다.

Q '신경세포막'이라니?

A 말 그대로 신경세포를 감싸는 막이다. 신경세포막은 유연하고, 작

은 구멍이 뚫려 있어서 이를 통해 중요한 전달물질이 지나간다. 그런데 여기에 포화지방, 콜레스테롤, 트랜스 지방이 쌓이면 막이 단단해지고 탄력성을 잃는다.

신경세포막을 보면 우리가 섭취하는 지방이 어떤 것인지 알 수 있다. 오메가-3 지방산과 오메가-6 지방산이 부족하고 포화지방산이 너무 많으면 세포막이 단단해져서 신경세포 간 소통이 원활하게 이루어질 수 없다. 어떤 지방을 섭취하느냐에 따라 신경정신 질환의 발병이나 치료에 대한 반응이 다르게 나타날 수 있다.

따라서 뇌가 적절히 기능하도록 오메가-3 지방산과 오메가-6 지방산을 많이 섭취해야한다. 결핍되지 않도록 말이다. 그렇지만 오메가-6 지방산은 어디에나 들어 있어서(옥수수기름, 홍화유, 해바라기씨기름, 콩기름에 함유) 결핍증에 걸리래야 걸릴 수가 없다. 오메가-6 지방산과 오메가-3 지방산의 비율은 2 대 1이 바람직하다. 하지만 오늘날 북미 사람의 지방량 섭취량 중 오메가-6 지방산이 오메가-3 지방산에 대해 차지하는 비율은 10 대 1에서 20 대 1 사이에 해당한다. 오메가-6 지방산이 꼭 필요한 것은 사실이나 너무 많이 섭취하면 염증을 심화시킨다. 여러 신경정신 질환과도 관련 있는 것으로 보인다.

Q. 염증이라면?

A 산화적 스트레스와 마찬가지로 신경정신 질환에 공통적으로 나타나는 증상이다.

오메가-3 지방산은 체내에서 염증을 가라앉히고, 여러 행동 및 신경질환 치료에 도움을 준다.

오메가-3 지방산, 스포트라이트를 받다

오메가-3 지방산은 신경정신 질환과 관련된 산화적 스트레스와 염증을 줄여준다. 그런데 이보다 더 중요한 사실이 있다. 바로 BDNF의 유전적 발현을 증진시킨다는 것이다. 앞서 본대로 BDNF는 일종의 화학물질로 신경성장인자다. 이미 형성되어 있는 성인 신경계의 성장, 보전, 생존을 담당한다(뇌의 발육 및 신경의 성장은 성인기에도 계속 일어난다). BDNF는 기억과 인지 작용에 관여한다. 때문에 이 물질의 신경생성(신경 성장)을 방해하는 요소는 다양한 신경정신 질환과 관계가 있다.

Q 구체적으로 말한다면?

A BDNF의 혈중 농도가 낮은 경우 심각한 우울증이 나타난다. 대부분의 신경질환에서 신경세포가 소실되고 손상되거나 줄어들 것이라고 생각할 수 있다. 이러한 현상은 우울증이나 기타 정신질환에서도 마찬가지로 일어난다. BDNF는 강력한 신경 보호 물질로, 신경세포가 잘 살아 나가고 세포 간의 신호 전달이 적절하게 일어나도록 돕는다.

Q BDNF의 효과를 내는 약을 개발한다면 좋을 것 같다.

A 좋은 지적이다. 사실 제약회사들이 BDNF의 효과를 흉내 낼 수 있는 약을 개발하기 위해 많은 돈을 투자하고 있다. 그러나 꼭 비싼 약이 필요한 건 아니다. BDNF는 운동을 하고, 포화지방과 당분을 과다 섭취하지 않도록 조심하고, 생선을 먹거나 저렴한 생선기름 보조제를 복용하면 충분히 생성된다.

Tip ▶▶▶

> 오메가-3 지방산의 전구체(부모 격이 되는)인 알파 리놀렌산은 아마씨, 카놀라, 호두 및 다양한 진녹색 이파리 채소에 들어 있다. 방목해서 키운 동물의 고기와 알에는 더 많이 함유돼 있다.

알파 리놀렌산이 뇌에 좋은 EPA와 DHA로 바뀌려면 간에서 이루어지는 전환 과정이 필요하다.

Q 전환은 쉽게 이루어지나? 가령 오메가-3 지방산 전구체가 전부 EPA와 DHA로 전환되나?

A 그건 아니다. 스트레스 상황이거나 건강이 좋지 않을 때, 또는 영양 섭취 상태가 좋지 않을 때 전환이 적게 일어난다.

Q 전환에 필요한 것은?

A 엽산, 아연, 셀레늄. 이들은 알파 리놀렌산이 EPA와 DHA로 전환되는 데 관여하는 성분이다. 이 세 가지 영양소가 모두 부족하면 우울증에 걸릴 수 있다. 생선과 해산물, 생선기름 보조제엔 미리 형성된 EPA와 DHA가 들어 있기 때문에 몸에 더 좋다.[152]

---

152. EPA와 DHA가 들어 있는 음식: 고등어, 연어, 청어, 멸치, 정어리, 송어, 대하, 새우, 메기, 넙치, 대구. 앨런 G. 로건, 브레인 다이어트, 서예진 역, 성균관대학교출판부(2007) 참조.

다이어트에 대한 오해와 진실

살 빼려면 저녁을 굶어라? 저녁 식사가 비만의 원인이고 저녁은 굶을수록 좋다고 생각한다.	O	X
		O

저녁을 과하게 먹는 것이 비만에 영향을 줄 수 있지만, 저녁을 굶는 것도 과식을 유발해 체중 조절을 방해하기 때문이다. 저녁 식사를 거르면 다음 식사까지 공복 시간이 길어져 인슐린이 감소하고 식욕 호르몬 그렐린이 증가한다. 또 하루를 기준으로 하면 저녁을 먹는 날보다 안 먹는 날이 칼로리 섭취가 적지만, 일주일 평균을 내보면 저녁을 먹은 주와 먹지 않은 주의 1일 칼로리 섭취량에 큰 차이가 없다.

무 칼로리 음료는 다이어트에 도움 된다?	O	X
		O

무 칼로리 감미료가 든 음료나 과자는 다이어트에 그다지 효과가 없다는 연구 결과가 있다. 미국 듀크대 알비노 올리베이라-마이아 연구진은 "같은 단맛이라도 뇌는 칼로리가 높은 쪽을 택한다"며 "무 칼로리 감미료가 든 음식은 먹는 양을 늘려 칼로리를 보충하려하기 때문에 오히려 비만을 부를 수 있다"고 밝혔다.

"나는 감미료를 감지하지 못한다. 그런 물질은 본질적으로 포만중추에 보이지 않는 것이다. 그래서 나는 그 감미료를 음식에 포함시키지 않고 여전히 허기를 느낀 채 다른 음식으로부터 칼로리를 섭취하고자 한다." - 뇌

단 음식을 먹으면 뇌에서 즐거움을 느끼게 하는 도파민 수치가 높아진다. 연구진은 정상 생쥐와 맛을 못 느끼는 미맹 생쥐에게 설탕물과 무 칼로리 감미료가 든 물을 주면서 어느 쪽을 더 선호하는지, 도파민 수치는 어떻게 변하는지 알아봤다. 예상대로 정상 생쥐는 선호도가 엇비슷했다.

하지만 미맹 생쥐는 10분 만에 무 칼로리 감미료 물보다 칼로리가 높은 설탕물을 더 선호하게 되는 것으로 나타났다. 도파민 수치도 설탕물을 먹을 때만 높아졌다(사람도 마찬가지였다. 설탕물과 무 칼로리 감미료 물을 마신 사람 중 설탕물 쪽에서만 뇌에서 즐거움을 담당하는 부분이 작동했다는 보고가 있다).

또 다른 실험에선 설탕보다 저 칼로리 인공감미료가 든 쪽을 먹은 생쥐가 체중이 더 는 것으로 나타났다. 더욱이 인공감미료를 한번 섭취해본 생쥐는 고 칼로리 감미료가 든 먹이를 그 이전보다 더 많이 찾는 것으로 나타났다. 눈과 혀만 속이려다간 자칫 더 큰 화를 부를 수도 있다.

황제 다이어트는 다른 요법에 비해 효과가 탁월하다?	O	X
		O

황제 다이어트는 탄수화물과 지방 섭취를 제한하고 단백질 섭취를 늘리는 다이어트를 말한다. 단백질은 칼로리가 낮고 포만감을 오랫동안 유지시킨다는 장점이 있다. 실제로 고단백질 저탄수화물 식사요법이 1년에 2.1kg의 체중을 감소시킨다는 보고도 있다. 하지만 황제 다이어트가 다른 식사요법에 비해 효과가 월등히 좋은 것은 아니다. 황제 다이어트로 체중이 감소하더라도 이는 단순히 섭취하는 전체 칼로리가 줄었다거나, 근육에 있는 단백질을 변형시켜 몸에 필요한 탄수화물을 얻어냈기 때문이다. 장기적으로 봤을 때 단백질 위주의 식단은 근육 소실이나 신장 기능 저하, 골다공증 같은 부작용을 유발할 수 있다. 또한 황제 다이어트의 가장 큰 문제점은 포화지방산의 과다한 섭취에 있다.[153]

배불리 먹는 한 끼 식사가 조금씩 자주 먹는 식습관보다 다이어트에 더 좋다?	O	X
		O

라마단 기간에 이슬람교도들은 해가 저문 후에만 음식을 먹는다. 결과적으로

153 이영혜, 과학동아, 2010년 5월호.

그들은 필요한 모든 칼로리를 밤에 한꺼번에 섭취하게 된다. 그렇다면 그들의 체중은 감소할까? 답은 "No". 야간에 근무하는 사람들을 관찰한 의사들이 제시한 증거들은 일일권장량인 2,000칼로리를 한 끼 식사로 섭취한 사람이 세 끼에 나눠 같은 양의 칼로리를 섭취한 사람보다 체중이 더 많이 증가한다는 사실을 보여준다. 이것은 일회 타이머가 기아모드(starvation mode)를 작동시켜 우리 몸으로 하여금 지방을 연소시키기보다는 축적하도록 만들기 때문이다.[154]

운동은 '일주일에 3일, 매회 30분 이상' 꾸준히 해야 효과가 있다. 시간 간격을 두고 하거나 30분을 채우지 못하면 효과는 별로 없다?	O	X
		O

미국 스포츠의학회는 "동일한 시간을 운동한다면 여러 번으로 쪼개나 한 번에 이어 하나 운동효과는 같다"고 발표했다. 연구팀은 성인 남녀를 '한 번에 30분 운동을 하는 그룹'과 '10분씩 쪼개서 3회 운동을 하는 그룹'으로 나눠 6주 동안 관찰했다. 연구결과는 놀라웠다. 양쪽 그룹의 체지방량이 똑같이 늘어나지 않은 것. 산소 흡입량은 오히려 '10분 운동 그룹'이 더 많았다. 이 결과는 운동할 시간이 없다고 믿는 사무직과 같이 앉아서 일하는 사람들에게 좋은 소식이다.

많은 의학자들이 이 결과를 적극적으로 해석하기 시작했다. 10분을 5분, 다시 1분씩 쪼개 운동해도 효과가 있다는 이론이 나왔다. 여기서 소위 '게으른 다이어트' 이론이 나오게 되었다. 게으른 다이어트의 이론적 근거는 또 있다. 1분간 운동을 30회로 쪼개서 하는 사람과 단 한 번에 30분을 이어서 운동하는 사람의 소비열량이 같다는 것이다. 체중감량 효과도 동일하다. 다만 단기적으로 포도당이 먼저 쓰이기 때문에 이어 30분을 운동하는 쪽이 체지방 소비량이 더 많다. 이 관점에서 보면 '운동'이란 이름에 크게 집착할 필요가 없다. 자주 움직이면서 활동량을 늘리면 소비되는 열량은 마찬가지이기 때문이다. 즉 10분 운동할 때 소비되는 열량 따로, 30분 운동할 때 소비되는 열량이 따로 있지 않다는 말이다.[155]

154. 마이클 로이젠 외, 내몸 다이어트 설명서, 김영사(2006), 49.
155. 김상훈, 과학동아, 2006년 4월호.

Tip ▶▶▶

튼튼이 움직이는 습관을 들이자. 2층 이상의 건물에서는 되도록 계단을 이용하도록 하고, 공부 중간 중간에도 휴식 시간을 가지며 가볍게 스트레칭 해주자. 점심식사 후에는 산책 등을 통해 소화를 돕도록 하자.

"운동은 보약이다. 운동은 항우울제를 복용하는 것과 마찬가지로 우울증을 개선하고 우울증 발병 위험을 낮춰준다. 적절하게 운동하면 유방암 발병률은 30% 감소하고 생존률은 70% 증가한다. 심근경색 환자의 생존률도 무려 80%까지 높아진다."

- 마이클 로이젠/의학자

정가 17,000원

성공적인 대학생활(II) 대학생활 매뉴얼(편)

2016년 12월 10일 초판 인쇄
2016년 12월 20일 초판 발행
저　자: 류영주
발행자: 우명찬·송　준
발행처: 홍릉과학출판사
주　소: 서울시 강북구 인수봉로 50길 10
01093
등　록: 1976년 10월 21일 제5-66호
전　화: (02) 999-2274~5, 903-7037
팩　스: (02) 905-6729
e-mail: hongpub@hongpub.co.kr
http://www.hongpub.co.kr
ISBN: 979-11-5600-474-5

저자와의
협의하에
인지생략